传统文化创新发展研究

基于实现路径与融合机制

徐巧云 著

九州出版社
JIUZHOUPRESS

图书在版编目（CIP）数据

传统文化创新发展研究：基于实现路径与融合机制 /
徐巧云著 . -- 北京：九州出版社，2024.6. -- ISBN
978-7-5225-3066-6

Ⅰ.K288.3

中国国家版本馆 CIP 数据核字第 2024ND4872 号

传统文化创新发展研究：基于实现路径与融合机制

作　　者	徐巧云　著
责任编辑	云岩涛
出版发行	九州出版社
地　　址	北京市西城区阜外大街甲 35 号（100037）
发行电话	（010）68992190/3/5/6
网　　址	www.jiuzhoupress.com
印　　刷	唐山才智印刷有限公司
开　　本	710 毫米×1000 毫米　16 开
印　　张	16
字　　数	279 千字
版　　次	2024 年 6 月第 1 版
印　　次	2024 年 9 月第 1 次印刷
书　　号	ISBN 978-7-5225-3066-6
定　　价	78.00 元

序

　　共同富裕是社会主义的本质要求，是中国式现代化的重要特征。习近平总书记多次强调推动共同富裕，要把精神文明建设放到更加重要的位置，满足人民日益增长的精神文化需求，提升人民群众的文化自信与文化认同。党的十九大提出实施乡村振兴战略，要求继承创新优秀传统文化，把保护传承与开发利用结合起来。二十大报告再次强调促进中华优秀传统文化"创造性转化、创新性发展"的重要性。近年来，浙江省坚定不移沿着习近平总书记指引的路子，接续推进文化大省、文化强省、文化浙江等文化发展战略，走出了一条具有中国特色、时代特征、浙江特点的文化发展之路。2021 年 6 月《中共中央　国务院关于支持浙江高质量发展建设共同富裕示范区的意见》发布，指出引领浙江牢牢抓住民族优秀传统文化，加强对文化内涵的研究阐释，培育具有新时代特征和浙江印记的精神文化，推进共同富裕目标的实现。本书正是在文化振兴战略背景下，作者多次往返于书斋与田野，不断调查、反思、探究而成的。

　　中华优秀传统文化是中华民族的精神命脉，是实现中华民族伟大复兴的动力源泉，建设新时代中国特色社会主义亟须传承中华优秀传统文化。浙江省景宁畲族自治县是全国唯一的畲族自治县和华东地区唯一的民族自治县，其文化传承与发展得到了党和政府的高度关注。畲族作为"有语言、无文字"的少数民族之一，其传统文化早期主要通过口耳相传、行为示范、口传心授的方式进行传播与传承。畲族在长期的迁徙与发展过程中，形成了自身独特的民族文化，并为不同文化符号赋予了深层内涵。畲族传统文化作为中华传统文化的重要组成部分，是畲族人民智慧的象征和宝贵的精神财富。保护与传承畲族传统文化是坚定文化自信、建设社会主义文化强国的重要举措，不仅有利于维护畲族文化多样性，促进多民族文化交流、交往、交融与创新也有利于巩固畲族对中华文化的认同，促进民族团结进步与文化自信自强。文化强国及共同富裕战略背景下，畲族传统文化的创造性转化和创新性发展是巩固民族地区乡村振兴的重要环节，关系着浙江文化强省的建成与共同富裕目标的实现，这也佐证了该研究的重要性。

徐巧云自攻读博士学位以及从事博士后研究以来，长期致力于民族文化传承议题的思考与研究，对教育、文化以及作为主体的人和族群的发展有着深入思考。近些年，她长期深入田野，潜心调查畲族传统文化在家庭场域、社区场域以及学校场域的传承现状，力求深入文化境遇的同时，不断反思其中的教育意蕴和文化内涵，试图理清畲族传统文化教育传承的实践逻辑和内在规律，以期构建民族传统文化教育传承方式的融合机制，赋能民族传统文化创造性传承与发展。

乡村振兴背景下，浙江率先成为建设共同富裕示范区的"探路先锋"，引领推进高质量发展、建设共同富裕示范区，离不开先进文化的引领。为助力共同富裕目标的实现及促进畲族传统文化的创新发展，景宁畲族地区需合理利用民族优秀传统文化，将其创造性融入新时代生产生活，推动多元场域畲族传统文化的转化再造与发展创新；以服务现实实践为要旨，依托政策背景对畲族传统文化进行创造性重构，赋予新时代内涵使之与当代社会接轨。同时，结合时代特点和战略要求，充分发挥多元场域教育的合力，借助教育数字化赋能畲族优秀传统文化创新发展，助力共同富裕目标的实现。纵观全书，这项研究深入极具代表性的多元文化场域田野点进行考察与探究，试图进一步丰富共同富裕的思想内涵和研究体系，提出实现民族传统文化创新发展的具体路径，为逐步实现全体人民共同富裕提供可靠的经验借鉴。该研究提出的系列创新性传承策略也是积极践行习近平总书记民族文化发展观的重要体现。

任何研究都不可能穷尽真理，我认为徐巧云的研究已经做了一些有益探索，耕耘多年，实属不易。该书在理论和实践层面，对畲族传统文化传承发展过程中存在的现实问题进行了多场域的深描与梳理，从民族传统文化的创新性传承视角出发，并结合共同富裕战略目标的实现，探索了多元场域畲族传统文化传承发展的实践逻辑，凝练了共同富裕与民族文化传承发展的密切关系，构建了民族文化创新发展的融合机制，为我国民族优秀传统文化传承与民族教育事业发展做出了一定贡献。

楼世洲

目 录
CONTENTS

绪　论

一、研究缘起与研究意义

（一）研究缘起

1. 推动世界多元文化发展需要传承民族传统文化

文化是国家和民族发展的重要基础。多样性不仅是世界文化的基本特征，同时也是人类文明进步的动力源泉，文化的多元化是人类进步的象征，丧失文化的多元性是人类的一种退步。① 当前，全球化进程加速并扩大了世界各国各地区在政治、经济、文化等领域的联系，各少数民族面临着既要顺利进入主流文化的现代社会，又要较好地保存各少数民族优秀传统文化的问题。全球一体化与民族文化多元化的冲突与和谐，国家一体化与民族文化多元化的冲突与和谐，是 21 世纪全人类和多民族国家所面临的、不可回避的两大挑战，而两大挑战的核心是人类单一文化与多元文化的关系问题②，而保存并发展少数民族传统文化、保护民族文化的多样性是解决两大冲突的关键之所在。中华民族是由 56 个民族紧密结合的有机整体，形成了"你中有我、我中有你"的多元统一体。"每一个民族不论其大小，都有其本质上的特点，都有只属于该民族而其他民族不具有的特性，这些特点便是每个民族对世界文化共同宝库的贡献"③，传承少数民族传统文化是丰富世界文化共同宝库，推动文化多样性发展的重要实践。民族问题的实质是民族发展，民族文化保护与传承是促进民族发展的关键。众所周知，少数民族传统文化是中华优秀传统文化的重要组成部分，对于民族发展与国家统一有着重要意义。传承少数民

---

① 滕星．教育人类学的理论与实践——本土经验与学术构建［M］．北京：民族出版社，2009：105.

② 陈·巴特尔．国际人类学与民族学联合会第 16 届大会——"原住民及少数民族教育与人类文化多样性"专题会议综述［J］．民族教育研究，2009（6）：52.

③ 斯大林．斯大林全集［M］．中共中央马克思恩格斯列宁，斯大林著作编译局，译．北京：人民出版社，1962：507.

传统文化，加强人们对本土社会的文化认同，使他们认识到本民族文化的价值、对其确立信心，才能保证民族文化的可持续发展，保证发展多样化的民族文化。① 随着社会政治、经济、科技、教育等方面的发展，部分少数民族传统文化的传承逐步实现了由文化自发到文化自觉的转变，这正是文化传承按照一定的发展规律和实践逻辑所产生的效果，有力地推动了多元文化的传承与发展。

2. 民族文化可持续发展离不开多元场域的教育助力

文化传承是人类社会延续发展繁衍的内在需要。从某种意义上说，"文化传承就是对人类进行教育和再教育的过程"②。当前，在多元文化教育理念的指导下，我国少数民族传统文化传承取得了一定的成绩。少数民族传统文化在家庭生活中得以传承，同时也在学校中进行了广泛的渗透与教育，学校积极开展民族文化课程、地方课程、校本课程等，对传承少数民族传统文化起到了积极的推动作用。另外，少数民族传统文化具有生活性、实践性和民族性等特点，最初的民族文化与少数民族的生产、生活紧密联系在一起，是植根于家庭和村落的教育。而且，在村落、社区中开展的民俗文化活动更具自发性、生活性和群众性，"这种教育天然地、极为和谐地寓于人类的一切活动之中"③，故家庭教育、村落或社区教育也是传承少数民族传统文化至关重要的途径，具有天然的优势。首先，社区教育的成员均来自当地或者本社区，对于本民族的传统文化有着深厚的情感，掌握一定的民族文化知识和技能，社区成员可以通过传统节日、民俗活动、生活习俗等传承本民族的传统文化。其次，少数民族社区通常建有宗祠、文化礼堂、文化活动中心和民俗文化传承馆等，在文化社区内开展民俗活动，更有利于传承与弘扬本民族的传统文化。学校教育作为制度化的教育活动，同样具有相应的优势，可以开展连续、系统的文化课程与活动。总体而言，家庭教育、社区教育和学校教育成为少数民族传统文化传承与发展的关键力量，借助正式与非正式、正规与非正规的教育方式多方位推动着民族传统文化的传承与发展。

3. 创新发展民族传统文化是推进共同富裕的关键任务

传承民族传统文化是坚定文化自信、建设社会主义文化强国的重要举措。

---

① 石中英．知识转型与教育改革［M］．北京：教育科学出版社，2001：161.

② 普丽春．少数民族非物质文化遗产教育传承研究——以云南省为例［M］．北京：民族出版社，2010：9.

③ 张诗亚．祭坛与讲坛——西南民族宗教教育比较研究［M］．昆明：云南教育出版社，1992：3.

习近平总书记多次强调中华优秀传统文化在实现中华民族伟大复兴过程中不可或缺的地位和作用。建设习近平新时代中国特色社会主义需要传承中华优秀传统文化,中华优秀传统文化的基本精神是我们立足世界民族之林的坚实根基,是有着几千年厚重历史的中华传统文化与时俱进、创新发展的不竭内生动力和源泉。畲族优秀传统文化作为中华传统文化的重要组成部分,是畲族人民智慧的象征和宝贵的精神财富。保护与传承畲族传统文化是坚定文化自信、建设社会主义文化强国的重要举措,不仅有利于维护畲族文化多样性,促进多民族文化交流、交往、交融与创新,也有利于巩固中华多民族的文化认同、民族团结进步与文化自信自强。

新时代背景下,创造性转化和创新性发展民族优秀传统文化是实现现代转型、推进共同富裕的根本路径。为促进畲族传统文化的创新发展,需合理利用民族优秀传统文化,将其创造性融入新时代生产生活,在多元场域中推动畲族传统文化的转化再造与发展创新;以服务现实实践为要旨,依托政策背景对畲族传统文化进行创造性重构,赋予新时代内涵使之与当代社会接轨。根据时代特点和要求,充分利用先进教育传承方式为畲族传统文化赋形赋能,推动畲族优秀传统文化的创新发展,助力共同富裕目标的实现。任何民族文化议题的研究都离不开"铸牢中华民族共同体意识"这一基本前提,乡村振兴背景下,浙江率先成为建设共同富裕示范区的"探路先锋",引领推进高质量发展,建设共同富裕示范区,离不开先进文化的引领。著者深入浙江畲族文化传承田野点进行考察与探究,试图进一步丰富共同富裕的思想内涵和政策体系,提出实现民族传统文化创新发展的实践路径,为逐步实现全体人民共同富裕提供可靠的经验借鉴。此外,本研究提出的系列创新性传承策略也是积极践行习近平总书记民族文化发展观的重要体现。

(二) 研究意义

1. 理论意义

习近平总书记多次强调中华优秀传统文化是实现中华民族伟大复兴、构建"人类命运共同体"的强大精神力量,足以见得民族文化传承研究的重要性。本研究选取全国唯一一个畲族自治县亦是华东地区唯一的民族自治县——景宁畲族自治县为田野点,对畲族民俗节庆的传承变迁进行研究,丰富了有关畲族传统文化传承与发展的理论。其中,对家庭场域、社区场域和学校场域中畲族传统文化的教育传承现状进行了分析与深描,充实了畲族文化传承的理论研究。此外,关于畲族传统文化教育传承变迁的原因分析,是结合民族学、历史学、文化学、生态学等学科的综合分析，以往的研究关注文化变迁的外部环境，而本研究将文化传承的内部规律与外部因素相结合，不失为一种理论上的尝试与整合。同时，关于畲族传统文化教育传承的完善策略为其他少数民族传统文化的教育传承与发展提供了理论依据。教育学、民族学、人类学主张从文化主体的需要出发，文化传承的最终目的是满足地方文化主体——人的需要，本研究的田野调查在这方面进行了坚守，关注文化传承与人的发展之间的关系。

教育人类学领域的理论尝试与创新。首先，本研究对畲族文化传承的教育属性进行了解读，梳理了畲族传统文化的不同教育传承方式，并积极构建了民族传统文化的传承方式的融合机制，此分析框架丰富了教育与文化、教育形态与文化选择、传统文化与民族教育等领域的研究。其次，本研究融合了传统文化的家庭教育传承、社区教育传承和学校教育传承的综合研究，丰富了教育学在畲族传统文化教育传承领域的研究，同时也是民俗节日的教育传承命题在理论与研究范式上的一种新的尝试。

2. 实践意义

景宁畲族自治县是全国唯一的畲族自治县，积极践行着习近平总书记"三个走在前列"的光荣使命。景宁作为浙江高质量发展建设共同富裕示范区第二批试点地区和全国民族团结进步创建示范区，其发展得到了各部门的高度重视。聚焦畲族传统文化的教育传承研究，具有多方面的现实意义。

第一，有利于缓解民族文化传承困境，促进优秀传统文化创新发展。本研究以景宁畲族传统文化的教育传承为鲜活的个案开展研究，其中针对畲族传统文化教育传承的现状提出有效的完善策略，一定程度上有利于解决民族文化传承的困境，保护文化多样性发展。由于全球化与现代化进程的加快和文化多样性的发展，少数民族传统文化正面临着传承危机，综合家庭教育、社区教育和学校教育的力量传承少数民族传统文化是解决民族文化传承危机的有效途径。随着社会的发展，畲族传统文化的教育传承方式实现了由非形式化逐步过渡到形式化教育阶段，一些传统文化通过多场域教育传承方式进行传承，不仅能够增强人们对本民族传统文化的认同感和使命感，同时有利于缓解民族传统文化的传承困境，进而保护文化的多样性，推动民族传统文化的可持续发展。此外，家庭教育、社区教育和学校教育传承方式的融合与创新能够较好地传承少数民族传统文化，增强文化认同，减少文化冲突，并为少数民族传统文化的传承提出新时代的可持续发展策略。

第二，有利于增强景宁畲族地区的文化软实力，促进浙江省民族地区经济与社会全面发展，助力共同富裕目标的实现；有利于维护民族团结，促进文化认同与民族认同、国家认同的和谐统一。开展畲族传统文化的教育传承研究，有利于提升景宁畲族的文化软实力。此外，近年来正值我国乡村振兴战略实施的关键期，社区教育传承方式是实现广大乡村、农村社区文化发展和经济建设的重要途径，能够有效推进乡村振兴战略计划的实施。民族传统文化作为民族这种社会共同体特有的实质"内核"，不仅在历史上对维护民族的认同与团结、生存与发展起到过重要的作用，还对民族地区的经济建设活动具有十分重要的意义。① 畲族传统文化的教育传承研究能够更好地弘扬和发展畲族传统文化，推动景宁畲族地区的经济、文化、社会全面协调发展，更是构建"中华民族多元一体格局"机制的重要突破口。

二、研究主旨与研究内容

（一）研究主旨

随着全球化和城镇化进程的加快，传统文化的生态系统或多或少地受到了一定的冲击。由于家庭教育传承主体的缺失，学校教育在少数民族传统文化传承方面的作用有限，加之新媒体的广泛运用和旅游经济的快速发展，少数民族传统文化在主流文化和外来文化的强势影响下，正面临着多种多样的困境。本研究以景宁畲族自治县极具代表性的传统文化的教育传承为研究对象，通过对畲族传统文化的历史变迁与教育传承进行考察、解读、剖析，探究畲族传统文化传承与家庭教育、社区教育、学校教育的协同创生机制，以期创新民族文化的教育传承生态系统，构建"三位一体"的民族传统文化教育传承路径。具体研究目标包括如下内容。

其一，进入田野，调查家庭场域、社区场域和学校场域中畲族传统文化的教育传承现状，探究多元文化场域民族文化传承的困境与出路。

其二，总结当前三种教育传承方式疏离的问题表征，反思畲族传统文化教育传承的实然状态、动力机制和应然选择，提出共同富裕视域下民族传统文化传承方式融合的理论构想。

其三，揭示新时代背景下，多元场域中民族传统文化传承与创新的具体路径，推动实现家庭教育、社区教育和学校教育三种教育传承方式的协同共

---

① 俸代瑜. 从水库移民安置看民族传统文化传承的重要性——以广西红水河梯级电站水库移民安置为例 [J]. 广西民族研究，2005（4）：150.

生，并为其他民族传统文化的传承与发展提供经验借鉴。

（二）研究内容

本研究以畲族传统文化的教育传承为线索，运用教育基本理论、共同富裕理论、文化功能理论等多学科理论知识和跨学科研究方法，考察景宁畲族传统文化的文化发生系统，探寻畲族传统文化教育传承的历史规律与实践逻辑，分析多元场域畲族传统文化教育传承的现状与困境，在此基础上进行反思并尝试提出新时代的文化传承融合路径。故研究将围绕以下几部分内容进行重点阐释。

第一部分：畲族传统文化的发生系统及本质内涵。研究从中国畲族的历史渊源和发展简史入手，介绍了景宁畲族的环境与文化概貌，并从人、教育与文化的生成及其本质属性入手，分析了传统文化与教育传承的本质内涵及互动关系，概述了畲族传统文化的主要教育传承方式，为多场域畲族传统文化传承研究奠定了基础。

第二部分：家庭场域畲族传统文化教育传承的田野调查。研究从畲族传统文化的最初活动形态入手，分析了畲族的家庭结构及其心理特征；同时，对畲族家庭教育传承的主要文化事象、传承特征与教育功能进行民族志分析，从中归纳出家庭教育传承的实践逻辑，分析家庭教育传承方式的现实困境，并试图提出完善畲族传统文化的家庭教育传承策略。

第三部分：社区场域畲族传统文化教育传承的全景描绘。少数民族传统文化具有民族性、本土性等特征，产生于原始的社区活动，运用社区教育手段传承和保护少数民族传统文化，对于继承和弘扬中华民族优秀文化，促进社会和谐发展具有十分重要的意义。研究对景宁畲族民俗节庆的社区教育传承现状进行了教育解读，同时分析了畲族民俗节庆的社区教育传承困境，并试图立足于本土、放眼国际，从广大文化主体的发展需求出发，提出畲族传统文化的社区教育传承路径。

第四部分：学校场域畲族传统文化教育传承的现场透视。首先，学校教育传承民族传统文化具有一定的政策导向性，《关于实施中华优秀传统文化传承发展工程的意见》《完善中华优秀传统文化教育指导纲要》以及十九大、二十大报告等政策文件对民族传统文化的学校教育传承做出了纲领性要求。该部分从学校教育传承的理论取向入手，展现了学校场域中传承畲族传统文化的现实形态与活动，如地方课程、校本课程等。其次，通过实地调查呈现广大师生对畲族传统文化及其传承方式的认知与态度并进行统计分析，以此分析学校教育传承的时代特征和积极成效。最后，对学校场域畲族传统文化的教育传承进行反思与重构。

第五部分：畲族传统文化传承发展的问题审视与应然旨归。通过对畲族传统文化的家庭教育、社区教育和学校教育传承方式的"深描"与分析，总结当前这三种教育传承方式疏离的问题表征，以期从教育与文化的本质关系入手，反思畲族传统文化教育传承的理性选择，提出民族传统文化教育传承方式融合的理论构想。

第六部分：共同富裕视域下畲族传统文化创新发展的机制构建。研究阐述了传承与发展畲族传统文化的现代意蕴以及共同富裕与民族文化传承的深层关系，运用系统动力学理论对畲族传统文化的创新发展进行了动力诠释，试图站位于国家民族政策、文化政策层面，从理论构想、基本要求与实践操作层面针对当前景宁畲族传统文化教育传承的现状与困境，提出共同富裕视域下民族传统文化创新发展的融合路径，为新时代背景下其他少数民族传统文化的教育传承与创新发展提供有益借鉴。

三、文献综述

文化是一个庞大且深厚的命题，本研究基于学界众多学者的智慧与观点，试图进一步厘清文化传承的研究现状。本研究涉及文化传承的理论研究、畲族传统文化的传承、文化传承的方式、教育传承方式以及文化变迁原因等领域的研究，具体综述可概括为以下几个方面。

（一）有关文化传承的理论研究

1. 有关文化的内涵研究

文化的内涵，至今没有统一的答案。学者们从不同的学科和研究视角对文化进行了界定，据不完全统计有关文化的定义至今已不止三百种。[1] 因此，本研究在对前人理论研究的基础上，加以分析、整合、提炼出符合本研究的"文化"内涵。

"文化"一词，德文为 Kultur，英文为 Culture，拉丁语为 Cultura，本意为土地耕耘、植物栽培。后来，与拉丁语同属印欧语系的英语、法语，在 cultura 的基础上衍化为 culture。Culture 大体保留了古老的拉丁语 cultura 的语义。公元前 1 世纪，罗马演说家西塞罗（Cicero）关于文化提出了"智慧文

---

[1]　郑金洲. 教育文化学［M］. 北京：人民出版社，2011：2.

化"，随着基督教的壮大，文化逐渐被神化。到了 17 世纪，文化逐渐脱离神学。18 世纪，孔多塞（Condorcet）、伏尔泰（Voltaire）等哲人将文化理解为促使人不断完善的物质要素和精神要素的统一。此外，当时在德国，一些哲学家认为文化应指精神层面。① 而在法国，则以 culture 代指训练和修炼心智、思想的结果和状态，用以形容受过教育的人在风度、文学、艺术、科学等方面取得的实际成就。总之，在 19 世纪中叶以前，虽然 culture 的内涵在跨越其本义的基础上有所扩大，但人们对它的运用仍主要局限于语言学范畴。19 世纪末，人类学、社会学不断兴起、壮大，关于文化的理解也更加多元。泰勒（Tylor）在其所著的《原始文化》② 中指出："文化或文明是一个复杂的整体，它包括知识、信仰、艺术、法律、道德、风俗以及作为社会成员所具有的其他一切能力与习惯。"③ 到了 20 世纪，克鲁伯（Alfred Kroeber）、克鲁柯亨（Clyde Kluckhohn）作为"文化符号学派"的代表人物，提出文化是一种包含外显和内隐的行为模式，通过符号的学习和运用，人们获得知识，其中传统观念尤其是价值观念是文化的核心内容。20 世纪 40 年代，著名人类学家马林诺夫斯基（Malinowski）在《文化论》④ 中发展了文化的定义，他认为文化是指那一群传统的器物、货品、技术、思想、习惯及价值，并将文化分为物质设备、精神文化、语言及社会组织。然而，克利福德·格尔茨（Clifford Geertz）认为文化实质上属于符号学的文化概念，"文化是一种通过符号在历史上代代相传的意义模式，它将传承的观念表现于象征形式之中"⑤。此后，西方关于文化的界说大体得到了认同。相比西方国家，苏联对于文化的界定趋向于主客体的统一。如《苏联大百科全书》中对文化的界定，"文化作为人和社会在历史上一定的发展水平，其表现在人们开展不同类型的生活和形式多样的活动上，以及人们所创造出的物质财富和精神财富"⑥。此外，"文化

① 邵汉明．中国文化研究二十年［M］．修订本．北京：人民出版社，2006：414.
② TYLOR E B. Primitive Culture: Researches into the development of Mythology, Philosophy, Religion, Art and Custom［J］．*Zeitschrift Für Ethnologie*，1871，3：361-362.
③ E. B. 泰勒．原始文化［M］．蔡江浓，译．杭州：浙江人民出版社，1988：1.
④ MALINOWSKI B. A Scientific Theory of Culture, and Other Essays［J］．*Africa*，1944，15（4）：217-228.
⑤ 克利福德·格尔茨．文化的解释［M］．纳日碧力戈，等译．上海：上海人民出版社，1999：89.
⑥ 邵汉明．中国文化研究二十年［M］．修订本．北京：人民出版社，2006：415-416.

还是共同享有的"①。

中国汉字起源于甲骨文，"文化"一词中的"文"在甲骨文中的基本结构为𠓜，即四条线相交，故"文"的原始含义是交错。随着社会的发展，文化则从最初交错的含义逐步衍生出"符号"的内涵，随之有了"文章"等含义。②《说文解字》中，"化"字是由"匕"字转化而来。甲骨文中的"匕"好比一个倒立的人，喻为一个在子宫里孕育着的人。再后来，在"匕"的左边增加了一个人字旁，表示站立着的人。③ 所以，"化"字在原有基础上，被抽象为"被塑造、教化"的意思。《易经》曰："文明以止，人文也。观乎天文，以察时变；关乎人文，以化成天下。"④ 此处"化"为"教化"之意，理解为行为演变的过程，后与"文"组合为"文化"，主要指伦理道德、思想观念等内涵。

中国近代受西方文化思潮的影响，国内著名学者梁启超、蔡元培、张岱年、梁漱溟、毛泽东都对文化进行了概念考察。梁启超指出："文化者，人类心能所开积出来之有价值的共业也。"⑤ 蔡元培认为"文化是人生发展的状况，文化是要实现的，不是空口提倡的。文化是要多方面平均发展的，不是畸形的。文化是活的，是要时时进行的，不是死的，可以一时停滞的"⑥，体现了文化的相对动态性。张岱年在《文化与哲学》中将文化分为三个层次，"第一个层是思想、意识、观念等。第二层次是文化物。第三层次是制度、风俗，是思想观念凝结而成的条例、规矩等"⑦。梁漱溟强调"文化之本义，应在经济、政治乃至一切无所不包"⑧，此乃广义的文化。毛泽东则从政治、经济、文化的三分法出发强调了作为意识形态的文化或文化的意识形态性，同时也表明了历史唯物主义关于文化起源问题的基本立场。对此，有学者认为文化的界定过宽，主张把文化的概念限定在精神领域，认为文化应"特指精神财富，如文学、艺术、教育、科学等"，如"文化实质上是通过各种物质形

① C. 恩伯，M. 恩伯. 文化的变异——现代文化人类学通论［M］. 杜彬彬，译. 沈阳：辽宁人民出版社，1988：29.
② 许慎. 说文解字［M］. 徐铉，校定. 北京：中华书局，1965：177.
③ 许慎撰，段玉裁注. 说文解字注［M］. 上海：上海古籍出版社，1981：384.
④ 周振甫. 周易译注［M］. 北京：中华书局，1991：80.
⑤ 梁启超. 梁启超讲文化［M］. 天津：天津古籍出版社，2005：133.
⑥ 高平叔. 蔡元培教育论著选［M］. 北京：人民教育出版社，1991：278.
⑦ 张岱年. 文化与哲学［M］. 北京：教育科学出版社，1988：43.
⑧ 梁漱溟. 中国文化要意［M］. 上海：学林出版社，1987：1.

态所表现出来的人类的精神"①，还有学者提出"文化是社会的意识形态以及与之相适应的各种制度和组织机构"②。该阶段，文化学以及与之相关的学科在现代中国尚未获得充分发展，因而以往中国学术界基本上还处在对传统的和外来的文化学说和文化定义进行介绍和简单评价的阶段。③ 到了21世纪，关于文化的界定越来越多，关于广义的文化内涵，如《现代汉语词典》中的解释为"人类在社会历史实践中所创造的物质财富和精神财富的总和"④。但从民族学视角而言，张诗亚先生的理解被广泛认同，即"文化包含了知识、信仰、艺术、道德、法律、习俗和任何人作为一名社会成员而获得能力和习惯在内的复杂整体"⑤。

纵观国内外关于文化内涵的界定，每位学者都提出了不完全相同的看法，但总结而言，主要有两种理解，即广义与狭义的文化。广义的理解，文化是人类活动的物质和精神财富的总和；狭义的理解是指作为意识形态的文化。综合以上中西方各家之说，本研究中的"文化"主要指在人们的生存和历史发展中形成并通过人们的各种活动而表现和传承的行为方式、价值观念、风俗习惯、语言符号、知识系统的整体。它的核心价值观念和基础是一定社会的政治和经济，表现为人们的行为方式、风俗习惯、语言符号和知识系统。从这个意义上讲，文化就是"人的文化"，而人也就是"文化的人"⑥。

2. 关于文化传承的内涵、特征及意义的研究

早在19世纪中叶，西方学术界便开始文化传承命题的研究，通过对现有的文献进行检索分析，发现国外对于文化传承的界定较少，日本民俗学家柳田国男在其著作《传说》中最早使用"传承"概念，并使用"民俗地图法"⑦ 进行相关研究。以克利福德·格尔茨为代表的解释人类学派把"传承"看成是象征符号体系的表达，是人们进行文化沟通的工具。⑧ 目前，尚未搜集

①　晁福林. 天地玄黄［M］. 成都：巴蜀书社，1990：9.

②　林耀华. 民族学通论［M］. 北京：中央民族学院出版社，1991：372.

③　邵汉明. 中国文化研究二十年［M］. 修订本. 北京：人民出版社，2006：415-416.

④　中国社会科学院语言研究所词典编辑室. 现代汉语词典［M］. 第五版. 北京：商务印书馆，2005：1427.

⑤　张诗亚. 西南民族教育文化溯源［M］. 上海：上海教育出版社，1994：1.

⑥　石中英. 教育学的文化性格［M］. 太原：山西教育出版社，2001：86.

⑦　民俗地图指从民俗学记录及研究的角度出发，运用各种符号标示民俗事项的类型、数量、形态以及某种民俗的特性、变迁规律等信息数据及研究内容的地图. 转引自何彬. 民俗地图的基本构造与制作——"民俗地图"与"文化传承图"体系系列论文之二［J］. 民族艺术，2010（2）：25.

⑧　姚磊. 场域视域下民族文化传承的实践逻辑［M］. 北京：人民出版社，2016：5.

到国外关于文化传承的直接定义，但关于文化传承的研究较为丰富且主要集中于民族文化传承与保护领域，如莫琳·K.索莫斯（Maureen K.）分析了文化的核心要素，并将其与土著教育紧密联系起来，强调持久的文化情感是保护和传承土著文化的重要因素。① 玛格丽尔·塞康姆（Margarel Secombe）与杰日·斯莫利茨（Jerzy Smolicz）探讨了全球化产生的同质化和分裂的冲突力量，特别是它们在削弱民族国家传统权力方面的作用，提醒人们在全球化进程中要关注保护文化多样性和多元文化。② 在语言传承与保护方面，海伦娜·奥尔弗特（Helena Olfert）及安克·施密茨（Anke Schmitz）研究了德国的遗产语言教育，从小学到高等教育阶段学习土耳其语和俄语，以确保对语言的传承与保护。③ 虽然没有文化传承的直接定义，但明显可以看出国外在这方面的研究更注重实践层面，即在实践操作层面体现文化传承与保护的内涵与价值。

何谓文化传承？国内学者进行了多角度分析。从经济学角度看，文化的传承以经济利益为导向④，通过旅游经济传承文化；从生态学角度看，保护生态环境以关注文化传承；从民族学领域来看，强调关注文化传承主体；从社会学和教育学领域来看，文化传承需要通过教育传承文化。文化传承本质上是一种文化再生产，是民族共同体纵向的"文化基因"复制。⑤ 文化传承不仅体现在历时性的延续，同时也体现在共时性的传播。"历史上任何民族文化的积淀都是在传承—创新—再传承—再创新的循环往复中完成的，后一历史时期的文化传统总是在前一历史时期文化继承与文化创新的基础上形成的。"⑥ 可见，文化传承本身就是文化变迁，也是不断发展创新的过程，不同代际、不同群体之间的文化传播同时也体现了文化保存、选择与传递的过程。

---

① MAUREEN K. *Somos Incas*：*Enduring Cultural Sensibilities and Indigenous Education* [M]. Porter in Indigenous Education，2015：241-279.

② SECOMBE M，SMOLICZ J. *Globalisation*，*Cultural Diversity and Multiculturalism*：*Australia* [M]. Second International Handbook on Globalisa，2005：207-220.

③ OLFERT H，SCHMITZ A. Heritage Language Education in Germany. A Focus on Turkish and Russian from Primary to Higher Education [J]. *Handbook of Research and Practice in Heritage Language Education*，2017：1-19.

④ 吕虹. 关于建立贵州多元民族文化民间文化传承发展机制的思考 [J]. 贵州民族教育，2006（1）：17-20.

⑤ 赵世林. 论民族文化传承的本质 [J]. 北京大学学报（哲学社会科学版），2002（3）：10-16.

⑥ 柏贵喜. 民族传统文化传承体系及其建构——基于系统论、控制论的视角 [J]. 西南民族大学学报（人文社会科学版），2017（5）：67.

国外关于文化传承意义的研究，早期联合国教科文组织通过的《保护非物质文化遗产公约》《世界自然和文化遗产公约》等国际规约已揭示了文化传承的功能和价值。其他各国政府也早已意识到文化传承的重要意义，并采取了系列计划与行动。如美国"挽救美国的财富计划"和"维护美国行动计划"，法国"国家文化遗产（科技）研究计划"，英国政府设立的文化遗产保护机构"古迹巡访办公"。此外，还有国际文化遗产保护与修复研究中心（International Centre for the Study of the Preservation and Restoration of Cultural Property, ICCROM），其首要战略是致力于提高普通民众文化遗产保护价值的认知度①，推进世界范围内文化遗产的保护工作，从而更好地发挥文化传承的作用。

另外，不少学者对文化传承的意义进行了多种诠释与研究。如林杨杰（LIN Y J.）以水墨文化的传承为例，通过问卷调查和案例分析，论证了传承水墨文化的社会价值及其对学生综合能力的影响，即教育价值。② 汉密尔顿·卡罗琳（Hamilton Carolyn）、霍尔·西蒙（Hall Simon）研究团队以南非文化遗产的传承为研究对象，突出了其对于处于政治与文化之间的关系的重要意义。③ 莱德斯玛·丽塔（Ledesma Rita）对美国印第安人和阿拉斯加原住民的文化传承进行了研究，结果表明了文化传承具有保护、复原功能，且是解决土著社区内社会问题的重要途径。④ 斯里瓦斯塔瓦·萨维塔（Srivastava Savita）研究了印度文化的传承与教育功能，肯定了传承印度文化遗产的社会整合与保存功能，尤其是当社会形势发生巨变的情况下，更需要维护其功能的实现。⑤ 总结而言，国外关于文化传承意义的研究，总体上集中于文化的传承与保护以及文化的社会意义层面。

国内学者从理论意义与实践意义出发，高度肯定了文化传承的作用与价

① 姚磊. 场域视野下民族传统文化传承的实践逻辑 [D]. 武汉：中南民族大学，2015.

② LIN Y J. Survey & Analysis on Education Status of Ink Painting's Social Value and Study on Teaching Method [J]. *Educational Sciences: Theory & Practice*, 2018, 18 (5): 2079 - 2089.

③ CAROLYN H, SIMON H. Reading across the Divides: Commentary on the Political Co-presence of Disparate Identities in Two Regions of South Africa in the Late Eighteenth and Early Nineteenth Centuries [J]. *Journal of Southern African Studies*, 2012, 38 (2): 281-290.

④ LEDESMA R. The Urban Los Angeles American Indian Experience: Perspectives from the Field [J]. *Journal of Ethnic & Cultural Diversity in Social Work*, 2007, (16): 27-60.

⑤ SRIVASTAVA S. A Study of Awareness of Cultural Heritage among the Teachers at University Level [J]. *Universal Journal of Educational Research*, 2015, 3 (5): 336-344.

值。代表性学者主要有：张诗亚①、万明钢②、李资源③、普丽春④、段超⑤、赵建培⑥等。"保护文化遗产是对历史和人民负责。"⑦ 文化传承既可以保存文化的历史轨迹，提升民族凝聚力，又可以为其他历史文化的传承与发展提供经验性借鉴。对于当下而言，传承民族传统文化是中国社会主义先进文化建设的基础，弘扬民族优秀传统文化有利于社会主义和谐社会的构建。此外，文化的传承与发展不仅有传承文化、加强民族团结的功能，同时，还有增强人民体质⑧、保护民族文化的自尊心和自信心的作用⑨。从具体研究来看，不少学者运用个案研究来进一步证明文化传承的价值，如张诗亚以云南少数民族教育为例，从文化需求与教育导向层面肯定了文化传承的作用。李资源从文化多样性、文化的人文价值、经济和文化安全方面概括了文化传承的重要意义。普丽春在《少数民族非物质文化遗产教育传承研究——以云南省为例》中详细论述了文化传承的作用，提出继承和弘扬中华优秀传统文化可以维护民族团结、促进和谐发展、提高少数民族素质；有利于我国国际地位的提升，而且还能促进族群和族群、国家与国家、地区与地区之间的和谐发展。王建秀认为文化传承具有提升民族凝聚力、凝聚民族文化、促进地区经济发展和地区间文化交流的意义。⑩ 总而言之，文化传承有着不可估量的历史价值和现实意义，并随着社会的发展与延续，将被赋予新时代的价值，新时代"人类命运共同体"的构建离不开优秀传统文化的传承与发展。

---

① 张诗亚. 西南民族教育文化溯源［M］. 上海：上海教育出版社，1994：26-28.
② 万明钢. 语言多样性是文化多样性的重要条件［J］. 中国民族教育，2017（9）：16.
③ 李资源. 中国共产党与少数民族传统文化保护和发展研究［M］. 北京：人民出版社，2014：52.
④ 普丽春. 少数民族非物质文化遗产教育传承研究——以云南省为例［M］. 北京：民族出版社，2010：63-70.
⑤ 段超. 少数民族传统文化传承创新与社会主义核心价值观培育和实践［J］. 中南民族大学学报（人文社会科学版），2014（6）：28-33.
⑥ 赵建培. 少数民族叙事歌的文化传承功能更新［J］. 贵州民族研究，2017（10）：128-131.
⑦ 鲍展斌，李包庚. 习近平文化遗产观及其时代价值［J］. 马克思主义研究，2019（8）：70.
⑧ 李永皇，平立豪. 都柳江上游苗族鸡羽毽文化源流及其传承意义［J］. 贵州民族研究，2018（7）：104-107.
⑨ 陈琳莉. 论非物质文化遗产彝族刺绣的传承意义——以云南永仁直苴彝族刺绣为例［J］. 思想战线，2014（1）：118-120.
⑩ 王建秀. 甘南藏族香浪节的藏族文化及传承意义［J］. 中国民族博览，2019（3）：28-29.

3. 有关文化传承方式的研究

国外关于文化传承方式的研究，早期以理论分析为主。早在 19 世纪 30 年代，日本学者柳田国男①提出"方言周圈论"②，论述了语言作为文化传承方式的特点和规律。到了 20 世纪初，学界普遍认为文化传承的方式是万能的，尤其是作为大众传播媒介。1947 年，美国学者库尔特·卢因（Kurt Lewin）提出文化传播能否实现，取决于"把关人"③，只有符合"把关人"价值标准或群体规范的信息才能进入传播的渠道。随后，巴斯（B. M. Bass）、麦奎尔（Denis Mc Quail）等学者对这一文化传承理论进行了扩充。1948 年，美国学者哈罗德·拉斯韦尔（Harold Lasswell）提出文化传播的"五要素"，即传播者、信息、渠道、受传者与传播效果，他还论述了文化传播的主要渠道和方式。1966 年，美国学者梅尔文·德弗勒（Melvin L. Defleur）、桑德拉·鲍尔（Sandra Bauer）提出了"文化规范论"④，这一理论观点论述了大众传播媒介作为文化传承的手段，对人的行为产生了影响。此外，美国人类学家玛格丽特·米德（Margaret Mead）将文化传承的三种主要方式总结为：前喻文化、并喻文化、后喻文化。⑤ 在"前喻文化"中，晚辈主要向长辈学习；在"并喻文化"中，晚辈和长辈的学习都发生在同辈人之间；在"后喻文化"中，由于年轻一代在高科技日新月异的时代背景下对于新观念、新技能的接受能力远胜过他们的前辈，因而逐渐成为前辈学习的对象。

关于文化传承方式的具体策略研究较为丰富，其一是文化团体传承，如日本的"保存会"⑥ 就是一个很好的例证。其二是场馆传承，韩国文化场馆、江户东京博物馆、法国的卢浮宫和奥赛博物馆在文化传承中起着重要作用。

---

① 柳田国男．民间传承论与乡土生活研究法［M］．王晓葵，译．北京：学苑出版社，2010：50.

② 柳田国男．柳田国男全集［M］．筑摩书房，1998：625-668. 柳田国男的"方言周圈论"认为离文化中心越远，语言更新的速度越慢；方言更新的时间差异可从空间差异中体现。

③ 库尔特·卢因率先提出"把关人"理论，"把关人"既可以指个人，如信源、记者、编辑等，也可以指媒介组织。LEWIN K. Frontiers in group dynamics：II. Channels of group life；social planning and action research［J］．*Human relations*，1947，1（2）：143-153.

④ 梅尔文·德弗勒，桑德拉·鲍尔．大众传播学诸论［M］．杜立平，译．北京：新华出版社，1990：91-120.

⑤ 玛格丽特·米德．文化与承诺——一项有关代沟问题的研究［M］．周晓虹，周怡，译．石家庄：河北人民出版社，1987：27-96.

⑥ 陈宗花．在日常生活中保护非物质文化遗产——以日本无形民俗文化财"祇园祭"为例［J］．南京艺术学院学报（美术与设计版），2011（1）：23-26.

美国对于文化场馆的建设极为重视，据统计，美国现有的物馆多达 1.75 万个，其中，众多场馆都保存了印第安传统文化。其三是仪式传承。世界各国尤其是亚洲国家对于传统仪式活动较为重视，不同国度的民俗传统，充分发挥了传承本国传统文化的作用。充分发挥了传承本国传统文化的作用。其四是通过文化传承人进行传承，对此，美国政府还推行了印第安文化传承人认证体系。① 其五是教育传承方式，这一点在学校教育中的体现最为集中。其六是文化产业传承方式。随着全球化进程的加快，文化与市场的联系更为密切，旅游文化市场成为文化传承的新的方式。文化传承与市场的结合还体现在新媒体传播方面，如韩国的影视业融合了其国度的传统价值观念与文化，日本的动漫产业、美国的电影产业等都融合了各国的文化元素，结合市场进行了有力推广，成为当下文化传承的新方式。此外，还有通过立法保护进行传承的方式。日本颁布的《史迹、名胜、天然纪念物保存法》（1897 年）和《古都保存法》（1966 年）；韩国颁布的《文化产业振兴基本法》（1999 年）《地方文化振兴法》（2013 年）；法国颁布的《历时性建筑法案》（1840 年）、《历史古迹法》（1913 年）；美国颁布的《国家文物保护法案》（1906 年）、《美国民俗保护法案》（1976 年)② 等法规为各国的文化传承提供了坚实的法律依据。

当前国内关于文化传承方式的研究主要从民族学和教育学的视角进行分析，其中民族学视角的文化传承方式多集中于民族传统文化的传承与发展，注重文化传承方式的分类和价值界说。乌丙安③、白庚胜④、姜又春⑤、罗正副⑥等代表性学者做了系统研究，从传承主体的数量将传承方式分为：个体传承、群体传承、社会传承；按照传承途径可以分为口传、心理传承、行为传承等。

当然也有其他不同的分类方式，结合文化产生的背景及其特征，所采用的传承方式也是有所差异的。当前，这方面的研究较为丰富，且尚未形成统一的划分标准。除了一般的家族传承、师徒传承和学校传承方式以外，还存

---

① 崔榕，尹旦萍. 国外及我国台湾地区传统文化传承的实践经验与启示 [J]. 湖北行政学院学报，2016（4）：74-79.

② 孟彬. 西南少数民族传统文化保护的立法初探 [D]. 西宁：青海师范大学，2010.

③ 乌丙安. 民俗文化新论 [M]. 沈阳：辽宁大学出版社，2001：55.

④ 白庚胜. 民间文化传承论 [J]. 河南大学学报（哲学社会科学版），2006（5）：24-36.

⑤ 姜又春. 民俗传承论 [J]. 青海民族研究，2012（3）：140-146.

⑥ 罗正副. 调适与演进：无文字民族文化传承探析 [J]. 中央民族大学学报（哲学社会科学版），2012（3）：43-49.

在民俗传承、政府传承和商业传承等方式。① 韩坤将中国古代音乐的传承方式分为口传身授、乐谱传承、著书立说、自然传承四种方式，其中自然传承是一种"润物细无声"的潜移默化的传承方式。② 也有学者将传承方式概括为传承模式，如王冬敏将西双版纳傣族的指套技术传承模式分为家庭传承、工厂传承、学校传承、生态博物馆传承模式。③ 有学者将民俗传承方式总结为依靠政府力量的传承、依靠市场和旅游场域的传承、依靠媒体和电子技术的传承，还有依靠学校教育进行的传承，除此以外还有依靠学者的力量推进的传承，如客家修庙建祠、课题研究、会议研讨等。④ 也有研究提出可以按传承媒介将文化传承方式分为以生产建设活动、节庆活动、祭祀丧葬活动、制度典籍为媒介的民族传统文化传承方式。⑤ 或分为民俗活动传承、家族内部传承、非遗传承人的传承以及文化馆的传承。再者，还有学者将文化传承方式分为口传身授教育、师徒传承教育、学校教育、社会组织活动教育、记事与作品传承教育等。⑥ 总体而言，以某一种传统文化为研究对象，通过田野调查分析出其传承方式的变化和现状，是当前以民族学视角分析文化传承方式的主要思路。

以上研究主要是从民族学的视角进行分析，不难发现当前的文化传承方式分类较为繁杂，学者们对于文化传承方式的界定存在差异，故出现了文化传承方式、文化传承模式、文化传承手段、文化传承路径或途径等方面的研究。总体而言，不同学科视角的文化传承方式是丰富多样的，对于不同民族、不同地区或者不同种类的文化的传承方式的分析，必定存在明显的差异，经归纳概括主要包括：民间传承、政府传承、商业传承、教育传承、场馆传承，以及当下较为流行的网络媒体传承等传承方式。

4. 有关文化传承主体的研究

文化是人创造的，文化传承有赖于人的主观能动性的发挥，文化主体的自觉与自信是文化传承的动力源泉。文化传承主体通常包括传者与受者，具

---

① 孙双明. 安塞腰鼓传承方式及其变迁研究 [D]. 北京：北京体育大学，2017.
② 韩坤. 中国古代音乐传承研究 [D]. 南京：南京师范大学，2017.
③ 王冬敏. 西双版纳傣族制陶技术传承模式及变迁研究 [D]. 成都：西南大学，2012.
④ 徐赣丽. 当代民俗传承途径的变迁及相关研究 [J]. 民俗研究，2015（3）：29-36.
⑤ 张戈. 贵州少数民族生态移民传统文化传承方式变迁 [C] //中国城市规划学会，贵阳市人民政府. 新常态：传承与变革——2015 中国城市规划年会论文集（14 乡村规划）. 中国城市规划学会，贵阳市人民政府：中国城市规划学会，2015：404-409.
⑥ 谭志松. 土家族非物质文化传承的教育形式及其变迁 [J]. 中南民族大学学报（人文社会科学版），2010（3）：32.

体有个人、群体、政府、学界、商界等。关于文化传承主体，早在 1982 年，联合国教科文组织就设立了"非物质文化遗产"部门，日本、韩国等国都对本国的非遗传承人进行了立法保护。国内学术界关于文化传承主体的研究主要集中于非遗传承人领域。刘锡诚①、许林田②、黄静华③等学者关于非遗传承人的研究内容主要包括非遗传承人的概念、传承人的认定制度与权利义务、传承人的保护与培养等方面。为了发挥传承人作用，国家制定了传承人认定制度，并在法律上规定了传承人的认定标准。综合刘锡诚、宋兆麟④、萧放⑤、李华成⑥等学者关于传承人认定的专题研究，提出要建立科学合理的认定制度和程序，将这项工作制度化、规范化，积极培养非遗传承人。

传承人是民族传统文化的活态载体，当前非遗传承人的培养和保护面临后继无人或极为短缺的问题。这也引起了学术界的广泛关注，有关非遗传承人的保护主要集中在传承人的综合保护、法律保护和知识产权保护三个方面。赵世林、安学斌⑦、孙正国⑧等学者就传承人的综合保护，提出了系列举措，不少学者提出今后的传承人工作应将传承人的权利义务明细化、制度化，加强对传承人及其知识产权的保护与认定，切实维护传承人的合法权益，注重问题研究的田野资料支撑和强化传承人理论研究等。⑨

5. 有关文化传承场域的研究

文化传承场域是民族文化得以萌生、栖息和发展的系统空间，也是构成民族文化传承的重要基础，皮埃尔·布迪厄（Pierre Bourdieu）曾专门论述过场域的分类，他认为场域是以共时形式理解和由不同地位和位置所建构的社

---

① 刘锡诚．传承与传承人论［J］．河南教育学院学报（哲学社会科学版），2006（5）：24-36.

② 许林田．传承人：非物质文化遗产保护的核心载体［J］．浙江工艺美术，2006（4）：97-101.

③ 黄静华．民俗艺术传承人的界说［J］．民俗研究，2010（1）：207-216.

④ 宋兆麟．评选传承人应当有统一的标准［N］．中国文化报，2007-05-09（04）.

⑤ 萧放．关于非物质文化遗产传承人的认定与保护方式的思考［J］．文化遗产，2008（1）：127-132.

⑥ 李华成．论非物质文化遗产传承人制度之完善［J］．贵州师范大学学报（社会科学版），2011（4）：81-85.

⑦ 安学斌．民族文化传承人的历史价值与当代生境［J］．云南民族大学学报（哲学社会科学版），2007（6）：18-22.

⑧ 孙正国．论非物质文化遗产传承人的类型化保护［J］．求索，2009（10）：52-54.

⑨ 陈静梅．我国非物质文化遗产传承人研究述评［J］．贵州师范大学学报（社会科学版），2012（4）：77-84.

会空间，且存在不同的场域①。学术界关于传承场域研究主要集中于综合性的理论研究、具体传承场域的专题研究和传承场域的变迁研究。代表性学者有：司马云杰②、冯天瑜③、赵世林、张福三④等，主要观点包括：传承场域的概念界定、传承场域的产生及其特征、传承场域的构成要素、传承场域的类型以及新媒体等作用下的新生传承场域的研究。另外，社会的需要和认同等构成的文化生态则是一种无形的最广泛的文化传承场域。

关于文化传承场域的类型，分为实在的物质空间（如丛林、火塘、寺庙等）和隐喻的空间（如仪式、婚礼、传统节日等）两大类。随着时代的发展，民族传统文化在社会与文化变迁中逐渐派生出新的文化传承场域，如大众媒介以及民族文化旅游等。⑤ 此外，现代社会经济的发展以及随着城镇化进程的加快，农村的社会经济与生活形态也发生了相应的变化，农村社会的经济形态、组织结构都发生了转型，农民由农村涌入城市，传统社会相对稳固的关系群体不复存在，民间传承场域正在加速演变。家庭、寺庙、传统歌场等民间传承场域瓦解，学校、学习型社区成为民族文化传承的重要场域。

（二）有关畲族传统文化传承的研究

当前，畲族文化传承研究主要集中于畲族传统文化要素的传承与保护层面，其中，关于畲族民俗节庆的教育传承的系统研究较少。但是，有关民族传统文化内涵、畲族传统文化要素及其传承方式的研究对于本研究具有重要的启示作用。

1. 有关民族传统文化内涵的研究

早期"传统"由英文 tradition 转译而来，源于拉丁文 trade，原意是"手工制度"，后来引申为历史流传的文化现象之意。解释学派强调"传统是被诠释的，传统是同时具有历史传承与后世创造性的社会文化现象，反对把传统仅仅看作历史现象"⑥。马克思主义哲学学派将传统解释为由历史沿传下来的、体现人的共同特殊本质的基本价值观念体系。关于传统的界定，不论是

---

① 宫留记. 布迪厄的社会实践理论［M］. 开封：河南大学出版社，2009：56.
② 司马云杰. 文化社会学［M］. 太原：山西教育出版社，2007：1-384.
③ 冯天瑜. 中华文化史：上、下［M］. 上海：上海人民出版社，1990：1-1180.
④ 张福三. 论民间文化传承场［J］. 民族艺术研究，2004（2）：27-34.
⑤ 李锦云. 坚守与调适：乳源过山瑶传统文化传承研究［D］. 武汉：中南民族大学，2018.
⑥ 邵汉明. 中国文化研究二十年［M］. 修订本. 北京：人民出版社，2006：466-467.

国内还是国外的传统，大体都可以分为四个组成部分，即"价值体系、知识经验、思维方式和语言符号"①。那么，传统文化可以理解为"是在一个文化群体内通过思想、意识、价值观念、习俗制度等形式保存下来的文化，它是历史地形成的"②。此处需要将传统文化与文化传统做进一步的对比分析。传统文化与文化传统不同，"它不具有形的实体，不可抚摸，仿佛无所在，却无所不在，既在一切传统文化之中，而且还在你我的灵魂之中"③。这是非常简洁又有见地的观点。汤一介在庞朴的基础上，将这两个概念做了进一步的解释："文化传统是指活在现实中的文化，是一个动态的流向；而传统文化是指过去的文化，是一个静态的凝固体。对后者，我们可以把它作为一种历史上的现象来研究，可以肯定它或者否定它，而对前者，则是如何使之适应时代来选择的问题，因此它将总是既有特殊性（或民族性）而又有当时代精神的文化流向。"④ 所以，传统文化与文化传统是一对既有联系又有区别的两个不同概念，两者互为贯通、互为转化又相互依存。另外，传统文化具有既往性，文化传统具有当下性；传统文化具有易逝性，文化传统具有持久性；传统文化具有变异性，而文化传统具有稳定性；最后，传统文化具有具象性，而文化传统具有抽象性。⑤ 试图将传统文化与文化传统加以区分，也只是相对而言，并不能否定学界的一般定论，更无意强加于人。

研究少数民族传统文化，势必要了解学界对民族传统文化的理解。关于"民族传统文化"的界定，哈经雄、滕星指出，"民族传统文化是指特定民族在历史实践活动中创造和积淀的文明成果，相对于外来文化来说，是指母文化或本土文化；相对于现代文化来说，是指历史上流传下来的文化"⑥。那么，少数民族传统文化就是指"来自各少数民族的、以传统为依据的、被各少数民族成员所认知认同和践行的且符合各少数民族价值取向和利益诉求的、具有其社会和文化特性的表达形式的集成"⑦。少数民族传统文化是传承和弘扬中华民族传统文化的重要组成部分，费孝通先生在 1989 年提出了"中华民

---

① 郑金洲. 教育文化学 [M]. 北京：人民教育出版社，2011：106.
② 陈国强. 简明文化人类学词典 [M]. 杭州：浙江人民出版社，1990：195.
③ 庞朴. 文化的民族性与时代性 [M]. 北京：中国和平出版社，1988：158-159.
④ 邵汉明. 中国文化研究二十年 [M]. 北京：人民出版社，2003：49-51.
⑤ 赵传海. 文化基因与社会变迁——中国社会主义路径走向的民族文化解析 [M]. 开封：河南大学出版社，2010：26-32.
⑥ 哈经雄，滕星. 民族教育学通论 [M]. 北京：教育科学出版社，2001：558.
⑦ 李资源. 中国共产党与少数民族传统文化保护和发展研究 [M]. 北京：人民出版社，2014：23-24.

族多元一体格局理论"，该理论深刻阐述了少数民族与中华民族的关系，为少数民族传统文化研究奠定了坚实的理论基础。此外，徐万邦、祁庆富在此基础上全面论述了少数民族传统文化的结构和分类等问题，指出我国各少数民族文化是中华文化不可或缺且不可割裂的有机要素。①

2. 有关畲族传统文化要素的研究

国外关于畲族传统文化要素与传承内容的研究比较少，目前著者搜集到的较为典型的文献是德国学者史图博（Stübel）曾前往浙江景宁敕木山调研所形成的《浙江景宁敕木山畲民调查记》②，由李化民翻译，记录了景宁畲族的文化概况。

国内关注畲族研究的学者主要有：施联朱、雷文先、邱国珍、夏帆、孟令法、陈良雨、雷伟红、钟炳文、兰炯熹、谢重光等。代表性著作有《畲族简史》③《畲族历史与文化》④《畲族文化新探》⑤《畲族民间艺术研究》⑥《畲族传说史与畲族文化》⑦《畲族服饰文化变迁及传承》⑧《畲族伦理的镜像与史话》⑨《畲族高皇歌》⑩ 以及《畲族三月三》⑪《景宁畲族自治县畲族志》⑫ 等。按照联合国教科文组织关于物质文化和非物质文化遗产的分类，以及结合现有的研究，当前畲族传统文化的要素研究主要有语言、艺术、习俗、民间信仰以及传统体育等。

---

① 徐万邦，祁庆富. 中国少数民族文化通论［M］. 北京：中央民族大学出版社，1996：1.

② 史图博，李化民. 浙江景宁敕木山畲民调查记［M］. 武汉：中南民族学院民族研究所，1932：1-126.

③ 《畲族简史》编写组. 畲族简史［M］. 北京：民族出版社，2008：1-210.

④ 施联朱，雷文先. 畲族历史与文化［M］. 北京：中央民族大学出版社，1995：1-402.

⑤ 宁德市民族与宗教事务局. 畲族文化新探［M］. 福州：福建人民出版社，2012：1-424.

⑥ 邱国珍，邓苗，孟令法. 畲族民间艺术研究［M］. 北京：中国社会科学出版社，2017：1-214.

⑦ 周沐照. 畲族传说史与畲族文化［M］. 南昌：江西人民出版社，2017：1-342.

⑧ 闫晶，陈良雨. 畲族服饰文化变迁及传承［M］. 北京：中国纺织出版社，2017：1-164.

⑨ 雷伟红，陈寿灿. 畲族伦理的镜像与史话［M］. 杭州：浙江工商大学出版社，2015：1-179.

⑩ 浙江省民族事务委员会. 畲族高皇歌［M］. 北京：中国广播电视出版社，1992：1-80.

⑪ 陈华敏. 畲族三月三［M］. 杭州：浙江摄影出版社，2014：1-45.

⑫ 景宁畲族自治县民族事务委员会编. 景宁畲族自治县畲族志［M］. 景宁：景宁畲族自治县民族事务委员会，1991：1-159.

有关畲族语言的研究主要集中于实证研究，代表性研究者有赵则玲、王元新、林伦伦、洪英、吴芳、钱虹等，研究内容主要探讨畲语系属、底词、畲语的使用现状和语言态度，以及针对一些民族地区出现的畲族语言危机开展的调查研究。有学者提出今后的畲语研究要尽可能吸收多种学科的研究成果，"把畲族语言放到整个畲族文化背景中去考察、研究"①，"分析性别、年龄、文化程度和职业等因素对畲语使用的影响"②。

畲族艺术主要包括畲族舞蹈、畲族歌曲和服饰等。畲族舞蹈是畲族文化的代表，是畲族人民对于生活经验、生命情怀的表达艺术，具有浓郁的民族特色和地方风格。当前的研究主要围绕畲族舞蹈的历史发展、文化功能、种类特征以及文化背景等进行的分析。关于畲族歌曲的研究主要集中在畲歌的分类、演唱特征、演唱技巧以及传承保护方面。畲族歌曲按题材内容和曲调的不同有着不同的分类，具有群体演唱、即兴和多样的演唱、轻松自然的演唱以及运用假声上润色的演唱风格。③ 畲族服饰的研究主要集中于服饰的变迁、特征、样式、色彩图案以及装饰等方面，代表人物有上官紫淇、周瑾蓉、陈星海、方泽明等。有学者分析了浙江景宁畲族服饰纹样的文化背景、信仰崇拜、颜色造型和纹样意义以及其审美价值和文化内涵。④ 畲族主要的传统手工艺主要有彩带、剪纸、银饰、"畲"字图案等。当前有关畲族传统手工艺的研究更多地集中于畲族彩带和剪纸的研究。

畲族习俗主要包括畲族婚俗、丧葬习俗、村落习俗和传统节日。有关畲族婚俗的研究主要集中在畲族婚姻的历史发展、婚姻形态、内容与形式以及畲族婚姻习惯法等方面。丧葬风俗是维系民族情感、民族意识、民族性格的重要纽带。有关畲族丧葬习俗的研究主要集中在畲族丧葬习俗变迁、丧葬礼仪以及一些基于田野调查的实证研究，其中关于"做功德"仪式的研究较多。有关畲族村落习俗的研究主要集中于畲族村寨建造的原因、聚落形态、文化内涵等。村落景观的变迁性与分异性源自自然环境或社会文化环境的不同。⑤ 关注畲族传统节日研究的学者有：雷楠、石中坚、马威、蓝蓓、邱美云等，

① 赵则玲. 畲族语言研究八十年 [J]. 浙江学刊, 2008 (5)：224.
② 林伦伦, 洪英. 广东潮安县李工坑村畲民语言生活调查 [J]. 语言研究, 2005 (4)：122.
③ 陆徽. 畲族民歌的特点及演唱风格研究 [J]. 贵州民族研究, 2017 (6)：119-122.
④ 周瑾蓉. 景宁畲族服饰纹样中蕴含的文化与审美 [J]. 大舞台, 2013 (1)：264.
⑤ 邱美云. 不同语境下民族村落景观变迁的差异化研究——以浙江莲都区上塘畈和沙溪畲族村为例 [J]. 中央民族大学学报（哲学社会科学版）, 2015 (6)：53.

研究的传统节日主要有"三月三""招兵节"。畲族民间信仰主要包括畲族巫术、图腾崇拜、神话仪式等，其中神话仪式主要有"祖婆信仰""陈靖姑信仰""还福""插花娘娘信仰"，畲族女性服饰特征的形成与崇拜女性始祖的文化有着深厚历史文化渊源。①

关注畲族体育研究的学者主要有：方哲红、贺军、萍郝玉、兰润生、顾明、郭平华、陈上越、李晓明、卢伟林等。研究内容集中于畲族体育的发展起源、种类与特征、传承与保护方面。畲族传统体育活动是畲族人民在长期的生产、生活实践中形成的，具有生产实用性、民族性、民俗性、宗教信仰性、健身娱乐性、文体交融性等民族文化特征。② "狩猎""打枪组""骑海马"以及畲族武术是畲族人民在日常的生产生活中所形成的体育活动③。

3. 有关畲族传统文化传承方式的研究

民族文化的传承方式和实现途径与民族的生活方式息息相关，密不可分，带有鲜明的民族特色。畲族传统文化内涵丰富，有关其传承方式的研究较为广泛，结合畲族传统文化的具体内容，不同文化事象或文化要素的传承方式亦有所区别，当前的研究从不同层面、不同视角对畲族传统文化的传承方式进行了综合分析。

畲族传统文化传承方式主要依托具体的文化事象和所处的社会文化环境，具体的研究如洪艳对畲族民歌的传承进行了研究，并将畲族民歌的传承分为民歌活动、家传师授、文本媒介等传承方式。④ 林兰考察了霞浦畲族歌谣的传承现状，认为其传承方式主要分为母语传承方式、专业团体传承（畲族歌舞团）、学校传承、民间传承（传习所、即兴的口传心授）方式。⑤ 李博浩研究了畲族民间体育的传承现状，并从畲族民间体育数字化传承、社群平台传承以及"互联网+"畲族民间体育文化产业传承三个层面提出了传承策略。⑥ 一些研究将民族文化传承方式分为教育形式和非教育形式。教育的基本功能是文化的传承与创新功能，学校教育担负着少数民族传统文化传承创新的重要责任，是民族文化传承的主要途径，学校以校本课程或地方课程为依托，成

① 吴剑梅. 论畲族女性崇拜与女性服饰 [J]. 装饰, 2007 (5)：84.
② 方哲红. 畲族传统体育活动及其文化特征 [J]. 体育学刊, 2003 (2)：66.
③ 兰润生, 林荫生. 试论福建省畲族传统体育的历史源流与发展 [J]. 北京体育大学学报, 2004 (3)：306-308.
④ 洪艳. 畲族民歌的传承与创新 [J]. 学术探索, 2013 (6)：106.
⑤ 林兰. 霞浦畲族歌谣传承的考察与研究 [D]. 南京：南京艺术学院, 2011.
⑥ 李博浩. 新媒体环境下畲族民间体育传承的路径选择研究 [D]. 厦门：集美大学, 2018.

为畲族文化传承与创新的有效途径。

综合以上畲族传统文化传承方式的研究可以归纳为两大方面：一方面是通过非教育形式进行传承，如文艺展演、博物馆、乡风馆和体育赛事；另一方面是通过教育活动进行的文化传承。如通过学校教育传承畲族文化教育的方法，如通过开设传统文化课程、加强校园文化建设、开展社会实践活动、利用多媒体网络技术等拓宽畲族文化教育的途径。与此同时，注重家庭教育，通过家长的"言传身教"和行为示范进行传承；在社会教育方面，通过文化市场的建设和社区活动的开展，以及公益部门的开放和媒体的宣传报道进行多方传承。

4. 有关畲族"三月三"的研究

畲族是一个有本民族语言，但没有本民族文字的少数民族。畲族"三月三"研究具有悠久的历史，在地方志等汉语文献中均有所记载。如《景宁畲族自治县县志》《畲族简史》、金兴盛主编的《畲族三月三》①、任韩高主编的《畲山之风·奇风异俗》②、蓝余生的《"三月三"畲乡歌会》③、雷弯山主编的《畲族风情》等文献中对"三月三"进行了多角度记叙和论述。蓝雪华对畲族过去和现在的"三月三"活动内容进行了比较分析，凸显了畲族传统文化的变迁。④ 不少研究都对畲族"三月三"的起源、文化价值、社会整合功能⑤及现实意义做了分析，并把"三月三"作为发展地方旅游、经济的重要民俗节日，鼓励开发利用，同时指出要注意不能过度开发。当前，有关畲族"三月三"文化活动的系统研究较少，多以简单介绍和描述居多，缺少将"三月三"活动放入历史发展背景中的深入研究，如缺少分析畲族"三月三"节庆文化是如何传承、变化的，畲族"三月三"节庆文化变迁背后的深层原因，具体变化的呈现以及文化变迁对本民族所带来的影响、民族节日的文化属性和教育属性等，这些研究视角和空白领域或相对薄弱的研究领域有待进一步挖掘和剖析，同时也为本研究提供了广阔的研究空间。

---

① 金兴盛. 畲族三月三 ［M］. 杭州：浙江摄影出版社，2014：1-26.

② 任韩高. 畲山之风·奇风异俗 ［M］. 北京：民族出版社，2006：11.

③ 蓝余生. "三月三"畲乡歌会 ［J］. 浙江档案，1996（7）：24.

④ 蓝雪华. 浙江丽水老竹畲族镇畲族"三月三"变迁研究 ［D］. 北京：中央民族大学，2009.

⑤ 蓝蓓. 畲族"三月三"文化活动及其社会整合功能研究 ［D］. 北京：中央民族大学，2014.

（三）有关传统文化的教育传承研究

有关传统文化与教育传承方式的关系主要体现在传统文化与不同教育类型的结合。"教育的文化传递是对社会文化世代连续性过程的同化与顺应而引起的文化迁移，同时，教育在文化传递的过程中也在不断地改组和重建着文化。"[①] 文化教育学派认为，人是一种文化的存在，而教育的对象是人，因此，教育的过程是一种历史文化过程，即"文化化"的过程。教育不能离开文化而存在。文化传承方式除了以古籍书刊形式保存等不以培养人为目的方式传承以外，更多的是以不同的教育形态活动进行传承。教育形态所探讨的问题是教育作为一种发展中的事物在人类社会中的存在形式和状态。从教育系统所赖以运行的场所或空间标注出发，可以将教育形态划分为家庭教育、社会教育和学校教育。当代社会这三种教育形态，几乎涵盖了人类教育的全部，构成了相对完整的教育系统。所以，结合文化传承的内涵与教育形态的类型，可将当今的文化传承与教育相结合的方式分为家庭教育传承、社会教育传承以及学校教育传承。另外，结合已有的文献发现，有关社会教育传承方式的研究以社区教育传承居多。

1. 有关传统文化的家庭教育传承研究

家庭是"社会文化的载体，家庭教育的本质在于传递社会文化"[②]。关于少数民族传统文化在家庭教育中教育传承的研究者主要有费孝通、许烺光、滕星、哈经雄、关颖、索晓霞、孙亚娟、王润平、齐亚强等，其研究通常落脚于家庭教育中文化传承的实践与规律。

"家庭不仅是生命繁衍、经济生活的基本单位，同时也是文化传递的基本单位。"[③] 费孝通认为家庭是最基本的合作团体，家庭具有最不易撼动的传承文化的功能。[④] 对于少数民族而言，正式学校教育机构出现之前，家庭教育起到了养育和教育民族儿童的功能，同时也承担着传承民族文化的任务。"家庭是所有的文化中一种基本的传承与教育机制，家庭是一切文化的基础学校。"[⑤] 一般情况下，少数民族的女孩从小通过母亲手把手教习，或通过父传

---

① 丁钢. 文化的传递与嬗变：中国文化与教育［M］. 桂林：广西师范大学出版社，2009：2.

② 关颖. 社会学视野中的家庭教育［M］. 天津：天津社会科学出版社，2001：31.

③ 哈经雄，滕星. 民族教育学通论［M］. 北京：教育科学出版社，2001：124.

④ 费孝通. 乡土中国·生育制度［M］. 北京：北京大学出版社，1998：1-347.

⑤ 许烺光. 宗族、种姓、俱乐部［M］. 北京：华夏出版社，1990：10.

子、母传女等一对一的方式来实现文化传承。① 传统中国家庭文化传承具有触及传承、终生性维护、楷模导向等特点，现代社会家庭文化传承实现了根本性的改变，即由依赖性传承到建构性传承。② 也有研究认为在现代化进程中家庭教育比学校教育更具有传承民族传统文化的功能优势。随着社会的发展，民族传统文化的家庭教育传承呈现出明显的差异，家庭社会资本等因素影响着教育代际的关系。③ 为了寻求经济的发展和生活水平的改善，乡村出现了众多的"空巢老人"和"留守儿童"，家庭教育主体的缺失导致其文化传承功能的减弱，家庭中文化传承主体的缺失或"不在场"使得家庭教育传承不断式微。

2. 有关传统文化的学校教育传承研究

当前，有关民族传统文化在学校教育中传承的综合研究颇为丰富，代表性学者有滕星、张诗亚、钱民辉、孟凡丽、普丽春、李姗泽、沈小碚、刘茜、赵海燕、申春善、马志颖等。大部分研究认为学校教育是民族传统文化教育传承的主要场所和载体，普遍肯定了学校教育对于传承民族传统文化的重要意义。

关于学校教育传承的研究，一种观点是对学校教育传承持积极态度。学校教育具有目的性、计划性、系统性等特点，学者们认为学校是传承民族传统文化的重要途径，可以更为直接地、大规模地培养民族文化人才。④ 随着社会文化发展，传统的家庭文化传承场域逐渐瓦解，社区的文化传承机制和民族传统的文化观念面临着诸多挑战，⑤ 学校教育担负着少数民族传统文化传承与创新的重要责任，是一个民族文化传承的主要途径。⑥ 容中逵⑦等学者也做了不同层面的分析与论证，承认学校教育在传承民族传统文化方面的主渠道作用。此外，不少学者以个案研究深入分析了不同民族文化背景下学校民族

① 索晓霞 . 贵州少数民族文化传承方式初探［J］. 贵州社会科学，1998（2）：43.

② 王润平 . 当代中国家庭变迁中的文化传承问题［D］. 长春：吉林大学，2002.

③ 齐亚强，牛建林 . 教育的再生产：代际传承与变迁［J］. 中国人民大学教育学刊，2012（1）：37.

④ 段超，李秀林 . 新时代民族高校加强中华优秀传统文化传承的思考——以国家民委所属高校为例［J］. 中南民族大学学报（人文社会科学版），2019（6）：38.

⑤ 孙亚娟 . 少数民族文化传承场域的变迁与重构——基于学校教育的思考［J］. 教育文化论坛，2012（2）：12.

⑥ 黄家锦 . 学校教育视野中的民族文化传承研究——以湖北省建始县景阳镇清江中学为个案［D］. 北京：中央民族大学，2008.

⑦ 容中逵 . 论学校教育传统文化传承不力之隐性课程因素［J］. 教育科学论坛，2008（3）：11-13.

文化课程的实施与建构情况。这类研究主要从民族文化课程的建构、校本课程、课程目标、内容设置与评价、教材编写、非遗文化进校园①等方面进行了分析与论述。

近年来，关于民族传统文化课程的研究逐渐增多，在传统文化危机频现以及国家号召传统文化进校园政策的引导下，各级各类学校对民族传统文化课程的设计、实施以及评价研究等方面取得了前所未有的突破。众多研究以个案形式深入分析了不同民族文化背景下学校多元文化、民族文化课程的实施与建构情况。少数民族学校课程中民族文化教育资源的利用，可从少数民族学校课程视野的有效拓展、课程内容的扩展、灵活多样的与儿童生存状态相适应的课程实施方式的采纳，以及建立有民族特色的少数民族学校课程体系，来寻求学校教育与民族文化传统接续的实现。② 沈小碚以傣族基础教育课程为研究对象，强调对傣族地区基础教育课程发展模式的研究，构建出富有生机和活力的傣族地区基础教育课程体系，以便更好地促进傣族地区基础教育课程民族化与现代化的融合。③ 在多元文化背景下，应将少数民族的文化精华有机地融入学校现行课程体系中以反映多元文化的观点，并保持一元文化和多元文化的必要张力，构建多元文化课程体系。④ 总体而言，传承民族传统文化就必须要构建民族传统文化特色课程体系，通过学校教育的方式向民族学生传授民族传统文化。对于相关课程的构建，要利用条件、讲求意义，以现代化为导向来促成相关课程目标、内容和评价体系的建立。⑤

当然，认识到学校教育在文化传承中的重要作用的同时，也有学者提出学校教育传承民族文化的有限性，不应该把民族文化传承的重任完全交由学校教育来完成，而应整合多元文化教育模式。⑥ 民族文化是否仅依靠学校教育就能得到有效传承？学校教育能否成为民族文化传承的唯一模式或主要模式？

① 普丽春．少数民族非物质文化遗产教育传承研究——以云南省为例［M］．北京：民族出版社，2010：93-98.
② 李姗泽．接续学校教育与少数民族文化传统——论少数民族学校课程中民族文化教育资源的利用［J］．课程·教材·教法，2003（12）：70.
③ 沈小碚．傣族地区基础教育多元文化课程的建构［D］．重庆：西南大学，2006.
④ 刘茜．多元文化课程的建构与发展——雷山苗族多元文化课程开发的个案研究［D］．重庆：西南大学，2007.
⑤ 周鹏．现代化背景下民族传统文化特色课程体系构建［J］．贵州民族研究，2017（9）：205.
⑥ 陈国华，张诗亚．论学校教育传承民族文化的有限性［J］．中国教育学刊，2014（5）：49.

阚军提出"在当今高考制度不变的情况下，可能家庭教育和社会教育对于文化传承作用相对更明显"①。这一观点值得我们深思，学校教育在文化传承方面的作用有限，促使我们必须找民族文化传承的其他有效途径，将各种传承方式有机结合也许是目前较为理想的途径。

3. 有关传统文化的社会教育传承研究

传统文化与社会教育传承研究主要集中于社区教育传承的研究。近年来，有关少数民族文化传承与社区教育相结合的研究不断增多，代表性学者主要有周娟、鲜耀、陆益龙、王理华、常超、鲍海丽、禹紫灵等，此类研究多着眼于社区教育的内涵、作用、现状调查及开发模式的研究。社区教育有着重要的作用，其"不仅是民族文化传承的过程，同时也是民族文化融合、民族关系和谐的过程"②。

随着全球化、现代化进程的加快，外来文化与主流文化不断占据主导地位，传统文化流失愈加严重，人们的传统文化意识观念日益淡薄。学校教育虽然扮演着传承文化的使者，但是受教育制度的约束，升学压力依然是各类学校的指挥棒，这必然导致传统文化课程的设置与实施难以取得满意的效果。此外，家庭教育对人产生潜移默化的教育作用，但是当今家长传统文化意识淡薄、传统知识缺失，很难承担起传承民族传统文化的职责，综合学校教育和家庭教育在传承民族传统文化方面的不足，社区教育成为学者们争相尝试的研究领域，尤其在民族地区，社区教育作为一种教育活动，对民族地区的社会经济等方面的发展起到重要作用③，同时也是传承民族传统文化的重要途径。社区教育的普及、整合文化的功能不容小觑，它可以使民族文化以一种"活"的方式传承下来。④ 少数民族社区教育植根于少数民族日常生活中，是对"教育即生活""生活即教育"理念的实践，是一种"自发性""全民性"的民间文化活动⑤，在传承民族文化方面有着显著的作用。有学者指出社区教育在传承与保护少数民族非物质文化遗产方面的作用是无法替代的，民族地区早期的文化传承更多的是在社区、村寨中开展的，广大民众自发地参与其

① 阚军. 西南地区三个区域文化传承类型与教育法律保障的思考 [D]. 重庆：西南大学，2010.
② 禹紫灵. 多民族社区民族文化传承探析 [J]. 学术探索，2017 (6)：132.
③ 程世岳. 论社区教育对少数民族文化的保护与传承 [J]. 成人教育，2012 (12)：14.
④ 周娟，鲜耀. 民族地区社区教育与民族文化传承 [J]. 职教论坛，2012 (27)：49.
⑤ 程世岳，叶飞霞. 少数民族社区对民族传统文化的传承教育探讨 [J]. 教育文化论坛，2014 (1)：105-110.

中，所以社区教育是传承少数民族文化的最佳路径，其优势是显而易见的。首先，有利于丰富社区教育的教学内容和开展方式，从而提升社区教育传承民族文化的质量；其次，通过社区教育传承少数民族非物质文化遗产，能够调动多方组织与机构参与其中搭建平台，能够让更多人接受文化熏陶，同时提升人们的终身教育理念，进而提高当地人的文化素质，最终实现非物质文化遗产的社会影响力的广泛提升①。

　　总结而言，社区教育具有保存、保护、积淀与选择、传递、创新民族传统文化的功能，同时，还有利于异文化的和谐共存与经济的发展。社区教育在传承民族传统文化方面有着天然的优势，这是其他教育活动无可比拟的。有学者提出通过民族地区的村委会、文化站、博物馆、民间艺人群体设立的工作室等文化活动中心开展文化传承，充分发挥社区教育的积极作用。② 根据中国少数民族的分布情况而言，绝大多数少数民族社区处于农村，村落几乎承载了乡村社会生活的所有内容，包括语言文化、价值观念、风俗习惯、社会心理等，从生产到消费，从物质生活到精神生活。③ 村落作为最基本的文化传承场域，乡村文化融于生产生活中，通过正式与非正式的教育活动推动着文化的传承与发展，这是中国乡村最为典型的社区教育，自始至终凸显了社区教育发展过程。事实上，"社区教育因其天然地寓于人类的一切活动之中，潜移默化地完成其教育功能"④，是少数民族传统文化教育传承的重要方式。

　　（四）有关共同富裕思想的研究

　　党的二十大报告特别指明：中国特色社会主义是实现中华民族伟大复兴的必由之路，坚持中国共产党领导，坚持中国特色社会主义，实现高质量发展，发展全过程人民民主，丰富人民精神世界，实现全体人民共同富裕是中国式现代化的本质要求。中国特色社会主义的本质要求和战略目标就是实现全体人民的共同富裕。共同富裕的问题一直是社会主义研究的重点内容，已有的共同富裕研究角度较多，其中的一个重点就是共同富裕的内涵。现有研

① 常超. 民族地区非物质文化遗产传承下的社区教育 [J]. 中国成人教育，2016（20）：147.

② 魏美仙. 文化生态：民族文化传承研究的一个视角 [J]. 学术探索，2002（4）：106-109.

③ 陆益龙. 农民中国——后乡土社会与新农村建设研究 [M]. 北京：中国人民大学出版社，2009：95.

④ 张诗亚. 祭坛与讲坛——西南民族宗教教育比较研究 [M]. 昆明：云南教育出版社，1992：3.

究的一个关键认同就是共同富裕并不是西方财富的分配形式，作为中国这样一个人口大国拥有复杂的国情，如何实现共同富裕绝对不能按照西方的标准进行。

截至目前，学界对如何实现共同富裕问题，即实现共同富裕的有效路径仍然具有一定的争议。首先，实现共同富裕不能单纯地依靠市场，政府的缺位以及公有制的基础如果不坚持就不会走向共同富裕的发展目标。程恩富等在《社会主义共同富裕的理论解读与实践剖析》①中深入分析了共同富裕的实现机理，即"坚持国进民退，做强做大做优国有制经济"和"确立以民生建设为导向的发展模式，使政府的投入和政策向普惠型转变"是实现共同富裕的必然选择②。关于如何实现共同富裕，除了经济强国、创新强国、绿色中国视角外，部分学者从社会价值观角度分析拓宽了共同富裕的内涵，认为其实现后的状态更为多样，如唐永泽等从"效率、公正和稳定统一起来的社会价值目标角度谈论如何实现共同富裕"③。近年来，国内学者关于共同富裕开展了深入研究，产生了一系列新成果。如蒲清平、向往提出，在推进新时代共同富裕的实践进程中，从理论的实现机制看，要运用基于效率原则的财富生产机制、基于公平原则的财富分配机制、基于道德原则的财富分享机制。从实践的推进路径看，要健全体制机制，以有效市场推进高质量发展，做大"蛋糕"；完善分配体系，以有为政府推进社会公平正义，分好"蛋糕"；鼓励公益慈善，以有爱社会推进公共产品供给，分享"蛋糕"；激发精神动力，以有志个人推动共创富裕格局。④推进共同富裕还具有重要的世界意义，即塑造了中国共产党牢记初心使命的国际形象、为克服资本主义"现代化陷阱"贡献中国智慧以及展现了中国特色社会主义制度的生机活力。⑤还有一些学者致力于习近平总书记关于共同富裕思想的研究，"习近平总书记的共同富裕观具有多重价值意蕴，回答了新时代共同富裕往哪里去的时代之问，实现了马

---

① 程恩富，刘伟．社会主义共同富裕的理论解读与实践剖析［J］．马克思主义研究，2012，144（06）：41-47，159.

② 朱步楼．论共同富裕目标与现阶段的贫富分化［J］．马克思主义与现实，2001（01）．30-36.

③ 唐永泽，朱冬英．中国市场体制伦理［M］．北京：社会科学文献出版社，2005：2-370.

④ 蒲清平，向往．新时代共同富裕的内涵特征、现实困境、实现机制与实践进路［J］．新疆师范大学学报（哲学社会科学版），2022，43（06）：15-26.

⑤ 何锡辉，刘恋．共同富裕的理解逻辑、中国实践及世界意义［J］．西南民族大学学报（人文社会科学版），2022，43（09）：194.

克思主义共同富裕思想中国化的飞跃性发展，在以人民为中心的发展逻辑的指引下促进人的全面发展，为实现人类共同富裕提供中国智慧"①。

国外学者对于共同富裕的研究主要从空想社会主义开始，早在 16 世纪，托马斯·莫尔（Thomas More）在《乌托邦》中构建了一个"理想社会"②。这种不切实际的想象某种程度上可以视为自然经济条件下共同富裕的原始雏形。由于资本主义生产方式的私有制，西方国家对资本主义生产条件下的共同富裕研究相对较少，核心关注的问题仍然是稀缺资源的有效配置③，包括后期发展起来的福利经济学的核心依然是财富总量的增长，强调创造出更多的商品和服务并实现社会资源配置的优化和转移，把部分收入转移给经济发展中收益较少的穷人实现全社会的满足度的提升。西方共同富裕的思想本质上都是对资本主义生产方式和私有制的辩护。总体而言，资本主义的富裕是少数人的富裕，尽管市场提供了交换上的公平，但是没有改变私有制下生产资料占有的不平等，没有共同富裕的可能性。④ 根据马克思的相关论述，从一般意义上来说，共同富裕的实现形式（模式）是自由人联合体，不能脱离"人的自由、全面发展"这个核心。共同富裕不仅是结果的共同富裕，更是过程的共同富裕；不仅是经济上的共同富裕，更是政治及社会方方面面的共同富裕。⑤

新时代共同富裕不是简单套用马克思主义经典作家关于共同富裕设想的模板，而是将马克思主义基本原理与新时代中国具体实际相结合的创新版。共同富裕是全体人民的富裕，不是少数人的富裕；是人民群众物质生活和精神生活双富裕，不是仅仅物质上富裕而精神上空虚；是仍然存在一定差距的共同富裕，不是整齐划一的平均主义同等富裕。然而，当前有关共同富裕的研究主要集中于物质生活层面，更为关注经济层面富足或缩小贫富差距的研究，缺少对精神层面共同富裕的研究。文化发展是精神富足的重要体现，故本研究选择将民族文化传承发展与共同富裕相结合，将有效地丰富精神富裕

---

① 韩振峰，王露．习近平共同富裕观的理论探源、核心要义及价值意蕴 [J]．大连理工大学学报（社会科学版），2022，43（06）：12-18.

② 托马斯·莫尔．乌托邦 [M]．付一帆，译．西安：陕西师范大学出版社，2020：2-160.

③ 亚当·斯密．国富论 [M]．郭大力，王亚南，译．上海：上海三联书店，2011：1-563.

④ 金光旭．中国共同富裕现代化道路研究 [D]．长春：吉林大学，2021.

⑤ 雷明．从"共同富裕"看中国式现代化指向下的乡村振兴 [EB/OL]．[2022-11-22]．http：//news．youth．cn/sz/202211/t20221122_ 14146915．htm.

层面的研究。

（五）已有研究述评

综合以上文献，可知国内外关于民族文化传承的研究呈现日益增长的趋势，且较为关注文化的多样性发展和教育传承方式的研究。国内教育人类学发端于 20 世纪前半叶，经过最近三十多年的快速发展后，在研究前提、研究对象、研究方法、研究内容、研究价值和立场等方面已经初步形成了自身的特色。① 民族传统文化的教育传承研究取得了丰硕的成果，深化了理论研究体系，为本研究奠定了深厚的理论基础，但当前的研究仍存在诸多待完善之处，主要表现在如下几方面。

首先，研究领域不断拓宽，但是在文化传承的家庭教育、社区教育以及融合传承领域缺乏深入系统的研究。文化传承具有多样性、传承性、时代性的特点，决定了研究文化传承会涉及众多学科，如文化学、社会学、教育学、人类学、民族学等，需要从不同的学科视角分析文化产生背后的自然与历史原因。民族传统文化的相关研究涵盖的内容包括文化传承的变迁、传承主体、传承内容、传承方式等，当前的研究在这方面取得了较为丰硕的成果。但是，学界对畲族非遗文化传承与中华民族共同体意识建构问题缺少关注，大多关注其保护成效、保护方式的介绍，鲜有畲族非遗文化与铸牢中华民族共同体意识相结合的理论成果。

其次，研究方法上定性研究较多，定量研究与混合式研究较少，且田野调查的时间和深度不够。滕星先生说"民族志是民族学的看家本领"，只有保证充足的田野时间和严谨的调查研究才能做出合格的人类学研究，若没有扎实的田野，必然导致搜集的第一手资料不够翔实。田野调查是获取相关数据的关键途径，没有科学的数据作为支撑，定性研究容易陷入主观臆断之中，研究结果的真实性、有效性也将受到质疑。著者在整理现有的文献后发现，目前有关传统文化的教育传承的研究，定性研究占绝大多数，量化研究与混合式研究非常少。此外，现有研究尚未构建民族传统文化传承方式的生态融合系统，亟须构建以铸牢中华民族共同体意识为基础的民族传统文化传承方式的融合机制与发展路径。

总体而言，国内外关于民族传统文化的教育传承的研究面较广，但关于

---

① 陈学金，滕星．论中国教育人类学的几个根本问题［J］．中南民族大学学报（人文社会科学版），2013（3）：64-69．

家庭教育和社区教育传承的研究相对较少也较为分散，现有的研究侧重于微观的专题探讨，缺少立足于文化本体及多元文化场域的研究；在理论创新方面较为欠缺，虽然学者们较为关注国外文化传承理论学习与研究，但缺少本土理论的建构与创新。今后，我国民族传统文化的教育传承研究应在此基础上总结经验，不断改进与完善。本研究试图在以往研究有待提升的领域做进一步延伸、拓展和丰富，其中有两方面可以进一步完善。

一是关注民族传统文化的整体性研究。以往的民族传统文化传承研究，侧重于文化现状、局部问题的案例研究，脱离文化本体，较少从文化发展与变迁的内在逻辑规律和外部环境进行考察与反思。事实上，民族传统文化是一个复杂的系统，不能单从某个时段、某个符号或某个表征去研究，而应从文化传承的历时性和共时性特征考虑文化传承问题。有学者提倡以文化空间为研究单位，立足于文化本体，探讨不同文化空间中的关系网络及其运行规律，① 揭示文化传承的实践逻辑和选择路径。所以，民族传统文化的教育传承研究，应当关注文化的整体性研究，进入不同空间中了解文化及其传承获得的全貌，深入文化发展的内在规律和外在协调机制，将传统的"思想"和"制度"融合于历史主体（个体与集体）的经验世界中②，构建相对系统的民族传统文化的教育传承体系。

二是关注教育与文化的互动关系，从文化与教育、文化与人的发展视角寻求文化与人的发展。文化传承不仅代表文化的发展过程，同时也是教育的过程。"教育的本质是文化与人的双向建构"③，研究文化传承势必绕不开人这一主体。教育人类学或文化人类学研究范式④的转换，表现为"文化—教育—人"研究框架的确立。研究文化的终极目的是为了实现人的全面发展，无论社会还是人，在本质上都为文化所规定，人作为一种符号性的动物，实际上都是一种文化存在。⑤ 从这个层面而言，今后的研究需要从人的发展、人

---

① 姚磊．国内民族文化传承研究述评［J］．广西民族研究，2014（5）：117-126.
② 丁钢．叙事范式与历史感知：教育史研究的一种方法维度［J］．教育研究，2009，30（5）：40.
③ 张应强．文化视野中的高等教育［M］．南京：南京师范大学出版社，1999：22.
④ "范式"这一概念，最早由托马斯·库恩（Thomas Samuel Kuhn）在其著作《科学革命的结构》中提出，范式是一种对本体论、认识论和方法论的基本承诺，是科学家集团所共同接受的一组假说、理论、准则和方法的总和，并在心理上形成科学家的共同信念。
⑤ 张应强．中国教育研究的范式和范式转换——兼论教育研究的文化学范式［J］．教育研究，2010（10）：3-10.

与教育、人与文化等关系入手，同时要考虑到人、教育、文化都是发展的事物，我们要认识人的存在和本质，构建文化传承与教育发展最根本的认识基础。今后的研究需要从文化传承的多种教育方式入手，关注不同教育场域中文化传承的活动过程，因为每一种教育场域中的活动都体现着人与教育以及文化的深层关系。

最后，积极构建共同富裕视域下民族文化传承方式的生态融合系统，乡村振兴背景下亟须推动民族传统文化在与域外文明的交流、交往、互鉴中博采众长、发展创新，积极探索民族传统文化国际表达的恰当方式，构建以铸牢中华民族共同体意识为基础的民族文化传承方式的融合机制与发展路径，助力共同富裕目标的实现，推动中华优秀传统文化走向世界。

四、理论依据、研究思路与方法

（一）理论依据

1. 文化功能理论

早在 20 世纪 30 年代，英国人类学家马林诺夫斯基在其著作《文化论》中论述："文化是包括一套工具及一套风俗——人体的或心灵的习惯，它们都直接地或间接地满足人类的需要。一切文化要素，若是我们的看法是对的，一定都是在活动着，发生作用，而且是有效的。文化要素的动态性质揭示了人类学的重要工作就在于研究文化的功能。"[1] 这一说法不仅指出了文化功能的实质和要害，而且强调了功能研究在文化研究中的重要地位。马林诺夫斯基的功能观念主要体现在三个方面。首先，一个文化项目可以由其在某一总体社会系统中的运作来理解。其次，马林诺夫斯基认为许多文化特质和习俗都具有心理功能，特别是减少恐惧和焦虑的功能。如他曾论证巫术的功能就在于保障人民以控制未知的或危险的力量和环境，并赋予人们自信心，采取更有实效的行动来解决面临的问题。最后，人类习惯性行为的功能在于满足食物、维持体温、行动、玩乐、成长、身体安全和生殖等基本生理需要。这些需要相应地分别由生活技艺和技术、房屋和衣服、对工作和活动的指令、体育和幽默、教育类型、维持安内御外的方针和家庭等得到满足。这些并不是振聋发聩的思想，均是不证自明的，但马林诺夫斯基还是提醒我们文化首

---

① 　马林诺夫斯基. 文化论［M］. 费孝通，译. 北京：中国民间文艺出版社，1987：14.

先必须保证人类的生存。①

功能学派认为，任何一种文化现象，不论是抽象的社会现象，还是具体的物质现象，都有满足人类实际生活需要的作用，即都有一定的功能。它们中的每一个与其他现象都互相关联、互相作用，都是整体中不可分割的一部分。此外，文化具有塑造功能和制导功能。文化的制导功能制约限制的一面，也有导向平衡的一面。本尼迪克特（Benedict）曾这样描述文化的制导作用："个体生活的历史中，首要的就是对他所属的那个传统上手把手传下来的那些模式和准则的适应。落地伊始，社群的习俗便开始塑造他的经验和行为。"②关于文化的根本，文化功能理论认为文化是一种"手段性"的现实，为满足人类需要而存在，其所取的方式却远胜于一切对于环境的直接适应。文化即在满足人类的需要当中，创造了新的需要。③ 正如景宁畲族传统文化的延续和发展，有其存在的价值和功能，畲族传统文化于不同历史阶段、不同文化场域中，不论它的教育传承场域、内容和方式如何变化，均有其独特的价值和影响。

2. 文化场域理论

文化传承，实质上就是文化实践的过程，总要在一定的社会空间中进行。法国社会学家皮埃尔·布迪厄的社会实践理论对于场域研究起到了里程碑式的作用。布迪厄用"场域"将社会分成一个个彼此独立又密切关联的小空间，这些小空间都具有各自的内部规则和运行逻辑。场域是一个由复杂的客观关系构成的网络，同时场域也是一个相对独立的社会空间，具有相对的自主性。"每一个子场域都具有自身的逻辑、规则和常规。"另外，场域的边界是经验的，场域之间的关联是复杂的。场域作为一个社会空间，有自己的边界且是动态的。场域的边界限于场域能够发挥作用的范围之内。布迪厄认为场域间的关系是因时、因地而异的，"这种问题只有通过经验分析才能解决"④。

场域的作用主要体现在两个方面：一方面，场域为行动者提供了实践的空间基础，并对影响行动者及其实践行为的外在力量起着形塑作用；另一方

---

① 罗伯特·F. 墨菲. 文化与社会人类学引论 [M]. 王卓君，吕迺基，译. 北京：商务印书馆，1991：16.

② 本尼迪克特. 文化模式 [M]. 王炜，译. 北京：社会科学出版社，2009：2.

③ 马林诺夫斯基. 文化论 [M]. 费孝通，译. 北京：中国民间文艺出版社，1987：90-91.

④ 皮埃尔·布迪厄，华康德. 实践与反思——反思社会学导引 [M]. 李猛，李康，译. 北京：中央编译出版社，1998：142-150.

面，场域作为关系的系统，主要表现为场域与行动者之间的关系，场域是行动者实践的客观性前提和基础。布迪厄认为不同的场域具有不同的运作逻辑，研究者要寻找不同场域各自具有的经验的特殊性；同时又可以根据场域的同构性特征，将其运用于其他的场域分析中。① 所以，文化场域一方面是物理空间层面的客观存在，同时也是实践主体实践文化活动的关系场域。本研究中的文化场域根据物理空间大致可以分为三大场域，即家庭场域、社区场域和学校场域，这些文化场域既是进行文化传承的固定场所，也是对文化主体产生影响的文化场域。

（二）研究思路

本研究以景宁畲族传统文化的教育传承为线索，并以该自治县的畲族家庭、非物质文化遗产重点保护村落"东弄村"以及民族中学、民族小学等为主要田野点，围绕畲族传统文化的传承现状进行研究。具体研究思路为：首先，进行文献调研与分析，进入田野，厘清畲族传统文化的历史渊源及文化生态系统。其次，分别对家庭场域、社区场域和学校场域中的畲族传统文化传承的历史脉络、文化事象、传承特征和发展现状等进行人类学考察与民族志呈现，挖掘不同教育场域或文化场域中畲族传统文化教育传承的内在规律与实践逻辑，分析每种教育传承方式的成效与现实困境。在此基础上，反思多元场域畲族传统文化传承发展的问题与应然旨归。最后，阐述传承与发展畲族传统文化的现代意蕴以及共同富裕与民族文化传承的深层关系，运用系统动力学理论对畲族传统文化的创新发展进行诠释，提出共同富裕视域下民族传统文化创新发展的融合路径。

（三）研究方法

1. 文献法

文献法主要包含文献检索与内容分析两方面。首先是文献检索，本研究通过走访景宁畲族博物馆、文化馆、图书馆、档案馆、景宁县民宗局、教育局、非遗文化中心等机构获取了相关珍贵资料，如中国畲族发展景宁论坛编委会主编的《畲族文化研究文集》，景宁县重要事件大记事、地方历史档案、地方志、内部史料以及一些尚未公开的指导性文件。搜集相关的历史背景资料和田野点的生活史资料，从历史资料中把握文化传承的历史生活图景。此

---

① 姚磊. 场域视域下民族文化传承的实践逻辑 ［M］. 北京：人民出版社，2016：63.

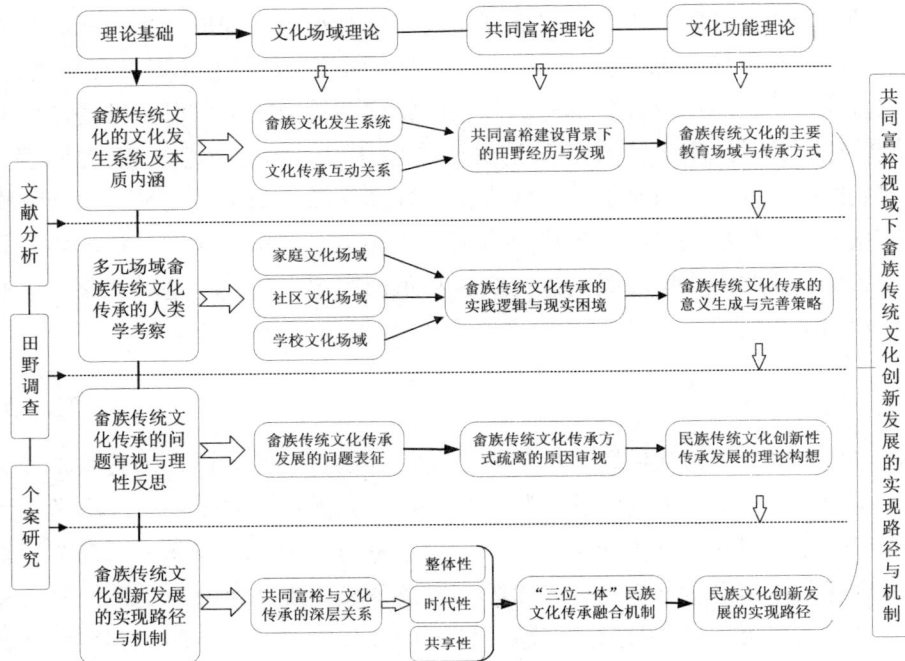

图 0.1　研究思路图

外，通过浙江师范大学图书馆、浙江图书馆、丽水学院档案馆以及系列网站、Web of Science 数据库、畲族文化数据库、斯普林格、EBSCO 数据库以及中国知网、万方、谷歌学术等搜索引擎，获取至关重要的文献。本研究采取现场第一手文献与二次文献相结合的方式，搜集了一些至关重要的文献，如陈桂生的《教育原理》、石中英的《教育学的文化性格》、赵世林的《云南少数民族文化传承论纲》、邱国珍的《浙江畲族史》等。

其次是内容分析。将搜集到的有关历史性文献、政策性文献和理论性文献以及口述史、访谈资料等进行阅读、整理与分析，全面把握现有的有关畲族传统文化及教育传承方式方面的研究资料。在统计、归类和整理的基础上，分析畲族传统文化教育传承发展的历史脉络与实践逻辑，结合当前景宁畲族传统文化教育传承的现状与困境，分析其变迁与梳理的动因与问题表征，并提出完善路径。

2. 口述史研究方法

口述史是历史学的基本方法①，同时也是人类学、教育学等学科的基本研

---

① 李向平，魏扬波．口述史研究方法［M］．上海：上海人民出版社，2010：1.

究方法。口述史是通过有准备、以录音设备为工具的采访，记述人们口述所得的具有保存价值和迄今尚未得到的原始资料。口述史研究方法包含了研究的设计、进入访谈、口述史资料的搜集、整理与使用、口述史访谈资料的分析等环节。"或多或少的非正式的口述史，是描述人类行为的基本活动，这是所有社群记忆的特征。"① 民族学与教育人类学的研究均离不开研究者的田野调查，口述史与田野调查是密不可分的，研究过程中要紧密围绕景宁畲族传统文化教育传承的历史与现状，深入畲族家庭、非物质文化遗产重点保护村落和民族院校，运用口述史方法获取传统文化的教育传承的生活图景。

首先做好研究设计，包括研究的问题，样本的选择，口述访谈的场域，口述资料的搜集、分析和诠释等。具体而言，将景宁畲族自治县的畲族家庭、非遗传承人、畲族村民（祖辈、父辈、孩子等）、畲族老师与学生等作为访谈对象，了解畲族民俗节庆的变化及在教育中传承的历史概况，并在此基础上进行分析研究，从而揭示畲族传统文化的教育传承的现实生境。同时，还需要对景宁畲族自治县的其他机构，如景宁畲族文化基地、民宗局、教育局、畲族文化档案馆、畲族博物馆等机构做补充访谈。此外，本研究采取的内容性记录主要包含以下几点内容：访谈对象的亲身经历回顾，畲族民俗节庆教育传承的历史记忆、怎样开展节庆活动、目前主要通过哪些具体的手段和活动开展畲族节庆活动，"三月三"节庆活动的主要内容、开展这些活动的目的以及畲族人民对当前畲族传统文化活动的态度等。

3. 个案研究法

个案研究法也称个案历史法，是以一个人、一个团体或一个事件为研究对象，运用观察、访谈、历史数据、档案材料等方法收集数据进行分析的研究方法，是一种社会学追踪研究。强调研究者选择一个或几个场景为对象，系统地收集数据和资料，进行深入的研究，用以探讨某一现象在实际生活环境下的状况。著者深入景宁畲族自治县的多个文化传承场域，包括家庭场域、社区场域和学校场域，以期借助典型的案例纵观全局，把握并分析畲族传统文化的教育传承方式的历史演变、教育属性及其特征、成效与困境，从而分析畲族传统文化的教育传承变迁的原因，总结研究出适合畲族传统文化的教育传承的新时代路径。

---

① 保罗·康纳顿. 社会如何记忆［M］. 纳日碧力戈，译. 上海：上海人民出版社，2000：13.

4. 田野调查法

民族教育重视田野工作的研究方法，"避免单纯的理论想象和假设推断；重视追真崇实的研究理念，摆脱假、大、空的宏观论述，回归理论之本真；强调以小见大、见微知著的研究思路"①。所以，著者深入景宁畲族自治县的畲族家庭、畲族村落和学校进行实地走访和调查，收集材料并加以整理后进行分析，通过民族志文本予以呈现。田野调查贯穿于本研究的全程，是获取田野资料和丰富研究的必经之路。

五、核心概念与田野概况

（一）核心概念

任何一种民族文化的产生、衍化、传承、发展与创新都要落地于一定的社会空间，即要在特定的场域中进行，而文化传承场域是一种密布着各种社会关系的网络空间，它是物理场域与意义场域交融的结合体。所以，文化场域一方面是物理空间层面的客观存在，同时也是实践主体实践文化活动的关系场域。本研究涉及的核心概念有很多，如文化场域、畲族传统文化、畲族"三月三"、教育传承、家庭教育、社区教育、学校教育、少数民族社区等。家庭教育和学校教育是学界研究较多的领域，对其内涵也有着较为清晰的界定，本研究对此不再赘述。除此之外，本研究必须要弄清楚的最为基础的核心概念主要有教育传承、民族社区、畲族传统文化，只有将这几个核心概念解释清楚，才能够理清本研究的研究对象、研究思路、研究脉络等，从而推动本研究的有效进行。

1. 教育传承

在民族学、社会学和人类学研究中，"传承"一词被广泛使用。进化论学派强调"传承"的动态发展特征，认为"传承"不仅是人类对"遗存物"的因循守旧，还是文化在不同区域和空间上的关系塑造，也是人类文化在进步与发展中的理性选择。历史学派则认为"传承"是文化在特定的历史情境中不断继承和变化的历史事实。而解释人类学派则偏向于将"传承"界定为某种符号，如克利福德·格尔茨把"'传承'看成是象征符号体系的表达，认为'传承'是人们进行文化沟通的工具"②。"传承"在中国古代汉语中包含了

---

① 孙杰远. 教育人类学应用之问 [J]. 复旦教育论坛，2011（1）：10.

② 姚磊. 场域视域下民族文化传承的实践逻辑 [M]. 北京：人民出版社，2016：5.

"传"和"承"的内涵，"传"是指传授，而"承"则有继承、继续之意，这也揭示了文化传承的双向互动，不仅体现了传承者这一主体，同时也包含了承接者、继承者这一主体。虽然不同学派对于传承的界定有一定的差别，但是均强调了传承的动态特征。

传承的本质实则是文化的延续，传承包含了正式教育和非正式教育，教育作为一种培养人的社会活动，是承传社会文化、传递生产经验和社会生活经验的基本途径。① "教育传承"虽是被人们广泛使用的习惯用语，但它目前并没有统一且明确的概念界定。有研究提出，人类在教育传承中进行着各种社会文化要素的交接，从事着文化的生产和再生产，因此，教育的传承过程本身就是对受教育者进行教育和再教育的过程。② 不论是何种形态的教育都不同程度地体现了文化传承。由于教育的对象、任务、内容和形式存在差异，所以，教育具有不同的类型。民族文化在不同教育场域中的传承主要集中在学校教育、家庭教育、社区（村寨）教育等场域中进行。文化传承广义上不仅包含文化传承场域、传承内容、传承手段，同时还包含了文化传承主体等内容。新时代背景下，或许可以将教育传承理解为融合了民族文化传承场域、内容、主体以及具体手段方法的文化过程。结合广义的教育内涵的定义，即一切有目的地影响人的身心发展的社会实践活动都是教育，所以教育传承即在文化传承场域中，通过传承主体利用传承媒介和手段开展一定的社会文化活动，将民族传统文化传授给学习者的活动过程。从这个意义上讲，教育传承包含了多个要素，如传承场域、传承主体、传承手段以及传承内容等，这些要素缺一不可。

2. 民族社区

民族社区首先是一个特定的区域，有的是由单一的少数民族构成的，有的则是由多个少数民族共同组成的，并以某一少数民族为主体，民族社区内的成员之间存在着某种互动关系和共同的文化认同感。③ 也有学者将民族社区理解为以少数民族社会成员为构成主体，以民族社会成员的共同的地缘和紧密的日常生活为基础的民族区域性社会。④ 民族社区的内涵中蕴含以下几个特点。

首先，民族社区是由少数民族成员和群体构成的特定区域及关系的总和；

---

① 袁振国. 当代教育学 ［M］. 北京：教育科学出版社，2005：4.
② 赵艳. 新疆维吾尔木卡姆教育传承研究 ［D］. 西安：陕西师范大学，2014.
③ 郑杭生. 民族社会学概论 ［M］. 北京：中国人民大学出版社，2005：61.
④ 高永久. 民族社会学概论 ［M］. 天津：南开大学出版社，2010：153.

其次，民族社区内的成员具有共同的文化认同感、归属感和文化意识；最后，民族社区内的成员之间具有内在的联系，他们有着共同的地缘和利益关系。民族社区为社区教育奠定了基础，社区教育能够培养自我完善、自我生成、自我实现的全面发展的人和群体。同时，"社区教育是构筑学习型社区的先导，是实现终身教育以及和谐社会的基础"①。

本研究中的民族社区是以景宁畲族自治县的畲族为主体，以畲族"三月三"民俗节庆为传统文化，联系社区内部成员日常生活互动的自然村落。景宁畲族自治县东弄村是畲族"三月三"节庆举办较为典型的一个民族社区。随着社会的发展，畲族"三月三"节庆的传承发生了空间上的迁移与转变，即从一个自然村落所组成的民族社区迁移至以畲族为主体、多民族杂居的自治县范围内的民族社区，并且将来还会继续发展为以网络为载体的新型民族社区。

3. 畲族传统文化

畲族有本民族的语言，但是没有本民族的文字，景宁畲族至今都保留着在族内使用畲语，对外使用普通话的习俗。畲族的传统文化历史久远，内涵丰富，这与畲族早期的神话传说和祖先崇拜息息相关。全国畲族一般通行双语制，与汉族交往时，使用畲族居住地的汉语方言或普通话；畲族内部交际时，则使用本族内部通行的语言。畲族的传统文化历史久远，内涵丰富，这与畲族早期的神话传说和祖先崇拜息息相关。畲族的盘瓠传说和祖先崇拜形成了畲族最原始、最基本和最核心的民族宗教的神灵。盘瓠传说在畲家世代相承，广为流传。畲族服饰是中国非物质文化遗产，畲族的传统服饰，斑斓绚丽，丰富多彩，其主要特色体现于女性服饰上，女性服饰以凤凰形态贯穿整体，故称"凤凰装"。另外，畲族歌舞也是其重要的民族传统文化。总结而言，畲族传统文化即畲族人民在长期的生产生活实践中形成、创造并沿袭下来的体现畲族特征的物质文化、制度文化和精神文化的总和。包括畲族语言、畲族心理、畲族服饰与歌舞、畲族民俗与民间信仰、畲族传统手工艺、畲族体育等。

畲族传统文化是一个内涵极其丰富的范畴，包含畲族人民所创造和传承的物质文化和精神文化的总和。畲族没有本民族的文字，其文化的积累与传承主要依靠口头传承、行为示范，所以畲族传统文化的口头传承方式居于极其重要的地位。此外，从生计模式上看，畲族传统文化是一种农耕文化，二

---

① 庄西真. 社区治理与社区教育 [M]. 苏州：苏州大学出版社，2016：94-96.

元结构型农耕既是畲族传统文化的基石，也是其最基本的特征之一。其次，畲族传统文化具有山地适应性特征。由于畲族主要分布在山区，在这样的空间里发展起来的畲族传统文化必然会带着山地生态影响所打下的深刻印迹，对山地自然环境的较强适应力是畲族传统文化的又一基本特征。景宁畲族根据自然条件，种植了马铃薯、食用菌、香菇、各种蔬菜水果等，据景宁畲族自治县 2022 年国民经济和社会发展统计公报统计，全年粮食播种面积97318.2 亩；粮食总产量 36764.8 吨（含马铃薯），其中，谷物播种面积61295.6 亩，产量 29000.2 吨。全年食用菌产量为 1827.1 吨，其中香菇产量为 1430.6 吨。全年蔬菜播种面积 59471.5 亩，总产量 84488.3 吨。茶叶生产规模扩大，绝大部分是春茶，并向名、优、高方向发展，总产量为 2355.1吨。油料总产量 250.3 吨。药材的产业结构在调整，药材种植面积 11603亩。① 种植产量稳中有进、持续向好。

另外，畲族传统文化具有矛盾二重性特征。畲族是一个散杂居民族，与主体汉族传统文化相比，处于弱势地位。文化上的弱势地位使畲族形成了既自尊又自卑的文化心理。随着社会的进步，畲族民众的文化自信自强意识越来越浓。在畲族的人际关系和社会整合方式中，血缘关系有着极大的影响力，强调血缘关系为畲族传统文化的一个重要特征。畲族的族群认同感、社会凝聚力和社区归属感的维持在很大程度上依赖于血缘组织的运转，所以，畲族具有高度的族群认同和民族团结意识。畲族传统文化与汉族文化具有共生关系，畲族长期与汉族生活在一起，与汉族和其他民族交流交往交融，形成了和谐的共生关系。畲族传统文化早期还具有民间的宗教神秘主义特征。历史上，畲族有自己的一套原始宗教信仰体系，除了祖先崇拜和盘瓠图腾崇拜外，外部传入的佛、道信仰与原始多神崇拜混融一体，随着社会主义建设发展，神秘度和盲目崇拜的因素逐渐减少，娱乐性和世俗性不断增加。② 但是，畲族的图腾崇拜文化元素依然保留至今并持续传承着，畲族民众将这种文化符号融入民族服饰、当地的建筑以及地标等，凤凰图案就是一个典型的例子。最后，畲族传统文化还具有强烈的革命斗争性特征，这与畲族的历史发展是密不可分的。

"三月三"是畲族人民的传统节日。每年农历三月初三前后，畲民聚集的

---

① 景宁畲族自治县 2022 年国民经济和社会发展统计公报 ［EB/OL］. ［2023-04-04］. http://www.jingning.gov.cn/col/col1376106/index.html.

② 施联朱，宇晓. 畲族传统文化的基本特征 ［J］. 福建论坛（文史哲版），1991（01）：59-66.

地方张灯结彩，旗幡飘扬，鞭炮震天，身着节日盛装的畲族人民从大村小寨欢聚一堂，举行山歌对唱、祭祀舞蹈、民俗表演、体育竞技等传统文化活动。畲族"三月三"的民间习俗由来已久，关于其起源有多种说法：其一，《盘瓠世考》中描述，为了祭拜祖先，男女对歌传爱，直到天将破晓；其二，为纪念雷万兴的英勇事迹；其三，为谷米的生日，村民为救英雄蓝天凤制作乌米饭为其送饭的故事。不论是哪种传说，"三月三"都起源于祭祀祖先活动。随着时间的推移，歌舞内容逐渐丰富，尤其是"三月三"为畲民最隆重的聚会，不少男女借机谈情说爱，"三月三"逐渐演变成以对歌为主要形式的畲民聚会节日。自 2007 年以来，畲族"三月三"依次被列入浙江省和国家级非物质文化遗产名录，景宁畲族"三月三"节庆的文化要素和活动内容及内涵随着时代的发展不断丰富。"中国畲乡三月三"还被评为"最具特色民族节庆"。

（二）田野经历

毛泽东同志曾说："判断认识或理论之是否真理，不是依主观上觉得如何而定，而是依客观上社会实践的结果如何而定。真理的标准只能是社会的实践。"[1] 实践不仅仅是认识的起点和基础，也是检验真理的唯一标准，更是认识的最终目的。因此，对于本研究而言，一定范围内的田野调查是必不可少的。田野调查也称为实地调查、田野工作。"田野工作是对一社区及其生活方式从事长期的研究，从许多方面而言，田野工作室人类学最重要的经验，是人类学家收集资料和建立通则的主要依据。"[2] 也是民族学、人类学、社会学研究最主要的、最基本的方法。研究者经过专门训练后，亲自进入特定的社区，通过直接观察、具体访谈、居住体验等方式以获取第一手研究某一社区的资料。

项目研究期间，著者进行了大量的田野调查工作，收集了丰富的田野调查资料，为本研究奠定了坚实的实践基础。著者深入浙江省景宁畲族自治县的不同教育场域，即家庭、社区和学校，选取了不同的田野点。首先是家庭和社区田野点的选择。传统畲族家庭的选择是著者多次调研得以确定的，为了确保所研究的畲族传统文化的家庭教育传承方式呈现出当地的特征，经过文献研究、实地调查以及综合村民的配合程度，最终选定了非物质文化遗产

---

① 毛泽东. 毛泽东选集：第一卷［M］. 北京：人民出版社，1951：284.

② R. M. 基辛. 当代文化人类学［M］. 陈其楠，等译. 台湾：台湾巨流图书公司，1981：21.

重点保护村落——东弄村，作为家庭和社区场域的研究场所，村委书记和其他村委干部的积极配合为本研究的顺利开展奠定了基础。其次是学校田野点的选择。畲族传统文化在学校场域中的教育传承以民族院校最为典型，如景宁民族小学和民族中学等。著者对其中两所学校进行了走访和调查，两所学校在民族传统文化的教育传承方面均做了大量工作，但是由于升学压力的影响，部分课程设置、教材开发、综合实践活动等还存在一定的问题，这在后续的民族志撰写中进行了适当阐释。总之，著者多次前往景宁畲族自治县进行田野调查，通过资料收集、个案访谈、参与观察、调查问卷等方式进行了长期多次调研。对当地传统文化的教育传承、教育方式、传统文化的社会功能等进行了深入研究，获得了大量的第一手资料。田野调查是本研究的基础和落脚点，著者时常往返于"书斋"与"田野"，力求深入文化境遇的同时，不断反思其中的教育问题，试图厘清畲族传统文化教育传承的内在规律，以期推动民族文化教育传承方式的协同与融合，助力民族传统文化创新性传承与发展。

第一章

畲族传统文化的发生系统及本质内涵

任何一个族群都在自觉与特定的生态环境中交互着信息，并借此获取生存与发展的资源，这种特定的生态环境，我们可以称之为该族群的"生存场域"，又可细分为该族群的生存"自然场域"和"人文场域"。① 社会大世界作为一个"大场域"，就是由这些相对独立而又彼此联系的诸如宗教场域、文化场域等"小场域"构成的。根据布迪厄的场域理论，特定的生存场域制约着某一族群的生计方式的选择，景宁畲族人民就是在其特定的生存场域中生产和生活的，并逐渐形成了自身独具特色的文化模式。正是在这样的自然场域和文化场域中，景宁畲族传统文化和多元文化场域的教育才得以不断发展。

一、中国畲族历史演变

在中华民族这个多元一体的民族大家庭中，有一个自称"山哈（客）"的民族——畲族。它至今仍保持独立的民族个性，拥有独特的民族文化。畲族因没有本民族的文字，所以关于畲族的历史来源缺乏独具权威的文字材料，也就使得"畲族的来源至今仍隐现于历史的迷雾中"②，关于畲族的来源有着多种论述，"仍是一桩聚讼不决的学术公案"③。

（一）畲族历史渊源

畲族的族源与畲族的盘瓠传说有关。畲族族谱记载，始祖盘瓠出五帝中朝帝喾高辛氏正宫刘皇后之耳。因帮助高辛王平息番乱有功，被敕封为忠勇王，与三公主结为夫妻，生下三男一女，姓盘、蓝、雷和钟（女婿姓）四姓。为了探索畲族的族源，学界做了长期不懈的研究，归纳起来主要有"外来说"

---

① 王国超. 民族社区学校教育与本土教育之关系研究——基于黔东南羊望社区的人类学考察 [D]. 武汉：中南民族大学，2014.

② 董建辉，郭志超. 畲族赋役史试探 [J]. 中国社会经济史研究，1999（3）：18.

③ 蒋炳钊. 畲族史稿 [M]. 厦门：厦门大学出版社，1988：221.

"土著说"和"多源说"。"外来说"有三种观点：其一，主张畲瑶同源、畲族为武陵蛮的后裔，大都认为畲族和瑶族是汉晋时代从长沙"武陵蛮"迁来的。有学者认为畲名实为瑶的一种，故又有畲为瑶的一支之说，历史上出现的"畲瑶"之称即是例证。"唐宋时，蛮、瑶混称，所谓'蛮'或'峒蛮'，实则瑶人也，也就是畲民的祖先。"① 学者施联朱、谢重光等对此观点进行了考察验证。其二，持畲族源于东夷与武陵蛮说一样，都主张畲族是从湖南一带迁来的。不同的是，这一观点还进一步论述"武陵蛮"与"徐夷"的关系，潘光旦先生生前曾对其关系进行论述，"春秋战国时代生活在淮河和黄河之间的'东夷'里靠西南的一支'徐夷'，与苗、瑶、畲有密切的渊源关系……"② 其三，认为畲族为河南夷的一支，也称"高辛后裔说"。浙江畲族普遍倾向于这一观点，即畲族源于河南。③ 徐松石在其著作《粤江流域人民史》中有明确表述，"按畲徭即古代所谓山越……山越就是畲人"④。第二种观点认为畲族的来源最早可追溯到东汉时期被认为"南蛮"族的一支古老民族。第三种观点认为畲族是福建土著"闽族"后裔。随着相关研究的推进，学术界提出了"多源说"，"武陵蛮、长沙蛮、百越民族、南迁的汉族还有湘赣闽粤交界区域其他土著种族，共同缔造了畲族，他们都是畲族构成的要素"⑤。"多源说"是畲族族源研究的一个亮点，为畲族族源的研究提供了新的思路和新的方法，"符合畲族历史和文化显现出的多元共生复合格局的实际"⑥。

（二）畲族发展简史

畲族是我国统一的多民族大家庭中的一员，总人口为 74 万多人⑦，主要分布在闽、浙、赣、粤、皖、湘、黔七省的多个县（市）。"畲"字，早在春秋战国时已出现。《诗经》的《周颂·臣工》有"新畲"，《易·无妄》有

① 徐规. 畲族的名称、来源和迁徙［J］. 杭州大学学报，1962（1）：57-60.
② 费孝通. 民族社会调查的尝试［J］. 中央民族学院学报，1982（2）：9-10.
③ 浙江省少数民族志编纂委员会编. 浙江省少数民族志［M］. 北京：方志出版社，1999：72.
④ 徐松石. 粤江流域人民史［M］. 郑州：河南人民出版社，2016：186.
⑤ 谢重光. 畲族与客家福佬关系史略［M］. 福州：福建人民出版社，2002：7.
⑥ 邱国珍. 浙江畲族史［M］. 杭州：杭州出版社，2010：13.
⑦ 据《中国统计年鉴.2021》，畲族总人口为 746385 人，分布在闽、浙、赣、粤、黔、皖、湘七省 80 多个县（市）内的部分山区，其中 90% 以上居住在福建、浙江广大山区。

"不耕获，不菑畲"的论述。"畲"字有两种读音，分别为 yú 和 shē。音念 shē 的"畲"，其含义为开辟荒地、刀耕火种。《集韵》："畲，火种也，诗车切。"于是，刀耕火种者被称为"畲民"。① 畲族历史悠久，自称"山哈"或"山达"。"哈""达"，在畲语中是"客人"的意思。"山哈"即指山里人或居住在山里的客人。关于畲族的来源，学界众说纷纭，前文已做简要概括。畲族历史悠久，历史考察认为，浙江景宁畲族的发祥地为凤凰山。早在隋唐之际，畲族先民就已居住在闽、粤、赣三省交界之处。自畲族离开广东以后的迁移路线大致分为两条主线，如图 1.1。关于迁徙的原因主要有生产方式和风俗习惯的差异、阶级压迫和民族斗争以及逃避战祸等。

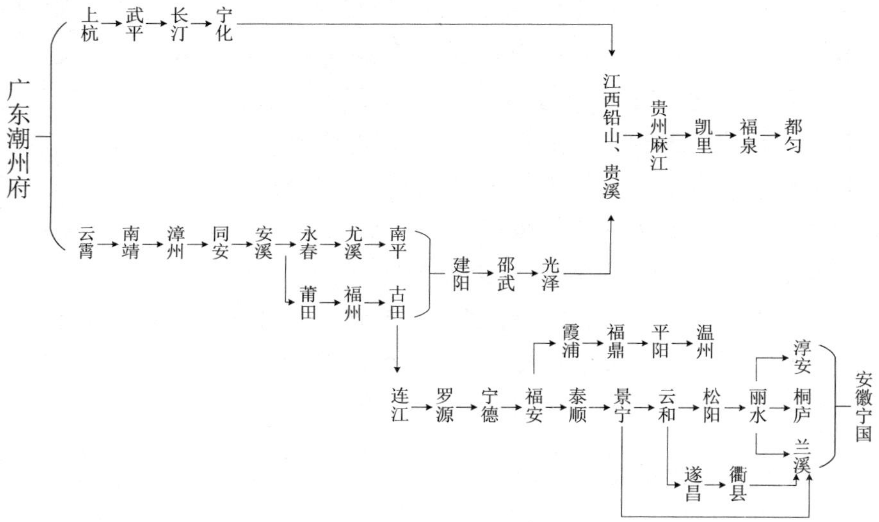

图 1.1　畲族离开广东后的迁移路线图②

追至 7 世纪初，即隋唐之际，当时畲族人民主要以农业生产和狩猎为生。《云霄厅志》记载"凡畲，惟种黍稷，皆火耨"，即采取耕耘火田的方式，进行生产。火田是指焚烧树木杂草，开垦造田。唐王朝开启了畲民缴纳"供奉"的先例。宋代时期，社会经济较唐代有了进一步发展，并且产生了畲族"酋长"。如漳州"南畲三十余所酋长，各籍户口三十余家，愿为版籍民"③。宋朝时期的土地高度集中，远超统治者抢占农民的土地作为封地和赐地。"元代

---

① 雷弯山. 畲族风情 [M]. 福州：福建人民出版社，2002：9.
② 《畲族简史》编写组. 畲族简史 [M]. 北京：民族出版社，2008：20.
③ 刘克庄. 后村先生大全集 [M]. 成都：四川大学出版社，2008：39

畲族的人口，大概在 100 万—160 万之间。"① 明、清时期，畲族地区的社会经济比唐、宋、元时期有了较大发展，耕种的农作物种类与产量也大大增加。此阶段，由于生产力的不断发展，封建地主阶级对畲民的剥削和压迫更加残酷，同时也出现了一些英勇的反抗事迹。

1840 年，鸦片战争以后，畲族与汉族同样沦入半殖民地半封建社会的悲惨命运中，尤其是处于沿海地区的畲族，其农产品和原料被帝国主义列强大肆掠夺，直至新中国成立前夕，畲族地区长期遭受帝国主义列强的侵略，畲族地区的经济出现了倒退的现象。其经济生活也发生了巨大变化，在某种程度上具有半殖民化的性质。阶级分化越发严重，畲族人民不仅受到地主豪绅的剥削和奴役，还受到封建王朝残酷的统治和压榨。国民党统治时期，由于帝国主义、封建主义和官僚资本主义的残酷压迫和剥削，畲族地区的生产长期停滞不前，民不聊生。据《遂昌限制外编》所刊《畲客诗》记载："男女并力田，尚被饥寒迫。徒使并兼家，仓箱日充斥。"② 1921 年，中国共产党先后派出许多干部深入畲族地区，领导畲族人民进行反帝反封建和反抗国民党反动统治的斗争。整个新民主主义时期，畲族人民积极参与革命斗争，为民主与自由做出了巨大的贡献。

新中国成立初期，畲族人民积极参加剿匪、镇压反革命和抗美援朝，为保卫祖国英勇战斗。封建土地所有制被废除后，畲族人民分得了耕地、山林，生产积极性和生产水平空前提高，尤其是水利事业极大地促进了农业生产，教育、文化事业也稳步发展，医疗卫生水平稳步提高。改革开放后，全国经济迎来了春天，畲族政治、经济和文化都得到了空前的发展。1953 年与 1955年，中央民委分别委派了调查组前往畲族地区进行调查，确认畲族是一个具有自己特点的单一的少数民族，1956 年国务院正式确认畲族为我国单一的少数民族。③ 1984 年 6 月，国务院批准了景宁畲族自治县的设立，作为全国唯一的畲族自治县，其成立和发展具有非常重要的历史与现实意义。景宁政府在政策、资金和技术方面不断加大对畲族的扶持，维护畲族与汉族的友好关系，合作、共建、互助的新型民族关系在畲乡形成。④ 这一历史时期，畲族的农业经济发展产生了质的变化，原有的人民公社体制被公有制为主体，多种

---

① 《畲族简史》编写组．畲族简史［M］．北京：民族出版社，2008：41-80.
② 于丽水学院档案馆搜集获得手抄版《遂昌县志外编》。
③ 蒋炳钊．畲族史稿［M］．厦门：厦门大学出版社，1988：8.
④ 《畲族简史》编写组．畲族简史［M］．北京：民族出版社，2008：131.

所有制经济共同存在的经济体制替代，农业、林业、畜牧业、工业、商业、文化教育、医疗事业稳步向前发展，畲族人民的社会保障与福利、生活水平大大提高。直至今日，党和政府仍高度关注畲族地区和畲族人民的生活与发展，畲族人民沐浴着党的关怀，各项事业蓬勃发展。

二、景宁畲族的环境与文化概貌

"文化是各个民族对特定环境的适应能力及其适应成果的总和。"① 景宁畲族传统文化正是畲族人民长期在特定的环境中为了生存发展、适应自然、谋求发展所积累的精髓。据统计，至 2023 年末，景宁畲族自治县全县户籍人口 166174 人，其中，城镇人口 35177 人，乡村人口 130997 人；男性 86745 人，女性 79429 人。全年出生人口 794 人，出生率 4.78‰；死亡人口 1173 人，死亡率 7.1‰，人口自然增长率-2.3‰。在总人口中，少数民族人口 20194 人，畲族 18410 人。总户数 68132 户，平均每户家庭人口 2.44 人。根据 2023 年 5‰人口变动抽样调查推算，年末全县常住人口 11.06 万人，城镇化率 62.72%，比上年提高 1.47 个百分点。②

景宁畲族的自然环境、生计方式、经济建设、文化概貌以及畲族的心理特征都是构成该民族生存发展的必要条件，在历史的长河中，逐渐形成了一个在语言、文化、心理认同等方面具有共同特征的稳定的共同体。

（一）自然生境

1984 年 6 月 30 日，国务院批准以原景宁县地域建立景宁畲族自治县。③ 1984 年 12 月 24 日，召开景宁畲族自治县第一届第一次人民代表大会，《浙江省景宁畲族自治县自治条例》把这一天定为景宁畲族自治县成立的纪念日。景宁畲族自治县地处浙江省西南端，介于北纬 27°39′至 28°11′和东经 119°11′至 119°58′之间，属东半球低纬度北部地区。景宁畲族自治县东邻青田、文成县，南接泰顺、寿宁县（福建省），西枕庆元县、龙泉市，北连云和县、丽水市，距省会杭州约 259 千米，距浙西南中心城市丽水 80 千米，是温州港口与浙西南的后花园，是以上海为中心的长江三角洲经济圈的第三层次，属于我

---

① 张公瑾．文化语言学发凡 [M]．昆明：云南大学出版社，1996：23.
② 景宁畲族自治县城市人口 [EB/OL]．[2024-04-02]. http://www.jingning.gov.cn/col/col1376104/index.html.
③ 景宁畲族自治县人民政府．景宁历史 [EB/OL]．[2023-05-22]. http://www.jingning.gov.cn/col/col1376103/index.html.

国东南沿海经济开放区。最新统计，景宁畲族自治县辖2个街道4个镇15个乡，8个社区、136个行政村。①

景宁畲族自治县是华东地区第一个少数民族自治县，同时也是全国唯一一个畲族自治县，同时居住有汉、畲、苗等二十多个民族。据市统计局统计，截至2017年，景宁县常住总人口10.88万人，城镇人口比重51.5%，其中畲族人口比重16.1%。②

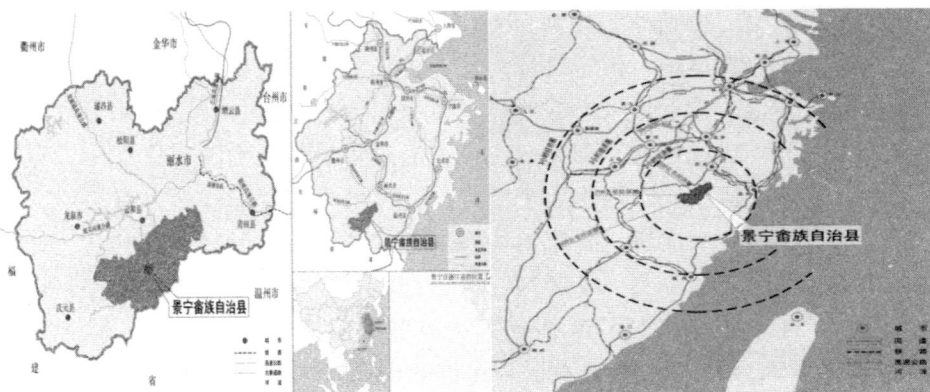

图 1.2　景宁畲族自治县区位图

资料来源：景宁畲族自治县民宗局

景宁地域为洞宫山脉，地形复杂，海拔悬殊；地势由西南向东北倾斜，前人概述地貌时，曾有"两山夹一水，众壑闹飞流"之句。洞宫山脉派生于闽北政和、寿宁县境之洞宫山。两支基本平行的山脉，自西南向东北延伸，走布浙南六县，贯穿景宁全境，同归于青田之西。景宁自治县境内最高峰为大漈乡的上山头，又名最上山，其海拔为1689.1米；最低处为海拔80米的陈村乡的塘堡、鹤口村和顺利乡的顺利村。海拔1000米以上的山峰有779座，中低山谷占70%，若从高空俯视，整个地面千皱万褶，峰峦簇拥。③ 洞宫山脉中间夹着一道骤然东倾的峡谷，其谷集两侧诸山之水，跌宕奔流，出鹤口，入青田县境，与流经云和、丽水的大溪回城瓯江，同归东海。

景宁畲族自治县属中亚热带季风气候，温暖湿润，雨量充沛，四季分明，

---

① 景宁畲族自治县人民政府. 行政区划 [EB/OL]. [2023-05-22]. http://www. jingning. gov. cn/art/2024/4/2/art_ 1376102_ 59072913. html.

② 数据来源于丽水市统计局文件。

③ 《景宁畲族自治县概况》编写组. 景宁畲族自治县概况 [M]. 杭州：浙江人民出版社，1986：9.

冬夏长，春秋短，热量资源丰富。由于季风交替以及季风活动的不稳定性，也会有暴雨、冰雹、大风和"倒春寒""五月寒"等灾害性天气。景宁县因地形复杂，海拔悬殊，气候和降水的垂直差异明显，海拔每上升 100 米，年均气温下降 0.506℃。海拔 200 米以下的地区，年平均气温在 17.5℃ 以上。海拔 450 米以下的地区年均气温都高于 16℃，而降水量则随海拔上升 100 米而增加 29.5 毫米。如海拔 189 米的鹤溪镇，年降水量为 1661.2 毫米，海拔 1150 米的草鱼塘，年降水量则为 1917.5 毫米左右。

景宁土地资源丰富。景宁之地为华亚古陆的一部分，中生代火岩分布面广。加之处于温暖湿润的亚热带生物气候条件下，物理、化学作用显著，形成残积、坡积、洪积、冲积四大成土质；经过自然、人为的成土作用，形成了红壤、黄壤、潮土、水稻土四个土类。境内表土层普遍浅薄，有机质含量中等，多酸多砂，缺磷钾。景宁的物产资源，植被有针叶林、阔叶林、针阔叶混交林、竹林、灌草丛五个类型，具有乔木、灌木、草木三个层次。据不完全统计，木本植物有 1552 余种，其中有利用价值的为 1469 种。除了常见的松、樟、柏、竹等以外，还有国家保护的珍贵树木多种。野生药材 189 科、589 属、1043 种。① 其中黑龙须菌、红苏木、卷毛红草、马先蒿等为浙江省内所少有。茯苓、厚朴的产量在省内占有重要位置。畲村惠明寺所产惠明茶，曾获 1915 年巴拿马万国博览会一等证书和金奖，今为浙江省八大名茶和全国重点名茶之一。除了以上植被资源外，深谷幽涧之中还生活着国家保护的一、二类珍稀动物，如梅花鹿、毛冠鹿、黑鹿、金钱豹、云豹、金猫、短尾猴、猕猴、黄腹角雉、白颈长尾雉、鸳鸯等。地下宝藏中，已探明的有包山、敕木山铁矿，总储量为 400 万吨，三枝树的钼矿已提交 D 级金属，储藏量为 100910 吨。目前已发现或探明的矿种有 20 余种，产地 100 多处。② 此外，湿地资源丰富。2018 年 9 月 26 日，景宁畲族自治县荣获"中国天然氧吧"创建地区称号。

（二）生计方式

早期，景宁畲族人民以狩猎为生。由于长期居住在深山老林，野兽经常糟蹋庄稼，为了保护生产，凡男子都会打猎。同治《景宁县志》中记载"景

---

① 景宁畲族自治县人民政府. 生态环境［EB/OL］.［2023-03-14］. http：//www. jingning. gov. cn/art/2024/2/26/art_ 1376101_ 59072046. html.

② 《景宁畲族自治县概况》编写组. 景宁畲族自治县概况［M］. 杭州：浙江人民出版社，1986：13-14.

邑畲民散居在岩谷，常持鸟枪以角禽兽"，可见狩猎是保护农业生产的一项重要措施。畲族群众狩猎时，自发组成小组，做好分工，共同前往狩猎地点。畲民除了狩猎外，长期处于"刀耕火种"的原始农业阶段。这种生产方式，一般是二、三月砍劈山上杂木乱草，等干燥后，从山顶点火往下烧，畲族称为烧"坐山烧"①。烧后一两天，等地面火气退去，就撒上种子。趁下雨前统一铲一遍，种上早稻、小米、玉米、高粱、荞麦、萝卜等，把种子与泥灰翻入土中。陡坡种玉米，可以不铲，用长矛站在上坡往下戳一个洞，投种点插。一块地一般只种三年，产量头年比较低，第二年最高，第三年又下降。同时，全部套种杉树、棕树、水菖花、茶叶等。第四年一般不种粮食作物，开始抚育林木。新中国成立后，畲民以原耕为基础和就近便于生产的原则，分到了山、田。据统计丽水畲民分得土地130244亩，人均4.14亩，其中水田47149亩，人均1.5亩，旱地2240亩，人均0.07亩，山林80855亩，人均2.57亩，还有农具和房屋，实现了耕者有其田的生活②，以"刀耕火种"为生的日子从此结束。随后，畲民逐渐以农业生产为主，把山地开垦为旱地进行种植。为了达到自给自足，提高生活水平，除了粮食生产之外，还种植毛竹、茶叶等经济作物以及饲养家畜作为副业。

此后的几十年，畲族人民与汉族人民一样，经历了1952年初组织互助组到初级社再到人民公社化，逐步实现了家庭联产承包责任制。③改革开放以来，畲族地区生产方式逐渐转型，出现了养殖专业户，随后畲族人民开始引进奶牛，发展菜牛，卖大力发展瘦肉型商品猪，饲养优质山羊和优质兔、乌鸡、白肉蛙等珍稀动物，并办起了养蛇场。由于景宁境内山地较多，适合种植蔬菜瓜果、药材等经济作物，仅大漈乡就已建成5000多亩高山冷水茭白核心示范基地，此外还有高山蔬菜、中药材、水果、食用菌、茶叶等。随着个体私营企业、村办工业、乡镇公约的兴起，景宁畲族自治县的经济水平和生产方式得到了前所未有的发展，畲族人民的生产生活水平也得到了极大的改善。

（三）经济建设

景宁畲族自治县是一个"九山半水半分田"的山区县，由于山多地少的

---

① 资料来源于景宁畲族自治县档案馆。
② 邱国珍. 浙江畲族史［M］. 杭州：杭州出版社，2010：218.
③ 资料来源于景宁畲族档案馆。

自然条件和早年落后的传统发展模式，景宁畲族自治县的经济基础较为薄弱，需要加倍努力开创畲乡经济建设的新局面。自 1984 年建立景宁畲族自治县以来，利用民族自治区域的特殊待遇和一系列优惠政策，经济和社会各项事业取得较快发展。一直以农、林业为主要经济基础的畲族人民，在农业科学技术的广泛推广和创新下，实现了翻天覆地的变化。景宁畲族地区的粮食生产、特色农业（主要是茶叶和水果）、林业、畜牧业生产获得大幅增长。20 世纪末，就已经实现了国内生产总值从 4000 多万到 6 亿多的增长。2018 年实现了率先探索"丽水山耕+景宁 600+X"母子品牌体系运作模式，成功打造"深山野蜜"等子品牌 8 个。新认证"三品一标"产品 21 个，面积 4486 亩，农产品省、市监督抽检合格率 100%。生产、供销、信用"三位一体"改革扎实推进，"景宁 600"冷水雪茭产业农合联组建完成。全年实现农业总产值 11.31亿元。①

景宁畲族自治县早在明代就有采矿、冶铁、铸锅等民间工业。景宁畲族自治县成立后，县政府认真贯彻《中共中央关于经济体制改革的决定》，积极推动经济建设，工业迅速发展。目前，景宁畲族地区工业蓬勃发展，形成了以水电、电机电器、船舶修造、食品加工、竹木加工、矿产铸造、医药化工、建筑材料和包装印刷为重点的门类较为齐全的地方工业体系。生产的各类工业产品多达 160 多种，其中有不少产品获得省优、部优、国优等奖项。景宁县到 2004 年年底，有机械制造企业 30 多家，食品加工企业 181 家，实现产值1.5 亿元，产品销售市场遍布全国各地主要城市；投产泵阀铸造企业 30 家，完成工业产值 2 亿元；竹木加工企业 287 家，实现产值 1.3 亿元，生产的产品有木制玩具、木制象棋、细木工板、竹筷等 30 多类 1000 多个品种，产品打入国际市场，远销美国、日本。全县新引进项目 50 个、总部经济 29 家，完成浙商回归资金 12.2 亿元。② 这在 21 世纪初是相当有影响的成绩。

浙江历来有经商的传统，景宁畲族人民受这一文化的影响，商业发展取得了显著的成绩。据统计，20 世纪 80 年代，景宁部分畲民集资兴建了民族饭店。在国家政策的支持下，景宁畲族人民积极创办乡镇企业，为富余劳动力提供就业之路，增加收入来源。此外，招商引资也成为畲族地区经济发展的另一个有力措施。景宁畲族自治县不断引进新项目，鼓励企业进行技术创新，个体私营经济发展势头强劲，成为经济增长的新亮点。

---

① 数据来源于景宁畲族自治县政府工作报告。
② 《畲族简史》编写组. 畲族简史［M］. 北京：民族出版社，2008：141.

由于景宁畲族地区自然资源丰富，民族特色浓郁，形成了以畲族文化风情为特色的畲乡旅游业，包括观光旅游、传统节庆旅游、民族风情旅游等项目。景宁畲族地区注重特色旅游宣传，打造品牌特色，利用现代传媒，挖掘并宣传畲族历史文化、民族风情等，实现了景宁畲族旅游业的迅猛发展，尤其是近几年，国家大力倡导弘扬和保护民族传统文化，景宁畲族积极利用政策引导优势，加大自身的文化传承和展示，吸引全国各地的游客前来，带动了当地各行各业的发展。据统计，景宁畲族自治县的旅游业有效带动了当地的就业，促进了经济的整体发展。2018 年，景宁实现地区生产总值 54.37 亿元，增长 7.1%；一般公共预算收入 7.01 亿元，增长 14.1%；完成全社会固定资产投资 58.28 亿元，增长 13.5%；实现全社会消费品零售总额 30.93 亿元，增长 10.9%；城乡常住居民人均可支配收入 33618 元和 16503 元，分别增长 8.8% 和 10.1%；三次产业结构调整为 13.2∶29.2∶57.6。① 根据《景宁畲族自治县 2022 年国民经济和社会发展统计公报》的最新核算，2022 年全县生产总值（GDP）93.24 亿元，按可比价格计算，比上年增长 4.0%。其中，第一产业增加值 7.28 亿元，第二产业增加值 20.49 亿元，第三产业增加值 65.47 亿元，分别增长 4.4%、3.8% 和 4.0%。三次产业结构为 7.8∶22∶70.2。在第三产业中，批发和零售业增加值增长 2.6%，住宿餐饮业增加值增长 7.6%，营利性服务业增加值增长 15.1%，非营利性服务业增加值增长 1.4%。人均地区生产总值为 84378 元（按年平均汇率折算为 12545 美元），比上年增长 4.4%。2022 年全年财政总收入 423925 万元，比上年增长 36.7%，其中，一般公共预算收入为 158950 万元，增长 16.1%。一般公共预算收入中，国内增值税 68423 万元，企业所得税 20956 万元，个人所得税 33747 万元。一般公共预算支出 484127 万元，比上年增长 1.9%。②

景宁畲族自治县大多处于山地，交通相对闭塞，对于其他产业的运输造成了一定影响。新中国成立后，党和政府尤为重视畲族地区交通运输业的发展，斥巨资扶持交通建设，景宁畲族地区的交通情况发生了巨大的改变。早在 2004 年，景宁畲族自治县全县就已实现通车里程高达 1477.8 千米，外接周边 8 个县市（区），内连 24 个乡镇 240 个行政村。其中省道 2 条 71.6 千米，县道 13 条 304.58 千米，乡道 13 条 165.9 千米，村道 156 条 935.7 千米，全

---

① 数据来源于景宁畲族自治县政府工作报告。
② 景宁畲族自治县 2022 年国民经济和社会发展统计公报 [EB/OL]. [2023-04-04]. http://www. jingning. gov. cn/col/col1376106/index. html.

县路面硬化公路 398.6 千米。① 班车通达上海、深圳、杭州、宁波等城市及境内各乡镇。当前，景宁畲族自治县的交通运输业在原有的基础上有了进一步的发展，畲族地区的村寨均修建了公路，通往每家每户门前，不仅推动了当地经济的发展，同时也便捷了每户居民的生活。2022 年的数据统计，景宁畲族自治县全年交通运输、仓储和邮政业完成增加值 1.60 亿元，比上年下降 5.7%，交通运输状况持续改善。截至 2022 年末，全县公路总里程 1901.4 千米，其中高速公路 45.2 千米。全年各种运输方式完成货物周转量 35744 万吨千米，其中，公路货物周转量 35516 万吨千米。旅游产业迅猛发展。2022 年创成国家甲级旅游民宿 1 家、省级金桂品质饭店 1 家、省级采摘旅游体验基地 1 个、景区镇 8 个、景区村 22 个。年末全县共有 2A 级旅游景区 1 家，3A 级旅游景区 3 家，4A 级旅游景区 2 家。②

（四）生活习俗

长期以来，畲族和汉族交错杂居在一起，在生活习俗方面彼此互相影响，有一些相似之处。畲族生活习俗主要包括居住习俗、饮食习俗、服饰习俗以及婚丧习俗。畲族人民有自己的居住习俗。早期，畲族为了躲避阶级压迫，过着游移不定的生活。经常迁徙深山穷谷之中，聚族而居，自成村落。畲族称房屋为"寮"，或随当地汉族称之为"厝"。草房，俗称"草寮"或"草寮厝"，是畲族旧时主要的传统民居。早期，畲族在山中用竹木搭盖简陋的山棚居住，定居农业后，逐渐改进为土木结构，并用模板隔成若干间，一般为方形。畲民家中盖房子，通常会邀请亲朋好友或村寨中的劳动力帮工，帮工一般不计报酬，每日备好饭菜招待。畲族地区还会统一建立祠堂，建筑形式大体一致，规模大小略有差别，每所祠堂后厅都设有神祇龛台。畲民的饮食习俗较为独特，历史上畲族地区山高水冷，水田少、旱地多，一般种植稻谷少而多种杂粮，普遍以番薯丝（地瓜丝）为主食，有"种番薯吃番薯，番薯当粮也当菜"的说法。据史料记载，早期畲族经济水平低下，吃白米饭都极为困难，每逢家中招待客人和春节期间（初一至初三）才能享受白米饭，平时以半米半番薯丝饭为主。新中国成立后，随着社会经济的发展，畲族人民的饮食有了很大改变，如今的畲族饮食和当地汉族大体相同，日常主食以米为主，并以稻米制作成各种糕点。畲族的副食，少肉多素，肉食主要是猪肉和

---

① 《畲族简史》编写组. 畲族简史［M］. 北京：民族出版社，2008：148.
② 部分数据来源于景宁县多部门的调研统计。

猎物。畲族人民喜欢熟食和热食，畲民家中备有小泥炉，俗称"风炉"，尤其在山区，火锅的使用非常普遍，全年有三分之二的时间在使用。畲族的节日食品主要有乌米饭、菅叶粽和糍粑，乌米饭具有准备春耕、迎接丰收的意义，每逢农历三月三都要食用乌米饭。畲民的饮食习俗中必有酒，每逢喜庆佳节、红白喜事等都要请客喝酒。除了酒，畲民还喜欢喝茶，并把茶叶作为主要饮料。①

服饰是表现一个民族风情面貌的鲜明标志。景宁的畲族服饰分为两种：一种是日常服饰，一种是祭祀或婚、丧时所穿戴的服饰。各地畲族的服饰虽有些不同，但基本上是男女将头发梳成锥形发髻，赤脚，衣尚青、蓝色，着自织的苎布。男子短衫，不巾不帽。妇女高髻垂缨，头戴竹冠蒙布，饰璎珞状。畲族妇女的服饰别具一格，其中以"凤凰装"最具特色，畲族妇女在衣裳、围裙上刺绣着各种彩色的花边，多是大红、桃红夹着黄色的花纹，镶绣着金丝银线，加上腰带和银器的搭配，象征着凤凰的颈、腰和美丽的羽毛、尾巴和鸣啭。畲族妇女的发式与汉族不同，各地区也有所差别。少女将头发用红绳编成辫子，盘在头上成圆形状，无特殊饰物；少女两鬓夹有银笄②，订婚者脱下一边；已婚妇女把头发梳成螺式或截筒高帽式盘在头上，插饰珠料，形似凤凰头。畲族妇女不缠足，无论山间劳动还是赶集走亲戚，早期都喜欢戴着精致美观的斗笠。

畲族的婚俗与其他少数民族有相似之处，新中国成立后，畲汉通婚日趋增多。畲族婚姻仪式，主要分为古朴婚礼和近代婚礼两种。古朴婚礼与畲族当时的生产、生活方式相适应，并体现民族特色。近代婚礼是在畲族实现定居，接受汉文化影响，自身涵化到一定程度之后形成的，既有汉文化的痕迹又保持了民族特色。如今畲族婚礼习俗是其文化在传承中变异的结果，具有时代特征和民族特性。

畲族的葬礼习俗曾不断变迁，这与畲族的长期迁徙、民族间的相互影响、时代的前进等有关。随着畲汉民族间的交往愈加密切，畲族丧葬习俗与汉族的区别越来越小，根据国家相关政策规定，21世纪以来，当地均已实行火葬。

---

① 《畲族简史》编写组. 畲族简史 [M]. 北京：民族出版社，2008：178-179.

② 凤冠：头饰，汉族称"笄"，相传为高辛帝所赐。这种具有纪念始祖意义的原始装饰，一般在结婚时戴，后凡节日或做客时戴，现在戴"凤冠"的人已很少见，一些畲族村庄只在接待来访宾客或重大节日时才戴。

（五）文化概貌

文化的内涵丰富，可谓人类的生活要素形态的统称。广义的文化包含一个民族的风俗习惯和心理特征，而此处为了重点介绍畲族的主要文化，故区别开来单独做了介绍。一个民族的文化，主要通过语言、艺术、传统节日、体育活动以及神灵信仰等方面来显现和表征，了解一个民族的文化概貌是理解其文化深层内涵的基础。

1. 畲族语言

畲族有本民族的语言，属汉藏语系。在宋代以前畲族有一种语言，称古畲语，这种古畲语也接受了一些古汉语，宋明时期汉族客家人入迁畲区后，又接受了一部分客家语而产生次古畲语，畲族分散到各地区又接受了当地的汉语方言产生了现代畲语。新中国成立后，语言学家对畲语进行了多次调查研究，一致认为畲族有两种语言：居住在广东惠阳、海丰、增城、博罗一带的畲族使用的畲语，属于苗瑶语族语支（瑶族"布努"语），兼通客家话。其他地区包括福建、浙江、江西、安徽以及广东潮安、丰顺等占畲族总人口百分之九十九以上的畲族，使用接近汉语的客家方言（部分为潮州方言），但在语音上与客家话稍有区别。① 畲语属汉藏语系，语根为汉语。如果按这个标准来说，景宁的"畲语新闻"，应该称为"畲话新闻"。

2. 畲族艺术

其一，畲族山歌。畲族是一个以歌为乐，以歌代言，以歌叙事，以歌叙情，甚至以歌代哭、以歌进行教育的民族。畲族人民不仅在各种节日唱歌，在日常生活和劳动中也会以歌对话。畲歌主要分为传统山歌、革命山歌和新中国成立后的新山歌。传统山歌主要有长篇叙事诗歌、小说歌和杂歌。长篇叙事歌的代表——《高皇歌》，是一部历史叙事诗歌，叙述了畲族祖先不平凡的经历，以及后来畲族祖先率领子孙迁徙、农耕的经过。小说歌种类较多，多由汉族的章回小说或评话唱本改编而成。杂歌的数量更多，绝大多数是畲族人民在劳动生活中的即兴之作。杂歌大致可分为：十条起、散条、叙事杂歌、字歌、小令等。杂歌中还有风俗歌和功德歌。风俗歌主要为婚嫁、丧事、"传师学师"、占卜以及歌赛中规定的仪式礼节歌。功德歌，又称祭祖歌，为祭祀高唱功德。革命山歌和新山歌主要是歌颂共产党和新生活的赞歌。畲歌基本上都是七言一句，四句二十八个字为一条。山歌除了独唱、对唱、齐唱

---

① 施联朱，雷文先. 畲族历史与文化［M］. 北京：中央民族大学出版社，1995：18.

外，还有二声部重唱，又称"双条落""双音"。① 总结而言，畲族歌曲种类繁多，内容丰富，具有群众性、生活性和民族性的鲜明特点。

其二，畲族舞蹈。艺术源于生活，畲族传统舞蹈与祭祀活动、婚丧节庆、生产有着密切联系。据畲族长辈介绍，畲族传统舞蹈是由习俗性舞蹈及祭祀性舞蹈发展演变而来的，不仅表演手势丰富多彩，而且技术精湛，难度较高，具有稳健、庄重、典雅、灵活多彩的风格，整个舞姿和谐、优美。畲族的舞蹈与猎捕、祭祀、婚俗、丧葬等活动有着密切联系，在这些活动中都会伴随畲族舞蹈。当前，景宁畲族自治县流传下来的畲族民间舞蹈有《婚礼舞》《采茶舞》《难为迎亲伯》等。

其三，传统手工艺。畲族的传统手工艺有着鲜明的民族特点，尤以服装的刺绣与编织、彩带等手工艺品的制作为显著。畲族妇女喜欢在衣裳的领口、袖口、衣襟边和围裙上刺绣各种纹样，形成美丽的图案花纹。刺绣的花样种类丰富，用色鲜艳。纹样的结构上，有图案上的单独纹样、连续纹样等；形体上有自然纹和几何纹等。② 刺绣的手工艺品不局限在畲族服饰上，还有枕套、鞋面、帽子、帐帘等，在其边上镶花边。畲族由于自然地理优势，竹林遍布，为畲族的编织工艺提供了丰富的材料。畲族的编织物品有斗笠、生活用品。此外，还有极具民间特色的彩带，彩带是畲族女孩必学的手艺。小姑娘五六岁时就跟妈妈学织带，工具只要三条竹片牵好经线提好综，一头挂在门环、柱子或篱笆、树梢上，另一头拴在自己的腰身上，上山放牛也能织。还有一种用丝编织的彩带，俗称"双面带"，宽约 12 至 15 厘米，带芯用 34 双套色编织成正反两面一样的图案，工序严密，工艺精细。③ 除了刺绣与编织外，畲族民间还流行剪纸，畲族剪纸工艺简练、古朴、线条流畅，形象生动，深受广大畲族人民的喜爱。

3. 传统节日

畲族重视传统节日和祖先崇拜。畲族的传统节日主要有农历三月三、四月的分龙节、七月初七、立秋日、中秋节等。畲族受汉文化影响，也会过春节、元宵、清明、端午等节日。但是，畲族人民还有自己民族特色的传统节日，如"三月三"、晒服节、圆冬节、"二月二"等。

① 《畲族简史》编写组. 畲族简史 ［M］. 北京：民族出版社，2008：161.

② 《畲族简史》编写组. 畲族简史 ［M］. 北京：民族出版社，2008：172.

③ 景宁畲族自治县人民政府. 民族文化 ［EB/OL］. ［2023-05-22］. http：//www. jingning. gov. cn/art/2024/4/2/art_ 1376105_ 59072915. html.

4. 畲族体育

畲族的传统体育多为一些防危性质的身体锻炼和娱乐性的竞技比赛，比较热门的有操石磉、摇锅、操杆、问凳、畲乡功夫等。这些传统体育活动多半是与汉族杂居后形成的。操石磉，"操"即推，"石磉"即石块，是畲族民间传统体育竞技项目之一。原为畲族男女蹬蹴踩踏卵石，后逐渐演变为具有民族特色的传统体育项目，并取名"操石磉"。操石磉所用的石块，底部光滑，大小不等，大的数百斤，小的几十斤，以人力大小而定。操石磉运动技术主要包括：传统磉、撑石磉、夹杠磉、磉上蹴四种。摇锅需要注重人与人、人与锅的密切配合，后经过挖掘整理和改进创新，使该活动的形式和规则等更加完善合理，形成具有娱乐性、健身性的畲族传统体育项目。操杆是流传于浙江、福建一带的畲族民间传统体育活动。在景宁畲族自治县，畲民为了练就一身过硬本领以便防卫，就经常召集本族年轻人操练棍棒，操杆是增强腿臂力量的有效方法。操杆要求参赛两人相向立在一块宽0.25米、长4米、高0.35米的板凳上，手持两根约2米长的杆，采用推、拉、拧、顶、拔等方法，设法将对方推或拉下凳为胜，通常可以分为个人比赛和团体比赛。问凳是流传于浙江一带的畲族民间传统体育项目。畲乡功夫是景宁畲族自治县本土武术的总称，属于地道原味的畲乡民间武艺。畲乡功夫入选市级非物质文化遗产代表性项目名录。畲乡功夫源远流长，拳种丰富，内涵深厚，影响广泛。早在南宋嘉泰年间就有武术传播，留存于畲乡民间890年。畲乡功夫种类繁多，技艺并茂，诸如"拳、剑、刀、棍、棒、竹担枪、石锁、铁载、弓箭"等，形成具有独特的地方特色和民族特色的武术门类和技艺风格。畲乡功夫中的徒手拳术套路较多，有短有长，有简有繁，如三步、五步、七步、八步拳、五虎拳，适宜男女老少有选择地参加锻炼。[①] 畲乡功夫是一项集健身、竞技、娱乐、观赏于一体的民间文化体育运动。

三、传统文化与教育传承的本质内涵及互动关系

斯普朗格（Spranger）提出，"教育是文化过程"。在文化发展史上，每一次文化的变迁都以教育的变革为基础。教育在文化传承与文化传播过程中的重要地位与作用，决定了教育研究必须要对文化进行研究。从传统哲学到现代哲学，"人"成为哲学绵延不断的探究主题，也成为所有社会科学及人文

---

① 材料来源于景宁畲族自治县民族中学体育馆展板。

科学无法回避的重要主题，教育学孕生于哲学，"人是什么"成为"教育的第一问"①，"人的发展"也因此成为教育的"原点"，更是教育学的生命之所在。故而，研究民族传统文化与教育传承的关系必然绕不开文化、教育与人的发展的本质及关系问题。

（一）人、教育、文化的生成及其本质属性

人、教育与文化的生成及其相互关系是一个庞大而又具有哲学意义的命题。人是自然性和社会性的统一体，人的理性发展依赖于文化与教育的相互作用；教育作为一种特殊的文化活动，实际是人与文化的双向互动过程。要弄清三者之间的关系，还得从各自所特有的本质属性的理解和分析开始。

1. 人的发展及其本质

人是一种符号化的动物，同时，"人也是文化的主体，文化的传承实质上是人的文化符号传递"②。而教育作为实现人的自我建构的实践活动，是实现人的发展与文化符号产生、创新、传递及意义生成的途径和中介，故文化与教育的产生、发展势必与人是紧密联系在一起的；人是自然性和社会性的统一，具有生物性与社会性双重特点，实则，文化符号传递的终极目的是实现人的理性发展。由于人是一个发展中的生命体，人的发展既受遗传因子的影响，也受外在的社会、政治、经济、文化环境的影响。人的发展是一个特定时空中个体自身选择与周围环境的互动过程，这个过程同时也是文化和教育的过程，由于二者是变化发展的，所以又都具有历时性的特征。关于人的本质的研究不曾停息，例如，生物学认为人是自然的存在，当然人也是社会的存在，人的社会化过程是生物属性和文化属性的综合。也有学者从人的发展视角进行论证，认为人是作为发展的存在，"人作为发展的存在指的是人的未特定化及其所决定的不断生长、适应和创造的生命体特征"③。关于人的发展，有学者提出"人的一生在童年期主要是收获——向好的方面变化，在成年期主要是丧失——向坏的方面发展。而事实上，发展的过程，具有选择性，因此，收获和丧失都是发展的特征；发展的过程，还具有主动性，许多发展性的变化都需要个体积极地与所在的环境进行交互作用"④。所以，人的发展

---

① 张楚廷. 教育哲学 ［M］. 北京：教育科学出版社，2006：21.
② 赵世林. 云南少数民族文化传承论纲 ［M］. 昆明：云南民族出版社，2002：147.
③ 孙杰远，徐莉. 人类学视野下的教育自觉 ［M］. 桂林：广西师范大学出版社，2007：8.
④ 理查德·格里格，菲利普·津巴多. 心理学与生活 ［M］. 王垒，等译. 北京：人民邮电出版社，2005：286.

是个体与环境互动的过程，是文化与教育共同生成的综合过程。

关于人的本质，马克思曾提出较为经典的论述，"人的本质并不是单个人所固有的抽象物。在其现实性上，它是一切社会关系的总和"①。事实上，关于人的本质，生物学和文化学等学科对此的解释也不是相互对立的，而是相互影响、相互补充的，只是以不同的视角对人发展的过程和作用给予了多元化关注。人类具有适应不断变化的环境的高度灵活性和变通性，而很少把自己限定在固定的行为模式中生存。"人类创造和发展的各种文化及其传递，使人类连续发展的文化适应能力远远超出了呆板的印刻。"② 文化人类学家米契尔·兰德曼（Michael Landmann）在其《哲学人类学》著作中强调，必须认识到作为文化生物的人，并提出人是文化的存在，是社会的存在，是历史的存在，是传统的存在。人是文化的存在，指的是人是文化的创造者，同时由于文化的反作用，人也会被文化影响。人是社会的存在，指的是人并非完全独立自主存在，在本质上是一个社会存在物。在每一种文化中，总有不同的社会形式存在，文化通过具体社会形式表现出来，每一个社会是全部文化的一部分。人如果堪称是社会的存在，那么他也被看作是文化的存在。人是历史的存在，指的是人在历史过程中反复给自己以不同的形式，去适应和应对无穷的变化。由于变化性是文化的规律，因此它也是人发展的规律。"人没有一个一成不变的内在存在，而历史却仅仅只是在外部世界展开。人是传统的存在，指的是一切文化的形式都是历史上被创造出来的，不能通过遗传来传递，而必须用另一种纯精神的保存形式，这就是传统。一个民族越是处在早期阶段，对它来说，过去就越是在传统的形式中生活。传统的保守性和人的创造性是一对矛盾，这两种人类的特性能够而且必须同时存在。每个人多亏有了传统，他才能要求得到比靠他自己所能获得的东西更多的和更高级的属于他自己的文化品。而当传统不在人的情感之处，人又可以抛弃它或者起而反抗它。"③ 所以，人不论作为哪一种存在，都是发展的，且是以追求发展为目的的。正如恩斯特·卡西尔（Ernst Cassirer）在其著作《人论》中所强调的，认识一种符号化的动物，是一种可以学习、接受教育，具有能动性的动物，而"人的哲学"④ 应该是一种能让我们深入理解各种人类活动的基本结

---

① 中共中央马克思恩格斯列宁斯大林著作编译局. 马克思恩格斯选集［M］. 中共中央编译局，译. 北京：人民出版社，1972：18.

② 王振宇. 儿童心理发展理论［M］. 上海：华东师范大学出版社，2000：280.

③ M. 兰德曼. 哲学人类学［M］. 阎嘉，译. 贵阳：贵州人民出版社，2006：206-220.

④ 恩斯特·卡西尔. 人论［M］. 李化梅，译. 北京：西苑出版社，2009：59.

构，同时又能使我们从整体上理解它们的哲学。

2. 教育的生成及其本质

教育伴随着人类的出现而出现，人类最早的教育活动是融于日常生活和生产劳动的。"教育"一词出自《孟子·尽心上》："君子有三乐……得天下英才而教育之，三乐也。"古代社会的"教育"侧重于"教化""教养"的意思，强调从外部向人的内心灌输原本所没有的品质。学者们普遍认为教育是有意识地以影响人的身心发展为直接目标的社会活动。张诗亚教授指出："人类的教育实践活动应该包括传承人类文化、创造科学知识、提高人类素质以增强人类顺应环境和改造环境的能力……可以说自有人类社会以来，就有教育存在。"[①] 关于教育的理解，学界提出了"上层建筑说、生产力说、双重属性说、多质说、特殊范畴说"[②] 等主张，虽然学者们对教育的理解与认识有所不同，但教育是人类所特有的活动，且培养人是教育的主体活动，这一本质特征是毋庸置疑的。

教育的本质问题可以说是一个哲学问题，综合而言，学界对教育本质的理解可概括为以下几点：从社会学的视角看，教育是一种活动——传递社会生活经验并培养人的社会活动；教育是一种社会现象——培养人的一种社会现象，是传递生产经验和社会生活经验的必要手段。从文化学的视角看，"教育是人类的一种特殊的文化活动；教育是一种文化过程，是一种重要的文化现象"[③]。按照教育人类学的观点，教育具有三个本质的特征：第一个本质特征是教育不能脱离人类的社会实践，第二个本质特征是教育必须符合人类发展的需要，第三个本质特征是教育必须与文化的性质、内容和发展水平相一致。当我们用这一教育人类学的观点来审视民族教育时，就会发现人类早期的民族教育是完全符合教育的上述三个本质特征的，特别是教育处在自主自发阶段时，生产生活经验丰富的父母兄长等长者在长期与大自然斗争的过程中，逐渐积累了狩猎、采集、防寒、避险等有用的生产生活知识，并通过言传身教将这些生存技能传授给族人和后代，以利于自身及同族的生存和种族的延续。这些知识和技能，无疑是与他们的实践活动紧密联系在一起的，也是完全符合他们的生存和发展需要的，并且与他们的价值观念、民族传统文化及社会发展程度相吻合。

---

① 张诗亚. 祭坛与讲坛——西南民族宗教教育比较研究 [M]. 昆明：云南教育出版社，1992：1.

② 《教育学原理》编写组. 教育学原理 [M]. 北京：高等教育出版社，2019：45-47.

③ 徐学莹. 教育学新编 [M]. 桂林：广西师范大学出版社，2000：16.

总结而言，教育作为有目的、有计划的育人活动，它总是在特定的文化环境中展开，其内容、方式等无不与文化密切相关联，尤其是在学校教育出现之前，教育活动主要是在家庭和社区中开展的，年轻一代在日常生产生活中，在民俗节日庆典中感受、体验着本民族文化的精髓，吸纳着本民族文化的基本元素，并建立起对本民族文化的价值认同。所以，民族教育与教育的本质是贯通一致的，即一种导人向善的活动，目的是促进人（包括个体的人、群体的人、国家或社会的人）的发展，所以，民族教育或是教育，它们的生成及其本质是一脉相承的。

3. 文化的生成及其本质

关于文化的本质，古今中外有着多种不同的理解。"文""化""文化"是中国语言系统中古已有之的词语。"文"的本义是指相互交错的纹理，后来引申出多种含义：各种象征符号，进而具体化为文物典籍、礼乐制度；由伦理之说导出彩画、装饰、人为修养之义。另外，从前两层含义还引申出了美、善、德行之义。"化"本义为改易、化育、生成、造化的意思，指事物形态或性质的改变，亦引申为教行迁善之义。后"文"与"化"相结合，表示与自然、质朴、野蛮相对，强调借助诗书礼乐教化世人，使之达到一种文明境界。张岱年、方克立在其主编的《中国文化概论》一书中提出："凡是超越本能的、人类有意识地作用于自然界和社会的一切活动及其结果，都属于文化；或者说，'自然的人化'即文化。"①

当前，学界通常将文化划分为广义和狭义两类：广义的文化着眼于人类与一般动物、人类社会与自然界的本质区别，聚焦于人类卓立于自然的独特生存方式，涵盖了人类社会历史的全部内容；狭义的文化派生出人类社会历史生活中关于物质创造活动及其结果的部分，专注于精神创造活动及其结果。《最新世界教育百科全书》将文化界定为"借助符号获得并流传的各种明确的和模糊的行为模式，它构成了人类群体的各项成果，包括物化的成就；文化的基本核心是传统（即经过历史的演变及选择而保留下来的）观念，尤其是附属于观念的价值；文化系统一方面是行为产品，另一方面又是构成远期行为的必要条件"②。具体而言，"文化是通过某个民族的活动而表现出来的一种思维和行动方式，一种使这个民族不同于其他任何民族的方式"③。此外，

---

①　张岱年，方克立．中国文化概论 [M]．北京：北京师范大学出版社，1994：1-4.

②　波斯特·莱斯维特．最新世界教育百科全书 [M]．郑军，王金波，译．贵阳：贵州人民出版社，1990：523.

③　维克多埃尔．文化概念 [M]．康新文，晓文，译．上海：上海人民出版社，1988：5.

恩斯特·卡西尔在其著作《人论》中借助"符号"概念提出了对文化的认识：所谓"人类文化的世界"就是人发明、运用各种符号所创造的一个"符号的宇宙"，"语言、神话、艺术和宗教是这个符号宇宙的各部分，它们是织成符号之网的不同丝线，是人类经验的交织之网"①。事实上，文化既是一种人类生活方式的客观事实，也是一种主体的意识形态和创造性的符号体系，更是一种变动不居的存在形式。人与文化的关系具有双向性，即一方面人创造了文化，同时，人又是在文化的熏陶和影响中成长的，在文化的熏陶中掌握了社会规范，并学会了适应社会及其文化。如此可以认为，文化的本质即符号，而人的生成与发展过程实际是人与文化的双向互动过程，是适应性与创造性的和谐统一。

毋庸置疑，人的本质不论作为自然存在、社会存在还是发展存在，都是离不开文化的。人的本质就是一种"符号化的动物"，人不仅可以发明、创造文化，还可以使用文化；而人在创造、传递和使用文化的过程中，必然包含教育的成分，教育是实现文化传承与创新的重要途径，所以，广义的文化囊括了教育的内涵，甚至包含了人和族群这一教育主体。故而传统文化与教育的研究离不开对人和文化的生成及其本质的思考。

（二）民族传统文化的价值分析

民族传统文化作为"集体记忆是通过社会有组织的活动来树立传统并加以传承，如仪式典礼、身体实践、历史纪念和文本等"②，而有组织的仪式典礼和身体实践是一种教育活动，也就是说，民族教育的发展必须与民族文化氛围相协调，与民族传统文化的传承相结合。民族教育的发展是民族文化扬弃的基本途径之一，民族文化以无形强大的力量时刻影响着民族教育的发展。因此，民族教育的发展与民族文化氛围相结合、相协调有着重要的意义，民族传统文化可以通过民族教育得以发挥其价值。③ 不容置辩，少数民族传统文化的价值是通过少数民族的劳动实践创造的，是其本身所固有的。少数民族传统文化具有多重价值，如历史价值、经济价值、艺术价值、教育价值、科学价值等。

---

① 恩斯特·卡西尔. 人论［M］. 甘阳，译. 北京：西苑出版社，2003：44.
② 保罗·康纳顿. 社会如何记忆［M］. 纳日碧力戈，译. 上海：上海人民出版社，2000：37.
③ 谢启晃，孙若穷. 中国民族教育发展战略抉择［M］. 北京：中央民族学院出版社，1991：381.

"从文化对于人类生活的效用和功能的角度来考察文化，文化都是直接或间接地满足人类的需要，一切文化要素都是在活动中发生作用，而且是有效的。"① 正如文化功能学派认为，"任何一种文化现象，都有满足人类实际生活需要的作用，即都有一定的功能，它们中的每一个与其他现象都互相关联、互相作用，都是整体中不可分的一部分。"② 畲族作为一个古老且人口相对较少的少数民族，所创造的传统文化在强大的汉族文化圈中，特别是历代统治阶级镇压和强行同化政策下，不仅没有消亡，反而与其他文化相互影响、协同共生，共同创造并构成了中华民族传统文化，不得不承认其具有强大的生命力和文化价值。

畲族传统文化作为中华民族传统文化中不可分割的一部分，共同构成了中华民族的基因。习近平同志曾明确指出："畲族地区有潜在的资源力量，但并不等于具有现实的经济实力。要实现这种潜在与现实之间的转换，必须进行对自然资源的开发，是符合社会主义商品市场需要的开发。资源开发，有一个重要的条件，就是市场需要，我们讲的资源开发，是符合社会主义市场需要的开发，因而是经济的综合开发，这种开发不是单一的，而是综合的；不是单纯讲经济效益的，而是要达到社会、经济、生态三者的效益的协调。"③ 事实上，不论是从历史还是现实来看，畲族传统文化具有多种价值。以畲族"三月三"节庆为例，其具有丰富而又鲜明的多重价值与功能：其一是历史价值。畲族"三月三"节庆所囊括的许多活动带有浓郁的民族神话色彩，有力地印证了畲族先祖创业的艰辛，是历史印记在畲族民俗事象中的真实写照，同时也是畲族同胞追忆本民族发展史和兄弟民族了解学习畲族发展史的特殊教材，具有较为完整的历史价值。其二是人文价值。畲族"三月三"节庆活动，不论是对山歌还是跳畲舞，不论是传统体育项目还是传统服饰表演，都不同程度地塑造和再现了畲族先祖盘瓠的形象，对畲族后代影响深远，具有浓厚的人文价值。如畲族史歌的代表作《高皇歌》中描述的"讨姓受封""闾山学法""游山狩猎"等情节，反映了畲族同胞勤劳勇敢、团结友善的精神。其三是文化价值。畲族"三月三"节庆的各项活动几乎涵盖了畲族传统文化的方方面面，是畲族传统文化的综合体现。从畲族先祖的耕种狩猎、衣装服饰到饮食器皿、说唱歌舞等，一应俱全，特别是对畲族歌舞、彩带等

---

① 马林诺夫斯基．文化论［M］．费孝通，译．北京：华夏出版社，2001：134.
② 王海龙，何勇．文化人类学历史引导［M］．上海：学林出版社，1992：134.
③ 习近平．摆脱贫困［M］．福州：福建人民出版社，2014：109.

技艺的保存、发展起到了积极的保护和传承作用。随着现代社会的发展，畲族不断融入汉族生活，畲族语言逐渐退化，部分畲族年轻一代已经不太会讲畲语，而畲族"三月三"节庆唱的是畲歌，跳的是畲舞，欣赏的是畲族服饰和文化，这在一定程度上对濒临消亡的畲族语言、畲族服饰起到了传承和保护作用。畲族"三月三"节庆的各项文化活动蕴含着丰富多彩的畲族民间艺术文化，为维护和加强畲汉民族团结、发展地方文化、建设社会主义新农村构建了一个切实可行的平台。只有保护好畲族传统文化的文化基因，取其精华并赋予新的时代精神和流行元素，才能切实推动畲乡的文化建设，从而对弘扬畲族优秀传统文化起到积极的作用。其四是经济价值。依托畲族"三月三"节庆等非物质文化遗产的保护和传承，景宁畲族自治县建成了"大均畲乡之窗""东弄传统文化重点保护村落""云中大漈"等集合传统文化和风情的旅游区，当前正在建设的"田园综合体项目"更充分体现了畲族传统文化和旅游经济的密切结合，带动了景宁畲族自治县的旅游、教育等相关产业的发展。据统计，2007 年至 2011 年，景宁畲族自治县的游客人数和旅游经济收入，每年都以 30% 以上的数额快速增长。① 2012 年，景宁"中国畲乡三月三"被列入"中国优秀民族节庆"，并荣获"最具特色民族节庆"称号，为畲族"三月三"文化传承提升了影响力和经济效益。可见，以畲族传统文化为载体发展的旅游业和文化产业，带动了畲族社会经济的发展，改善了当地人的生活条件，惠及了民生，使得畲族老百姓切身感受到本民族传统文化的实际价值。

另外，自 2017 年起，景宁畲族"三月三"节庆已成为海外侨胞共创合作的重要渠道。每逢畲族"三月三"节庆期间，海内外畲族同胞都会积极参与其中，为畲族文化传承和民族发展添砖加瓦，有力地推动了民族团结与振兴。以上种种成绩系畲族"三月三"节庆的价值所在，畲族"三月三"节庆活动具有不可估量的文化功能，所以，新时代背景下畲族传统文化应得到更好的弘扬与发展。

（三）传统文化与教育传承的哲学之辨

"教育人类学的核心概念是境遇，认为应该把教育放在社区的境遇中来理解，教育的发生、教育的功能和目标，都与社会系统、教育机构的文化行为相关。遇到教育问题，教育人类学者通常会从较宽广的、全面的社会文化境

---

① 金兴盛. 畲族三月三［M］. 杭州：浙江摄影出版社，2014：117.

遇来看问题。"① 由于教育与文化的关系是较为复杂的，至今学者们对此也未形成统一的答案，但普遍认为教育与文化是相辅相成的关系。如文化变迁涉及文化整体和结构上的变革，教育是社会文化环境中的一个子系统，社会文化的变革要求教育也要做出相应的变革，文化变迁势必会对教育的各个方面产生或多或少的影响，对教育和教学提出新的要求，这体现了教育的文化适应性。同时，教育具有文化选择的功能。社会文化的潜在要素，经由教育传授系统化、概念化的知识后才能为社会群体所掌握，进而构成文化。文化的形成和发展依赖于教育，教育对文化变迁具有积极的能动作用。另外，教育本身具有很强的文化性。"不同文化背景下的教育，具有不同的文化意蕴、价值内涵和价值追求。这种文化意蕴在历史上不断地被阐释，不断地在教育过程中被实现，从而使得教育事业与整个民族文化的发展紧密结合起来。"② 总结而言，教育本身就具有一定的文化功能。首先，教育具有文化生成和积淀功能。其次，教育具有文化传递和选择功能。最后，教育具有文化创造功能。任何教育结果都不是简单复制，教育对文化的积淀、传播和优化，也是在创造新的知识，从而促进文化的更新。由此可以看出，教育与文化变迁是紧密相连的，二者互为影响和作用。

故而，考察传统文化与教育传承可以从两个维度进行分析：一是将教育作为文化变迁的媒介，二是将教育本身作为文化变迁的一个目标。在前一个维度上，教育被看作影响教育者和受教育者，促使其思想观念等发生改变的一种资源，教育所要着重考虑的是如何运用自身资源对教育对象等施加影响。在后一个维度上，"教育自身就作为文化变迁的目标出现，转变教育的思想观念，在教育者和受教育者之间形成新的价值规范和行为方式就是文化变迁的重要目标之一"③。那么，少数民族传统文化的社区教育传承就是借助教育传承民族传统文化的过程，同时民族传统文化自身也是发展的过程，文化的变迁会推动教育的发展，从而又促进了教育观念和实践的更新与完善。

不论是历史还是当下现实生活中，教育内容的选择实则决定着文化传承的广度和深度。"在教育过程中，教育内容中民族传统文化总量的多少，在一定程度上制约着民族文化传承的广度，教育内容中是否选择了民族传统文化

---

① 袁同凯. 教育人类学简论 ［M］. 天津：南开大学出版社，2013：21.
② 石中英. 教育的文化性格 ［M］. 太原：山西教育出版社，1999：131.
③ 郑金洲. 教育文化学 ［M］. 北京：人民教育出版社，2000：177.

的精华与积极的部分进行传承，在一定程度上制约着民族文化传承的深度。"① 此外，教育可以通过有意识的文化选择过程引导文化变迁的进行。从作为文化变迁的工具和手段的角度来考察教育，就应该注意分析教育可用于进行文化变迁的资源，并探讨如何使得教育在文化变迁中更为有效。虽然民族传统文化变迁具有地域特殊性，但总体而言，仍然属于自发的变迁。教育对文化的能动作用应该能使这种无意识的文化变迁转向有意识的文化变迁，尽量使其进入一种发展性而不是消亡性的文化变迁，特别要注意的是教育又常常具有一定的保守性，因为其在社会与文化变迁的过程中往往处于"滞后"的地位，也就是常常落后于文化的变迁与发展。只有在社会意识形态强有力的干预下，它才能及时做出适应性的改变。例如，景宁畲族"三月三"节庆的教育传承取得快速发展，其中少不了政府力量的干预。为了减少这种"滞后性"，因此，教育必须具有一定的"超前"意识，在社会意识形态的引导下要能预先做出有目的、有计划的文化选择，才能满足文化变迁过程中的特殊需要。从文化属性层面而言，教育活动本身也是一种文化活动，教育自身的变革理应归属于文化变革的一个子范畴。每当外部社会环境发生急剧变化的时候，教育的适应性问题就表现得十分明显。在民族传统文化变迁的背景下，以往单一化的民族教育逐渐具备其跨文化的特性，这对教育的目标、功能也产生了重要影响，由此导致的教育适应性问题主要体现为教育理念、教育内容、教育手段方式的适应性等。不难发现教育对文化的传承，主要是通过选择、整理和传递文化来实现的。由于"教育对文化的选择，主要受教育的文化价值的影响"②，所以教育预先做出有目的的文化选择是使民族传统文化转向有意识变迁的有效途径。文化选择还是通过文化自然机制或借助人类改造手段使具有某种文化传承成分的文化个体得到优先存在或提前被淘汰的一种现象。学术界关于文化选择的研究，普遍认为既强调进行选择的必要，同时也强调文化选择的自由。所以，教育在传承民族传统文化方面，"要特别注重民族性的特殊需要，同时也要考虑到民族成员现代性发展的需要，这是由教育本身的文化属性所决定的"③。

诚然，一个民族想要繁衍发展，必须依托一定的载体或媒介把本民族业

---

① 郜春媛. 社会变迁与文化传承——云南散杂居地区布朗族研究 [M]. 北京：社会科学文献出版社，2013：155.

② 冯增俊. 教育人类学 [M]. 南京：江苏人民出版社，2001：273-274.

③ 孙杰远，徐莉. 人类学视野下的教育自觉 [M]. 桂林：广西师范大学出版社，2007：129.

已形成的生活生产经验代代传承下去，这个"文化在民族共同体内的社会成员中做接力棒似的纵向交接过程"① 就是文化传承，这一过程所依托的载体就是教育。传统文化与教育传承的关系，核心部分体现在文化与教育的关系，教育起源于人类的生活和生产劳动，为人类社会所需。文化决定教育，教育作为文化的一部分，必须遵守文化的价值、性质和形式，但教育又反作用于文化，没有教育就没有文化的存在，教育是文化传递与文化形成过程中不可或缺的重要组成部分。文化传承的本质不仅是文化过程，更是教育过程，传统文化是教育传承的内容和载体，教育传承是传承文化的手段和途径。教育的本质是育人，文化的本质是"人化"，与人的生命过程紧密相连，民族传统文化变迁必定对民族成员的生命过程产生重要的影响。教育是完善个体生命发展的重要途径，教育的目的或者说教育的追求是人的生命质量的发展，教育成为生命存在的形式，成为生命的一种内在品质，成为生命自身的需要；文化作为人的精神需要的一部分，脱离不了与教育的紧密联系。如同教育人类学家所说，"教育唯一地属于人，教育和生命内在地融合在一起，这表现为教育的起点、过程和结果之中"②。

回顾人类历史文化的发展过程，教育学和社会学视角下的文化传承需要通过教育传承文化。那么何谓文化传承的本质？有学者提出文化传承本质上是一种"文化再生产"，是民族共同体纵向的"文化基因"复制。③ 文化传承关系到两个最基本的问题：其一，传承什么；其二，如何传承。文化传承不仅代表传承的文化事象本身，而且也代表着一种文化过程，传承过程就是文化延续的过程。文化传承不仅体现在历时性的延续，同时也体现在共时性的传播。关于文化传承，学者们提出了众多不同解释，但都认可其动态特性特征。目前学界关于文化传承本质内涵的代表性论点可以概括为以下三种：第一种观点认为文化传承指文化在民族共同体内的社会成员中做接力棒似的纵向交接的过程，并指出文化传承可以被视为一种文化的再生产，是纵向的文化基因复制。文化传承最核心的问题是文化的民族性。第二种观点认为，"文化传承是人类文化的内在属性，是人类社会延续发展繁衍的内在需要，并进一步指出文化传承是对人类进行教育和再教育的过程，使文化能够不断地延

① 赵世林 . 云南少数民族文化传承论纲 ［M］. 昆明：云南民族出版社，2002：17.
② 冯建军 . 教育即生命 ［J］. 教育研究与实验，2004（1）：23-26.
③ 赵世林 . 论民族文化传承的本质 ［J］. 北京大学学报（哲学社会科学版），2002（3）：10-16.

续下来，使人类的后代继承和认同本民族文化"①。第三种观点认为，文化传承是代际间的传播过程，即"文化传承是指文化从一代人传到另一代人的文化传播过程，具有一定的人为性、时间性、延续性和继承性特点"②。结合文化传承本质内涵的分析，那么，传统文化的教育传承的本质也就不难理解了，以卡西尔关于人与文化的理论观点为基础，人作为符号性的动物生活在符号世界里，畲族传统文化就是畲族人民在长期的生产生活中运用符号、改造和创新畲族符号的实践结晶，其教育传承就是人们在特定文化场域中，借助符号传播、传递、传承、创新地发挥人的主观能动性，且是导人向善、不断推进人的自我发展与生命完善的社会实践，传统文化的社区教育传承的本质追根究底是特定的符号在多元场域中的创造、再创造与再生产。

四、畲族传统文化的主要教育传承方式

少数民族传统文化作为中华民族传统文化不可分割的一部分，其传承与弘扬受到社会各界的广泛重视。众所周知，中华民族多元一体格局是"你中有我、我中有你，谁也离不开谁的辩证统一关系。一体是主线和方向，多元是要素和动力。中华民族和各民族的关系，是一个大家庭和家庭成员的关系，各民族的关系是一个大家庭里不同成员的关系"③。当下，少数民族传统文化的教育传承成为构建中华民族多元一体格局的机制的重要突破口。文化传承是人类文化的内在属性，是对人类进行教育和再教育的过程。文化的传承与发展离不开教育，教育是传承和传播文化的主要机制和途径，它不仅发生在正式的学校教育活动中，同时还存在于非正式教育活动中。教育作为一种文化现象和文化过程，在特定的社会文化背景中通过正式的和非正式的方式和途径加以持续。教育，就其广义而言，应该囊括人类的一切教育实践活动。具体来说，人类的教育实践活动应该包括传承人类文化、创造科学知识、提高人类素质以增强人类顺应环境和改造环境的能力等活动。可以说自有人类社会以来，就有教育存在，"不同文化背景下的教育，具有不同的文化意蕴、价值内涵和价值追求。这种文化意蕴在历史上不断地被阐释，不断地在教育

---

① 刘正发.凉山彝族家支文化传承的教育人类学研究［M］.北京：中央民族大学出版社，2007：12.

② 周鸿铎.教育的本质是主体间的文化传承［M］.北京：中国纺织出版社，2005：48.

③ 中央民族工作会议暨国务院第六次全国民族团结进步表彰大会举行［EB/OL］.［2014-09-29］.https：//www. gov. cn/xinwen/2014-09/29/content_ 2758816. htm.

过程中被实现，从而使得教育事业与整个民族文化的发展紧密结合起来"①。教育伴随着人类社会的出现而产生，而且教育作为文化传承的重要方式，在文化传承过程中发挥着积淀、选择、传递和创新等中介作用；同时，人又具有可教性，通过教育可以促进人的自我建构与全面发展。

"文化传承也是教育过程"②，将文化传承给他人，这一过程就是教育活动，早期多以非形式化的教育形式存在。当下，"教育传承"虽是被人们广泛使用的习惯用语，但它并没有统一且明确的概念界定。众所周知，教育是一切增进人们的知识、技能、身心健康，影响人们的思想意识的活动，包括家庭教育、社会教育、学校教育。③ 从广义的教育内涵而言，教育是人类社会文化传承的唯一途径和手段，是培养人的社会活动，更是传承民族文化最为有效的途径和方法。④ 结合现有的文献研究可以了解到，有学者将文化的传承方式分为群体传承、家庭传承、社会传承以及神授传承。有的将之分为民俗传承、政府传承以及商业传承。有的分为口头传承、文本传承、活动传承等。对于前者的研究，主要是从宏观和中观层面，有的以传承主体进行分类，有的以传承手段和媒介进行分类，以往的分类难免有交叉、主体不一的问题。鉴于当前的研究，本研究以传承场域进行分类，发现民族文化在不同教育场域中的传承主要集中在学校教育、家庭教育以及社区（村寨）教育等场域中进行。

其一，畲族传统文化的家庭教育传承。家庭是文化传承的主要场所，是所有文化中基本的传承与教育空间。"家庭是所有的文化中一种基本的传承与教育机制，家庭是一切文化的基础学校。"⑤ 畲族早期的教育或文化传承都是起源于家庭的，长辈对晚辈的教育便属于这一层面。早期的畲族教育主要是家庭教育中的民俗传承，民俗传承主要有"歌教"和编织字带两种形式。畲族早期的"歌教"，实际上是一种学习识字的方式。山歌内容包罗万象，有些是用汉字记录的歌本，在非正式的"歌教"中学会了不少汉字和社会知识。编织字带亦称"彩带""花带"，是畲族妇女识字的重要途径。畲族姑娘长到五六岁的时候，就要学习织花带。学织彩带工艺，以家庭传授为主，如母亲教女儿、姐姐教妹妹；也有邻居和亲戚帮忙教授的。彩带上，图案丰富多彩，

① 石中英. 教育的文化性格 ［M］. 太原：山西教育出版社，1999：131.
② 哈经雄，滕星. 民族教育学通论 ［M］. 北京：教育科学出版社，2001：5.
③ 滕星. 20世纪中国少数民族与教育 ［M］. 北京：民族出版社，2002：88-89.
④ 汪立珍. 少数民族非物质文化遗产的保护与教育 ［J］. 民族教育研究，2005（6）：64.
⑤ 许烺光. 宗族、种姓、俱乐部 ［M］. 北京：华夏出版社，1990：10.

还有很多汉字纹样，图案的复杂程度以及文字的多少是衡量一个畲族女子是否心灵手巧的标志，所以织带是畲族女子的必修课。通过编织彩带，她们也认识了不少文字，掌握了许多知识。① 诸如此类的畲族传统文化都是在家庭教育中得以延续的。

其二，畲族传统文化的社区教育传承。"社区教育是家庭教育的延伸，通过社区中人际间互相交往和联系、社区公共空间中举行的各种仪式"②，实现社区成员社会化的过程。社区教育是促进民族文化传承发展的一个重要途径，使民族文化以一种"活"的方式传承下来。少数民族的教育以言传身教、个体领悟、耳濡目染为主要方式，是一种全民参与的具有自发性的教育活动。广义的社区教育包含了村落教育。村落几乎承载了乡村社会生活的所有内容，包括语言文化、价值观念、风俗习惯、社会心理等，从生产到消费，从物质生活到精神生活。③ 景宁畲族自治县的畲族人民多居住在畲族村落，其开展传统文化活动也多集中于各个村寨，每逢农历三月三、二月二等节庆，各个村寨都会组织不同形式的活动。如畲族"三月三"节庆之际，同一个村寨的同一个姓氏的畲族人民会自发地组织祭祀仪式，由长辈主持，带领畲族晚辈学习祖先的历史故事和族规家规。村寨中的对歌、婚嫁等仪式都是在社区中开展的，这是学校教育无法比拟的。社区教育是传承和发展畲族传统文化的重要场域，与日常生产生活密不可分。截至目前，景宁畲族自治县举办的各种大型传统文化活动以及每年举办的畲族文化节、海峡两岸文化交流活动等都是在社区中开展和完成的。社区教育传承大多以非形式化和非制度化的活动呈现，容易被忽视。实则，社区教育在畲族传统文化的传承与保护方面有着不可替代的作用，是实现精神文明建设的重要突破口。

其三，畲族传统文化的学校教育传承。民族文化的传承离不开特定的文化传承场域。学校教育发展作为民族传统文化传承的条件和基础，促进民族传统文化传承发展；同时民族传统文化传承发展的结果又反过来成为学校教育下一阶段再发展的新的条件和基础。④ 自景宁畲族自治县成立后到1985年

---

① 浙江省少数民族志编纂委员会编. 浙江省少数民族志［M］. 北京：方志出版社，1999：300.

② 郜春媛. 社会变迁与文化传承——云南散杂居地区布朗族研究［M］. 北京：社会科学出版社，2013：104.

③ 陆益龙. 农民中国——后乡土社会与新农村建设研究［M］. 北京：中国人民大学出版社，2009：95.

④ 杨明宏，王德清. 断裂与链接：少数民族地区学校教育与少数民族传统文化传承之联动共生［J］. 民族教育研究，2011（4）：15.

年初，全县有中学 16 所，在校生 4827 人；小学 585 所，在校生 24873 人，小学适龄儿童入学率为 96%，普及率为 75%。为发展少数民族教育事业，教育部门保留了畲族住地部分学额不足的全日制小学，以方便畲族儿童入学，并尽量派遣少数民族教师和通晓畲族语言的教师到民族聚居区任教。2004 年，景宁畲族自治县有公办学校 41 所，全县在校学生 16181 人，在职公办教师 1649 人。其中，少数民族学生有 1826 人，在职少数民族教师有 162 人。① 随着入学人数的增加，教育投入的扩大，畲族师资队伍整体水平也明显提高。截至 2020 年 9 月，景宁畲族自治县在校学生达到 16239 人，其中少数民族人数为 2666 人②。近年来，随着乡村振兴和共同富裕战略的深入推进，景宁的教育事业稳定发展。2022 年年末数据统计显示全县普通高中 1 所，在校学生 1993 人。职业高中 1 所，在校学生 1728 人。普通初中 5 所，在校学生 4380 人，初中毕业升入高中阶段的比例为 99.52%。小学 9 所，在校学生 6822 人。有幼儿园 24 所，在园幼儿 3011 人。学校教职工数 1823 人，其中学校专任教师数 1397 人。这些数据首先说明了党和政府对少数民族教育的重视，2017 年 12 月至 2023 年 8 月，著者多次前往景宁畲族自治县的中小学调研，了解到各中小学均开设了地方文化课程，如畲语畲歌、畲族体育、畲族传说、畲族服饰等选修课，另外，畲族体育作为民族中学的代表性活动课程多次获得全国和浙江省比赛的奖项。民族幼儿园、民族小学、民族中学均编写了本校的校本课程，其中畲族传统文化的内容居多，民族幼儿园的课本还附有畲语的线上阅读学习，可谓走在教学前列。按照浙江省课程设置标准和景宁畲族自治县教育局的要求，其他非民族院校在每周三都要开展半天的传统文化课程，教授学生有关少数民族传统文化尤其是畲族传统文化的知识，保护和传承地方文化，维护民族团结。

民族传统文化作为民族共同体所特有的实质内核，对于维护民族团结与认同、促进民族地区经济、社会全面发展具有十分重要的意义。新时代背景下，传承和弘扬多场域的少数民族优秀传统文化对于铸牢中华民族共同体意识，实现国家认同、民族认同和文化认同的和谐统一，以及促进共同富裕有着不可估量的作用。

---

① 数据来源于景宁畲族自治县教育局。
② 数据来源于景宁畲族自治县教育局。

第二章

家庭场域畲族传统文化教育传承的田野调查

家庭教育是传承民族传统文化的重要载体。所谓家庭教育是指在家庭内部，家庭成员之间在日常生活中进行的教育实践活动，一般是家庭中的长者对未成年的家庭成员进行的培养教育，有时也包括各年龄层的家庭成员之间的相互学习。① 文化人类学家认为，"文化传承就其本质而言不仅是一个文化过程，而且是一个教育过程"②。畲族作为一个有语言没有本民族文字的少数民族，其民族传统文化的传承主要依靠人们一代代的口耳相传。这种民间教育主要包括家庭教育和社会教育。学校教育出现之前，家庭教育是畲族社会重要的教育形式，是传承畲族传统文化，推动畲族社会进步发展，培养和规范人们的道德意识，维护畲族地区社会和平安宁的重要途径和手段。即使学校教育出现之后，家庭仍然是畲族教育的重要场域。

一、畲族家庭组织结构及其教育传承

家庭是构成社会的基本单位，是特定文化模式下的传习单位。人的社会化过程伴随着家庭生活，并受其规范的一定的婚姻、生育制度等所影响，因此，家庭是人类受教育最早的地方，家庭教育几乎涵盖了人类初期教育的全部内容。③ 景宁畲族家庭有着特定的组织结构，同时他们对于"家"的认同感更深。

（一）畲族家庭结构及其心理特征

1. 畲族家庭结构

文化人类学一般把家庭结构分为联合家庭、主干家庭、核心家庭和单亲

---

① 周光大．现代民族学［M］．昆明：云南人民出版社，2009：597．

② 哈经雄，滕星．民族教育学通论［M］．北京：教育科学出版社，2001：5．

③ 秦中应．人类学视野下的家庭教育与苗族传统文化传承——以湘西苗族为例［J］．湖北民族学院学报（哲学社会科学版），2012，030（002）：54-58．

家庭四类。畲族家庭，大多是核心家庭，由一对夫妻加上未成年的子女作为核心成员组成。核心家庭加上前辈老人而形成主干家庭在著者调研的东弄村中也有一定数量，联合家庭和单亲家庭较少。畲族定居到浙江景宁的初期，几乎全是小家庭，定居后，体现封建宗法权威的大家庭逐渐增多，畲族把数代同堂、人口众多看成是家庭兴旺的标志。一个家庭里往往有两对或者两对以上没有分家的同一代夫妻，加上各自的未成年子女和前辈老人组成联合家庭。这种大家庭在一些受封建文化影响较深的大宗族和传统村落尤为多见。在家庭教育过程中，儿童养育、经济生活与生产教育、礼仪道德的培养等都是围绕着"家"这一场域而展开的。"家"是认同意识产生的根源。林耀华在《民族学通论》中提出家庭结构和规模通常有"核心家庭、扩大家庭、联合家庭、不完全家庭和单亲家庭"几种类型。① 费孝通则将家庭分为四种类型：一是不完整的核心家庭，指核心家庭原有配偶中有一方死亡或离去，或是父母双亡的未婚儿女。二是指由一对夫妻和其未婚的子女所构成的生活单位，即相当于西方的核心家庭，在中国一般称"小家庭"。三是核心家庭之外还包括其他成员。这些成员都是不能独自生活的人，大多是配偶死亡后和其已婚子女共同生活的长辈或远亲等。四是联合家庭，儿女成婚后继续和父母在一个单位里生活，即上面所说的两代重叠的核心家庭，如果兄弟成婚后都不独立成家，那就成了同胞的核心家庭联合的单位；这些过去统称为大家庭。② 官方数据显示，2022年年末景宁畲族全县户籍人口为167178人，少数民族人口20211人，畲族18473人。总户数68112户，平均每户家庭人口为2.45人。③ 景宁畲族村寨的传统家庭主要由祖、父、子女三辈成员组成，在家庭生活中有自己的位置及相应的权利与义务。而在景宁畲族自治县城区内的畲族家庭多以小家庭模式存在，给予了年轻人更多的生活空间。正如访谈一对年轻夫妇时所说的，"我们不习惯父母那一辈的生活方式，住一起不方便还会增加矛盾。城区离得近，开车快的话十几分钟，走亲访友一点也不耽误事儿……"④ 随着社会的发展，此类核心家庭数量逐渐增加，且大多转移至城市生活。据最新数据统计，与2010年第六次全国人口普查相比，景宁畲族自治县城镇人口增加21390人，乡村人口减少17485人，城镇人口比重上升

---

① 林耀华. 民族学通论 [M]. 北京：中央民族大学出版社，1997：302.

② 费孝通. 费孝通选集 [M]. 天津：天津人民出版社，1988：458.

③ 景宁畲族自治县城市人口 [EB/OL]. [2024-04-02]. http：//www. jingning. gov. cn/col/col1376104/index. html.

④ 访谈LYWJ，女，原先和父母生活在畲族东弄村寨，现已在城区购房居住。

17.85 个百分点。①

2. 畲族心理特征

景宁畲族自治县有 18 个畲族乡镇，分布在 400 多个行政村中。畲族在长期的迁徙过程中，是以个体或家庭为单位进行迁徙的，逐渐形成了畲族的杂散居。历史上很长一段时期，畲族传统文化处于弱势地位。景宁畲族大多是在明清时期迁入的，早期居住在汉族村落周边的山区或小平原地区。随着历史的变迁，畲族民众慢慢向汉族村落搬迁，慢慢形成复合的小范围共同生活圈。畲族民众有着极强的民族自尊心，形成了强烈的民族认同意识，畲族群众在心理上逐渐形成了一种以自我为中心的优越感。据景宁畲族的长者所述，由于畲族长期受到汉文化的影响与同化，汉文化相对发达，畲族民众又感受到处处不如人，畲族民众害怕失去民族自信心，迷失自己民族的价值取向和文化发展方向。于是，畲族家庭不自觉想办法把自己封闭起来。这种想依靠静态方法保持原有文化生态的做法，本身就是一种自我文化隔阂与封闭的心理现象。文化上的弱势地位使畲族形成了既自尊又自卑的文化心理。对汉族传统文化而言，畲族传统文化是一种"外来文化"，刚迁入浙江初期，其生活方式和生产方式与当地汉族有很大差别，特别是当地民众不了解其生活生产方式及风俗习惯，有时与当地民众的习惯产生冲突，并视之为"异类文化"，长期受到排挤，处于弱势地位。畲族家庭在这种环境下生活，逐渐感到自己民族的文化处于弱势地位，并慢慢地加重了其文化心理的矛盾。文化心理的矛盾二重性决定其文化行为上的封闭性与孤立性，早期主要表现为不得与其他族通婚，强调进行自主的经济生活以及通过暗语维护本民族内部文化的独立性。② 共同的起源传说把不同姓氏、不同地区的畲族紧紧联系在一起。畲族人民会用畲族中实行的排行鉴别对方是否为畲族。③ 畲族男女生前均不知自己的排项次序，只有祠长及族中长辈等管理者知晓，一般不外宣。

---

① 景宁畲族自治县城市人口 ［EB/OL］. ［2024-04-02］. http：//www. jingning. gov. cn/col/col1376104/index. html.

② 施强，谭振华. 族群迁徙与文化传承——浙江畲族迁徙文化研究 ［M］. 北京：民族出版社，2014：444-445.

③ 转引自中国少数民族社会历史调查资料丛书福建省编辑组. 畲族社会历史调查 ［M］. 福州：福建人民出版社，1986：18.

表 2.1 浙江景宁畲族自治县东弄村畲族人民排行①

排 行	排 世	排 项
一世	昆	念
二世	山	大
三世	玉	小
四世	上	百
五世	宗	千
六世	孔	万
七世	承	念
八世	秉	大
九世	德	小
十世	长	百
十一世	文	千
十二世	学	万
十三世	师	念
十四世	傅	大
十五世	久	小
十六世	笃	百
十七世	闻	千
十八世	家	万
十九世	道	念
二十世	昌	大

畲族文化心理的二重性矛盾随着国家关于少数民族文化的保护与弘扬政

---

① 景宁畲族自治县东弄村村民蓝仙兰（省级畲语畲歌传承人）提供。

策的出台，少数民族优惠政策的实施与保障以及各族人民的尊重与理解、认同，各民族交流交往日益密切，经济、技术水平的提高，文化心理的隔阂与封闭有所消减。这也有助于畲族家庭文化传承意识的觉醒，提升广大畲族人民的文化自信。

（二）畲族家庭教育传承方式

畲族家庭教育传承方式结合了教育手段与教育内容的特征，是融于生产生活的"活"的传承方式。众所周知，"教育手段是指教育者将教育内容作用于受教育者所借助的各种形式与条件的综合，包括物质手段和精神手段等"①。教育手段在教育过程中所发挥的作用经历了一个历史发展的过程。在最初的教育中，教育者可以说是唯一的影响源。教育者以其自身所拥有的经验和知识，以言传口诵等形式向受教育者施加影响②，这类"教育影响尚未与教育者完全分化，还没有在教育者结构和过程中形成一种独立因素，随着社会文化的积累，文字记载材料的增加，而以文本等形态出现，成为教育结构中的一个独立因素"③。

畲族传统文化活动的开展早期主要于家庭、宗祠以及田野耕地等生产生活场所进行。结合调研发现早期景宁畲族自治县的东弄村除了蓝氏宗祠的场所是固定的，其他教育场所并未完全固化，所以，从教育形态上而言，大多数教育活动处于非形式化教育阶段。畲族传统文化通常没有完全独立于日常的生产和生活，较为隆重的仪式是集体祭祀。仪式是一套象征性符号，具有多重功能，包括承载信仰、文化记忆、审美愉悦、民族凝聚等。所以，有学者认为"仪式有许多功能，无论是个人层面，还是在群众或社会层面上，它们可以成为情感的渠道并表达感情，以引导和强化行为模式，支持或推翻现状，导致变化，或恢复和谐与平衡"④。景宁畲族"三月三"的"传师学师"祭祖仪式便是很好的验证，畲族人民通过仪式不仅表达了对祖先的缅怀和纪念，同时承载着畲族成人礼的作用，只有畲族村民才能参加和举行这样的仪式，同时也增强了畲族的凝聚力和向心力。"仪式首先是社会群体定期重新巩固自身的手段，当人们感到他们团结了起来，他们就会集合在一起，并逐渐

---

① 柳海民. 教育原理［M］. 上海：华东师范大学出版社，2006：107.
② 鲁洁. 教育本质试探［J］. 教育研究与实验，1984（3）：60-62.
③ 南京师范大学《教育学》编写组. 教育学［M］. 北京：人民教育出版社，1994：26.
④ 菲奥娜·鲍伊. 宗教人类学导论［M］. 金泽，等译. 北京：中国人民大学出版社，2004：173.

意识到了他们的道德统一体，这种团结部分是因为血缘纽带，但更主要的是因为他们结成了利益和传统的共同体。"① 因此，仪式成为畲族家庭教育进行文化传承活动的一种非常重要而庄严的方式。

教育媒体作为教育手段的一个基本要素，是教育活动中两类主体之间传递信息的工具，教育媒体形式多样，如口头语言、图片、书本等。景宁畲族传统村落的家庭在进行文化传承时，主要依靠畲族语言和畲族服饰、视觉符号。由于畲族没有本民族的文字，畲族语言的作用便无可替代。在节庆活动过程中，畲族民众通过对山歌、口传历史故事与神话传说等来传承本民族的文化。每年的畲族"三月三"节庆期间，畲族民众都会盛装出席，身着本民族的传统服饰，参与各项活动。祭祀、传统仪式、传统畲族舞蹈是畲族民众行为示范的过程，任何仪式都具有象征意义，所做出的行为对于受教育者而言是一种视觉符号，最终内化为受教育者自己的符号，并赋予独特的意义。

此外，畲族会以家庭为单位组成更大的群体，通过编修谱牒进行文化传承。畲族编修谱牒的初衷与家族、家庭的生存密不可分，维系着家族、家庭成员的相互关系，这是谱牒经历数千年之久而未根绝的基本原因。畲族在长期的迁徙过程中，把编修宗谱、建立宗祠、祭祖列为家族三大事的首位。畲族传统文化是一种只有语言而无文字的文化，传统畲族族群内部的社会关系中，由于畲族传统社会是一个封闭的稳定社会，只以言传身教的劳动实践活动方式来完成其相互之间的交流，偶尔创造一些特有的字体辅以传承。正如费孝通先生所指出的那样，"在面对面的亲密接触中，在反复地在同一生活定型中生活的人们，并不是遇到字都认不得，而是有用字来帮助他们在社会中生活的需要"②。与畲族祖辈及较为年长者的访谈中得知，"在早期传统社会，畲族民众受教育机会很少，没有属于自己的专门教育机构，接受教育也只能到当地汉族举办的教育机构进行学习，但对居住在偏远山区的畲族民众来说，在接受汉文化教育方面相对薄弱，读书识字对他们来说是一件十分奢侈的事情，对民族历史文化的记录全凭口述记忆的代际的传承，为了传承本民族的历史与文化，编修、传承谱牒便成为畲族极为重要的传承方式"③。景宁畲族的谱牒，通常记载着"祖宗源流、支族变迁、祠规、祠祀家礼、家训、墓志

---

① 爱弥儿·涂尔干. 宗教生活的基本形式 [M]. 梁东，汲喆，译. 上海：上海人民出版社，2000：507.

② 费孝通. 乡村中国 [M]. 北京：生活·读书·新知三联书店，1985：20.

③ 访谈畲族非遗民俗传承人后整理所得，访谈过程中景宁东弄村村委干部协助将畲语翻译成汉语。

铭、行状、寿序、年谱等"①。畲族族谱是纪念祖先、存档民族历史、教育子孙、方便宗族管理的最基本、最直接的文书形式。

教育学视角下,教育方法、教育途径与教育活动所处的社会发展阶段是密切关联的。教育方法有语言的方法、实践的方法。语言的方法即口耳相传、口传心授;实践的方法主要指行为示范。畲族传统文化多以口耳相传、行为示范的方式进行,伴有少许的文本传承,由于畲族没有本民族的文字,只能借助畲族的符号及用汉字记述的简易文本。畲族长者通过口头传承与行为示范对受教育者进行教育,受教育者更多的是观察学习和模仿。著者在东弄村做田野调查时,谈及学师传师的基本动作代表什么内涵时,省级非遗传承人蓝聪美老师表示,她每年都会观看学师传师祭祖仪式,看多了就知道代表什么意思了,前后可以连贯起来解释,这显然是观察学习的结果。当然,受教育者在学习过程中,也会主动建构文化符号所蕴含的意义,这也符合文化传承过程中文化创新与变异的规律。

总体而言,家庭场域畲族传统文化的传承主要在家庭场域以及生产劳动过程中进行,通过口传心授、行为示范、心理传承或耳濡目染等广义的教育手段进行文化传承。

(三) 畲族家庭教育主要内容

"教育内容是教育活动中教育者与受教育者共同认识、掌握、运用的对象,是教育活动中的纯客体。它是教育过程中传递的信息的主要组成部分,但不是全部。"② 景宁畲族家庭教育传承的主要内容与生产生活息息相关,总结概括主要包括神灵信仰、生产生存技艺、口承文化和风俗习惯等方面的教育内容,且这些教育内容是相互联系、相互影响的。

1. 族内信仰教育

畲族是一个山地民族,长期以来依赖山区自然界而生存,尊重敬畏自然。自然崇拜是最原始的宗教仪式,把自然物和自然力视作具有生命、意志和伟大能力的对象加以崇拜。大自然孕育了世界,人类只是其中的一员,人类依赖自然,崇拜自然,但又惧怕自然的力量,自然既是人类的养育者又是毁灭者。所以,畲族先民的神灵信仰最初的对象是大自然,在"万物有灵观"的

① 施强,谭振华. 族群迁徙与文化传承——浙江畲族迁徙文化研究 [M]. 北京:民族出版社,2014:386.
② 叶澜. 教育概论 [M]. 北京:人民教育出版社,1999:15.

影响下，畲族先民认为天地日月山川河流风雨雷电，皆有神灵。

2. 生产生存技艺教育

人类社会的发展，不论是物质资料的生产还是人类自身的再生产都离不开生产生活技能的传递。人类社会要不间断地发展，在文化的再生产中必然包括生产技能的积累和传授。只有这样，人类的生产经验、生存技能才会流传下来，并在不断的积累中改进和发展，从某种意义上说，物质文明的形成，人类自身的完善、发展，最终取决于人类在文化再生产中的劳动技能的教育。正因为如此，不论哪个民族，哪种社会阶段，劳动技能的传承占有相当重要的地位，尤其是在生产力发展水平较低的历史时期，生产生活技能的传承是最为重要的，是人类赖以生存的基础，如此才能维持本民族的生存和繁衍。

在人类社会发展的初期，每一项生活资料的获得，都必然伴随着人类有意识的技术技能的传承，哪怕是一次最简单的劳动都是反复传授的结果，特别是在生产工具不发达的社会条件下，获取物质资料的技术技能要素显得十分重要，构成促进社会生产力发展的重要因素。然而，这一重要环节是融入人们平时的生活生产实践中的，所以不容易被人们察觉，通常被人们忽视。"生产生活技能教育往往与一定的生存环境相适应，与一定的生活方式相衔接。"① 在传统的景宁畲族社会，畲族先民以粗放的农耕生产为主，辅之以采摘和狩猎维持生计，随着经济发展，打猎已被禁止。当前，畲族的茶叶、蘑菇、竹子产业更为发达，这些都离不开畲族家庭的生产生存技能的传授。畲族山歌中常唱的歌词内容就包含了生存技艺的内容，如《种田歌》《夫妻春耕》《采茶歌》《砍柴歌》等劳动歌。

此外，传统畲族体育也是从生产劳动中衍生出来的。畲族的传统体育活动大多属于生产性的体育竞技，即结合户外劳作，利用生产工具开展竞赛活动。如景宁畲族的畲家拳、"打尺寸"，传说是 7 世纪畲族领袖蓝奉高率领畲族人民抵御入侵者，在柳营江南岸用断弓尽扫对岸敌箭的英勇事迹。据东弄村里的老人回忆，为了纪念英雄的抗敌精神，有时候村里还会举行"打尺寸"活动。② 畲族的传统文化活动中，不乏此类从生产生活中衍生出来的技能。畲族家庭内部时常会开展这样的活动，不仅增加了亲子间的感情，同时还能锻炼身体，强健体魄。当前，景宁畲族传统体育类项目还被列入地方非物质文

---

① 赵世林. 云南少数民族文化传承论纲［M］. 昆明：云南人民出版社，云南大学出版社，2011：106.

② 访谈东弄村非遗传承人蓝延兰的婆婆所得。

化遗产名录，活动的开展已从家庭延伸到各个领域。

3. 口承文化教育

口承文化又称口传文化，是以民族语言为载体，以口头形式流传继承的文化资源，包括神话传说、歌谣、族源历史等。口承文化俗称民间文学，畲族经历了千年迁徙，在民族发展的同时创造了丰富多彩的口承文化。历史上，大量畲族传统文化通过口头传承得以流传至今，畲族口承文化的载体是畲语。畲语是畲族身份的标签，是区分"我群"与"他群"的显证。在畲族民间文化传承过程中，畲语承载的神话、传说、祖先记忆等，代代相传，构建并巩固了畲族的民族认同。如畲族的《高皇歌》前半部分主要记述了畲族始祖——龙麒王的英雄事迹；后半部分主要记录畲族迁徙历史，在龙麒王死后，他的子孙后代迁出凤凰山，迁徙到江西、福建，再迁徙到浙江，最终形成畲族。畲族的口承文化中大多是关于凤凰山的歌谣、传说、故事，凤凰山是畲族的发祥地，是畲族的迁出地，反映了畲族人民对民族祖居地的向往和怀念。畲族人民通过口承文化来承载民族历史，传播民族文化，表达民族情怀和民族愿望。畲族口承文化还包括了传奇经典的历史记忆，如人物传说、史事传说、生活故事以及民间寓言等。

畲族是一个有本民族语言没有本民族文字的民族，故以山歌形式的口头传播在畲族文化传承中具有特殊的地位和作用。畲族不论男女老少大都善歌，上山下田、婚嫁拜年诸多场合都有对歌、盘歌，并形成了一些独特的民族歌俗、歌会。正如畲歌所唱"水连云来云连天，畲家唱歌几千年，歌是山哈传家宝，千古万年世上轮"。畲族山歌是畲族民众脍炙人口、影响较大的艺术瑰宝。畲族人民在长期生活中以歌唱的形式来表达情感、记忆历史、讲述故事、传达知识，畲族民歌内容丰富，题材广泛，形式多样，种类繁多，格调优美，寓意深刻，是畲族民间文学的精华和艺术瑰宝。清《景宁县志》记载："其出而作，男女必偕，皆负末薪于青嶂草绿野间，倚歌相和。"[①] 畲族人民把山歌当作重要的精神食粮，山歌在他们心目中的地位是不言而喻的，丽水畲族歌手蓝高清提到山歌的重要性时所唱："畲族民歌有分量，震动天上皇母娘，唱得龙王会跳舞，听得如来耳朵痒。编首民歌不简单，要有经历才产生，有情有理歌句好，发自内心唱得响。畲族歌本似粮仓，歌句上本如记账，人过生活要粮食，畲族民歌要传唱。"[②]

---

① 资料来源于丽水学院档案馆。
② 丽水学院畲族传统文化研究所提供。

畲族的口承文化是独具特色的地方性文化和民间文学，是畲族民众引以为豪且精心弘扬与传承的民族文化，为畲族人民津津乐道。正如学者万建中所言："民间文学将民众生活与艺术融为一体，艺术化了民众的生活，使得社会底层的人们生活得有情感、有意义，深深感受到生活是美好的。"①

4. 习惯教育

畲族人民注重本民族生活习惯的传承，从小便会教授孩子关于祖训、家规、人生礼仪方面的知识与习惯。人生礼俗是畲族祖先在漫长的生养实践中摸索出来的一套根据生命节律而构建的礼仪程式，主要体现在生命的几个重要转折点，如出生、婚嫁、寿诞、死亡等。人生礼俗是生命个体社会化进程的阶段性标志，与社会组织、宗教信仰、生产生活习俗交织在一起，集中体现了畲族的生命观和价值观。

此外，有些传统畲族家庭内部还有族规的约束和教育，族规用于约束宗族成员的行为。畲族许多宗支都有族规，或称"祖训"。族规有两种："一种是社会活动中不成文的规定；另一种是由族众议定，以文字载入宗谱，作为族众行为规范。主要包括以下十项内容：敬父母。父母乃生育至亲，服务奉养必周，好的要在祭期优奖，忤逆者，轻则当众惩责，重则族内削名。和兄弟、慎交友、勤节俭、戒淫恶、禁赌博、忌争讼、守安分、睦乡邻、重丧祭。"② 虽然随着封建宗法制度的崩溃，族规有关规定已经废弃，但是其中提倡尊老爱幼、勤劳节约、和睦谦让等内容仍被畲族家庭视为行为准则。所以，在日常生活中畲族民众会将这些知识和习惯传授给下一代，教育子孙后代，保护环境、爱护山林，时常提醒族人遵守本族的风俗习惯。畲族家庭场域的文化传承内容丰富，充实了畲族人民的精神生活，一些优秀传统文化至今依然值得弘扬与传承。

二、家庭场域畲族传统文化的传承特征与教育功能

少数民族家庭开展民族文化传承活动主要有两种：一种是无意识地进行的民族文化活动，如日常生活中的言传身教、行为示范等；另一种是有意识进行的少数民族文化活动，如传统节庆等。所以，家庭场域中民族传统文化的传承呈现出更为生动的特征。

---

① 万建中. 民间文学引论 [M]. 北京：北京大学出版社，2010：94.
② 浙江省少数民族志编纂委员会编. 浙江省少数民族志 [M]. 北京：方志出版社，1999：81.

（一）家庭场域畲族传统文化的传承特征

家庭场域的教育通常是融于畲族人民的日常生产生活的，人们通过言传身教、行为示范传承相关知识和技能，故家庭教育传承具有典型的生活性、活态性和自发性特征；同时，由于受经济水平和宗教信仰的影响，人们崇尚自然神灵和民俗信仰，故而有些活动还具有宗教关联性特性。

1. 传承内容的生活性

畲族早期的文化传承源于生产生活，其主要目的是为了生存繁衍，传承的文化内容是与生产生活息息相关的知识与技能，有学者称之为教育习俗。"最早的教育习俗是原始人在长期的社会生产和生活过程中所创造的，关注着作为原始文化传承和个体社会化重要途径的教育，具有典型的生活性。"① 畲族是一个有本民族语言但是没有本民族文字的少数民族，故其民族文化的传承大多依靠口传心授，家庭中或宗族内的长辈将有关生产生活知识与技能传授给本族的后代。受经济发展水平的制约，畲族长辈凭借自己的语言肢体、生活实践向晚辈传承本民族的文化，主要有一对一、一对多的师徒或代际传承模式。另外，与教育相关的民俗传承，如"歌教""编织字带"也是较为普遍的传承内容。家庭场域内文化传承具有随机性和便捷性，人不仅是文化传承的主体，同时也是文化传承的媒介，日常生产生活中的口传心授、行为展示和心理传承均依赖于畲族人民的自我传承。畲族传统文化的教育传承不仅体现了传承方式的生活性，同时也体现了传承内容的生活性，运用生活化的方式传承生活所需的知识与技能。所以，生活性是畲族家庭教育传承的典型特征。

2. 传承符号的宗教关联性

人类学家马林诺夫斯基从文化功能理论出发，提出科学不能解决人类发展遇到的所有问题，于是就为宗教留出了用武之地。21世纪以前，宗教关联性是众多少数民族文化共同的特性，几乎每个少数民族都有自己的民族信仰与图腾崇拜，畲族也不例外。景宁畲族民俗节庆最初包含纪念祖先神灵的仪

---

① 石中英认为，教育习俗是指由广大劳动人民在长期的教育活动中所创造、传承和享用的教育方式、手段、制度、谚语、故事、诗歌、仪式等的集合体，是延绵不绝的民间教育智慧，是鲜活的教育文化遗留物。用今天的科学范畴来分析的话，原始时期的教育习俗包括了从教育目的到教育方法、手段、途径的广泛内容，只不过它们是那样紧密地与人物故事结合在一起，以至于很难把它们一一离析出来。石中英．教育学的文化性格［M］．太原：山西教育出版社，2005：148-156.

式活动，人们谓之"民俗宗教"或"民俗信仰"。民俗信仰是乡土社会中植根于传统文化，经过历史的千锤百炼而延续至今的有关神明、祖先、圣贤及天象的信仰和崇拜，它是民众自发地对具有自然力的精神体的信奉与尊重，涉及原始信仰在民间宗教的传承、人为宗教的世俗化、民间普遍的俗信等。畲族的"传师学师"仪式就是典型地融合了宗教信仰文化的传统活动，人们对"传师学师"的传说进行了神化，这就在一定程度上体现出家庭场域的文化传承具有一定的宗教关联性。

3. 传承方式的活态性

畲族传统文化的教育传承从方式上看，具有鲜明的活态性。所谓活态性指传承的文化内容是以人为本的活态文化，注重与生产生活息息相关的知识与技能的传承，同时也指文化传承的方式需要借助人这一主体的能动性。畲族的传统文化以畲族山歌、"传师学师"仪式、畲族舞蹈等为主，这些文化事象的开展与传承都需要人作为传播媒介；加之，畲族没有本民族的文字，早期没有或者说很少有专门的书籍资料进行记载传承，只能通过人与人之间的口耳相传和行为示范的方式进行传承，人们通过语言活动获得并掌握反映在教育习俗中的经验并把它们运用到一代又一代的教育活动中去，从而保证了人类文明的延续和发展。同时，也正是因为有了用一定的语言形式表达和传承的教育习俗，人类的教育经验和教育智慧才能逐渐积累起来……可以在更高水平上开展社会活动。① 具体而言，一些仪式只能依靠人的声音、形体和具体的行为展演来完成大多数的民俗活动，这也充分体现了家庭教育传承的突出特点，即"活态性"。

4. 传承主体的自发性

每个民族都有自身独特的文化，畲族民俗节庆活动及其教育传承只散见于部分畲族人民聚集的区域，相对封闭的社区环境，使得这一民俗节日较为完整地保留了传统的特色。即使新中国成立后，宗族制度逐渐取消并且建立了村委组织机构，但是在畲族的节庆期间，人们依然会按照传统的风俗习惯开展活动。总而言之，畲族传统文化的家庭教育传承，是即使没有政府力量的干预，畲族民众也会有意识地组织与开展的活动，体现为一种主体自治性、群众参与性、互动性和自我教育性的文化特性，是一种自然自发的教育活动。而且这种自觉意识的教育主要依靠家庭中的长辈进行传承。

---

① 石中英. 教育学的文化性格［M］. 太原：山西教育出版社，2005：156.

（二）家庭场域畲族传统文化的教育功能

从教育的内涵来看，家庭场域中畲族传统文化活动是融合于生产生活的非形式化教育，是一种广义的教育活动。畲族传统文化活动与教育内涵融合在一起，二者未曾分离，畲族传统文化活动的举行与传承在一定程度上体现了畲族传统文化的"精神文明"建设。家庭场域中传承畲族文化实则具有重要的教育功能。

1. 普及历史文化教育

每一个民族的文化都是独一无二、无可替代且具有特殊意义的，民族文化体现了其背后的社会关系和思想形式。正如毛泽东所说，"每一种社会形式和思想形式，都有它的特殊矛盾和特殊的本质"[1]。追溯民族的历史，探寻民族的渊源由来是每个民族的心理和文化需求，所以关于每个民族历史的教育是极为重要的。马克斯·韦伯（Max Weber）说，人是悬在由他所编织的意义之网中的动物。[2] 畲族有其自身的文化，那便是长久以往积淀下来的畲族历史与传统文化。畲族的族源、迁徙历史、丰富多样的传统文化是畲族家庭场域传承的重要内容。世界上任何一个民族，在其形成与发展过程中，迁徙活动是不可避免的，它只有迁移规模的大小与迁移距离远近的差别，景宁畲族也不例外。关于畲族迁移的历史，学术界还未形成统一观点，但是隋唐时期闽、粤、赣结合部是畲族聚居地区，这是共识。究其迁徙的原因，有政治上的原因，也有经济方面的原因。畲族苦难的迁徙历史深深地烙印在畲族人民的心里，从而形成了畲族内部稳固的民族凝聚力和"文化孤岛"[3] 的民族心理。

由于畲族没有自己的文字，早期只能依靠口头与行为示范进行传承。所以，畲族历史的教育主要融于山歌、神话传说、民间故事、风俗习惯、宗教信仰中。畲族的长辈在平时空闲的时候会向晚辈们谈及畲族的历史故事，其中会穿插着本民族的迁徙历史故事。随着社会经济发展，景宁畲族民俗节庆的举办更具规模，每年都会举行祭祖等仪式，由畲族村寨内年长的或有威望的人作为代表讲演。对歌、盘歌、成人礼、传统婚礼和传统祭祀也是进行民

---

① 毛泽东. 毛泽东选集：第一卷 ［M］. 北京：人民出版社，1951：284.

② 克利福德·格尔茨. 文化的解释 ［M］. 韩莉，译. 南京：译林出版社，2014：5.

③ 文化孤岛或孤岛文化是文化地理概念，人类学家和历史学家借助地理学的概念来形容某一群体在某一地域因与主流文化群体隔离居住而形成的定居点，其特点是社区内人口较少，文化异于周边，如同一个孤立于汪洋大海之中的小岛。文化孤岛不仅指地理位置上隔离于主流群体，更指文化心理上与主流群体的差异与隔阂。

族历史教育的重要途径。畲族山歌中很多歌词记载了畲族迁徙及本民族的重大活动，可以说，畲族当时流传下来的传统文化活动，或多或少地都带有历史教育的含义，不论其文化的显性要素还是隐性特征都不同程度地与畲族的发展历史有关，是畲族人民铭记历史的多元呈现。

2. 深化伦理道德教育

"一个人必须做什么，应该尽些什么义务，才能成为有德的人，这在伦理性的共同体中最容易谈出的，他只需做在他的环境中所已指出的、明确的和他熟知的事就行了。"① 正如畲族人民意识到为了维持本民族的延续与发展，必须要坚守本民族的传统文化。畲族传统文化的家庭教育传承具有典型的伦理道德教育功能，传统活动和仪式中渗透着教育后代知礼、感恩，培养良好的行为习惯等规范。传统畲族家庭还有不成文的行为规则，如早期《丽水地区畲族志》中记载的浙西南畲村习惯法："在祠堂内须按辈分称呼，不准呼名字；不许虐待父母和配偶。禁止偷窃他人财物……田边种树要隔一定距离，烧毁山林要插苗补种，赔偿经济损失。"② 上述约定俗成的习惯法内容，不仅适用于村落的同一家族的村民，而且也成为畲族家庭内部共同遵守的规则，这是畲族家庭场域内最基本的伦理道德教育内容。

再如，畲族传统节庆活动的仪式通常由家庭内部的长者主持，仪式开展的过程也是伦理道德教育的过程，畲族"三月三"节庆一整套流程下来需要花费几天时间，从每一个细节流露出教人向善、勇敢奋进的精神。畲族传统文化的家庭教育活动在伦理教育方面呈现出一种积极的、活态性的文化形式，体现了畲族人民认识世界和感悟生活的不同形式，这种习惯或伦理规则逐渐被渗透或内化到畲族人民的日常生活中，成为畲族人民共同遵守的伦理道德教育内容。

3. 促进族内平等团结教育

2019 年，景宁县委荣获"全国民族团结进步模范集体"称号，习近平总书记亲自为景宁颁奖。畲族人民一直弘扬平等、团结、互帮互助的精神，以增强族内的凝聚力，以期强大畲族、促进发展。据当地村民反馈，部分畲族村寨内至今延续着一些社会公益组织活动，如桥会、路会等，这些成员会自发负责村内的建设，维护村民的集体利益。如果村里有困难户或者突发事情，

---

① 黑格尔. 法哲学原理［M］. 范扬，张企泰，译. 北京：商务印书馆，1982：168.
② 浙江省丽水地区《畲族志》编纂委员会. 丽水地区畲族志［M］. 北京：电子工业出版社，1992：225-226.

村民们通常会全力帮助对方，维护良好的族内关系。在景宁畲族村落中，由于畲族人民大多由外地迁徙而来，各村寨的社会成员的经济地位是完全平等的，族内成员没有家族血统的高贵与低贱之分，不同姓氏的族内成员一律平等。历史上畲族村寨保存着族长的职务，但是族长并没有特权，相反具有道德约束力的领导更需要以身作则，树立良好的形象，以德服众。正如马克思、恩格斯所描述的"其在氏族内部的权力，是父亲般的，纯粹道德性质的，他手里没有强制的手段"①。所以，对于族群内部的个体而言，大家的权力都是同等的，需要共同遵循组内平等的要求。即使在生产力发展水平较为低下的历史时期，畲族内部依然贯彻民主平等的原则，畲族村寨中普遍保持着"路不拾遗，夜不闭户"的习俗，村民从不占有他人的财物，相反，会互相帮扶。如此和睦景象离不开畲族家庭的教育与引导，著者在调研过程中，深切感受到了畲族村民的热心与友好，家庭成员间和睦团结的气氛让人感到温暖。

畲族家庭中长辈向来尊重子女的意见，给予了他们充分的民主与自由，在恋爱与婚姻方面亦是如此。据悉在畲族家庭内部男女均是平等的，没有性别歧视，并无重男轻女的思想。畲族内部自古以来追求平等，一方面是为了凝聚本民族的力量，获得自身族群的发展，是一种合乎现实与发展目的的教育活动；另一方面，畲族的平等、团结教育体现了畲族民众较高的道德素养，试图将个体和群体的共同利益相结合，形成本民族的伦理观念和民族层面的道德意识。

三、家庭场域畲族传统文化的传承困境与路径探索

对任何社会来说，家庭都是社会最基本的组织，家庭构成了社会组成的细胞，是人类社会自身再生产的基本单位，因此，家庭也就成了文化传承的基本组织结构或场域。在这些畲族家庭里，日常发生的民族活动就成了对家庭年幼者最初的也是最基本的民族文化教育活动，因此，家庭也就成了民族文化传承的最初的也是最基本的途径。② 但是，随着社会的发展，家庭教育场域中民族传统文化的教育传承面临着多重困境，亟须采取措施予以解决。

（一）家庭场域畲族传统文化面临的传承困境

少数民族文化是千百年来少数民族生存发展的智慧结晶，它产生于少数

---

① 中共中央马克思恩格斯列宁斯大林著作编译局. 马克思恩格斯全集［M］. 北京：人民出版社，1960：82.
② 谢红雨. 云南民族文化传承之区域教育路径研究［D］. 昆明：云南师范大学，2016.

民族祖祖辈辈赖以生存的那片土地，发展于少数民族探索人与自然、人与社会的历史过程之中，它的价值不仅是过去的，而且是现代的，更是未来的。因此，尊重、发展和保护少数民族文化是我国少数民族文化政策的内容之一，也是各少数民族和谐发展的基础。① 然而，随着现代化进程在我国少数民族地区的不断推进，家庭成员的外出务工以及家庭凝聚力的削弱，其民族传统文化的传承与发展遭遇挑战，民族传统文化的家庭教育传承也受到了严重影响。

1. 主流娱乐文化对民族传统文化的强势冲击

20 世纪八九十年代开始，随着景宁县域搬迁工程的开启，畲族逐步进入了新的生活环境之中。加之，景宁畲族自治县处于经济较为发达的浙江省内，各行各业的发展促使人们与外界文化发生了广泛接触。受外出务工、学习、交流以及主流文化的相互影响，从外在的文化变化的视角观察，畲族村民的衣着吸收了其他民族的样式，穿着西装和现代装的人逐渐增多。平日里很少看到畲族人穿畲族传统服饰，只有在民族节庆期间为了烘托节日的气氛才会穿着传统服饰，一方面是人们的审美观念发生了变化，认为畲族服饰复杂、比较厚重，不方便日常生活劳作；另一方面是传统畲族服饰的制作需要花费大量的人力、物力、时间以及财力，而且这笔花销对于普通家庭而言是一笔不小的开支；此外，随着现代化进程的不断深入推进，受主流文化和外来文化的影响，畲族村民越发喜爱汉族的现代服装，款式多样且穿着轻便，便于出行和劳作，同时也符合当下人们的审美和生活所需。

畲族传统文化在家庭场域中的传承载体和途径受到冲击。其一，城镇化、社会化进程中，传统教育传承方式难以适应社会文化的变迁。以景宁畲族自治县的东弄村的畲族家庭为例，受市场经济快速发展的影响，当地的畲族家庭及其成员迫切地想改变原有的生活状态，渴望物质生活水平的快速提升，如饥似渴地学习并融入主流文化。随着民族间文化交流交往的增加，信息科技的发展，畲族家庭成员受主流文化和碎片娱乐文化的影响越来越深，家庭中不论是年长者还是年轻人或是孩童，空闲之余的大部分时间都被智能手机支配着。调研过程中发现很多人的闲暇时间被抖音、斗鱼、唱吧等网络短视频侵占，这类娱乐能让大众不知不觉乐不思蜀、消磨时光，而口耳相传、行为示范、个人体悟等教育形式逐渐消失，这也导致了家庭教育的文化传承功能逐渐弱化。

---

① 王鉴. 当前民族文化与教育发展所面临的主要问题及对策 [J]. 民族教育研究，2010（2）：5.

2. 民族文化传承主体的缺席与缺失

随着社会经济的发展，传统的家庭结构也发生了变化，这不仅体现在汉族群体，同时也发生在景宁畲族族群内部。首先，当地民众渴望去外面寻求更好的生活，畲族青壮年外出务工出现了爆发式的增长，导致村落中的留守儿童和空巢老人逐年增多。孩童交由家中的长辈照顾，长期缺乏父母的关心和教育，尤其是以寄宿生活为主的畲族新一代，没有充足的时间学习本民族的传统技艺，同时也难以受到民族传统文化的长期浸润，因此，以言传身教和行为示范为主要方式的家庭教育作用不断式微。同时，家庭教育和文化传承主体的缺失，导致社会问题层出不穷，如青少年的心理健康问题、违法犯罪问题等。其次，生育率的下降导致未来文化传承主体的缺失。经调查访谈发现，近年来景宁畲族家庭生育孩子的数量不断减少①，无形之中导致民族传统文化教育传承的主体不断缺席甚至断层。同时，随着社会的快速发展，人们的婚育观点有了极大变化，更加追求自我价值感和内在需求，出现了较高的离婚率。高离婚率以及少数民族乡村家长对学校教育的过度依赖，使家庭中文化传承主体、传承活动缺失。总而言之，乡村社会家庭观念的剧变、传统的代际传承模式的更新以及父母在家庭教育中发挥的文化传承互动的主体角色的缺失，加之自身文化水平的限制，家庭中的文化传承活动被推向学校②，这些因素均对民族传统文化的传承与发展造成了不可忽视的影响。

在家庭教育方面，很多家长重视培养孩子成"才"，而忽略了成"人"的培养以及正确的世界观、人生观和价值观的塑造。本民族传统文化中优良的价值观念和文化符号也没有得到较好的传承。一方面是由于生计所迫和沉重的生活压力，另一方面，对部分少数民族家庭来说，养育与教育子女的花销不是一笔小数目，一些父母常年外出务工，与子女见面甚少，进而忽视了对子女的陪伴与家庭教育。同时，畲族家庭成员大量外出务工不仅使畲族传统文化传承人不断减少，还使当地的文化生态遭到了破坏。外出人员务工返乡后，他们不经意间传播、倡导现代文化，对当地传统文化造成了一定的冲击，部分传统民俗活动逐渐失去了文化主体和文化向心力。过去受经济条件制约，畲族青年男女恋爱绝大多数通过对歌、盘歌的方式进行，而现在随着外出务工人员的增多，畲族富有特色的"对歌""盘歌"活动因缺少年轻文

① 据 2023 年的数据统计显示，全县常住人口中，0—14 岁人口为 19050 人，与 2010 年第六次全国人口普查相比，0—14 岁人口的比重下降 0.21 个百分点。

② 于影丽. 少数民族乡村文化教育传承机制研究 [J]. 当代教育与文化，2017，9（01）：56.

化主体的参与而没有以往那么受欢迎了。

3. 青年家庭成员缺乏"文化自觉"意识

随着家庭文化、家庭结构、家庭教育观念等方面的变化，家庭教育功能逐渐弱化。畲族家庭成员以两代或三代同住居多，四代以上同住的极少。多数是子女结婚以后分家，家庭年轻化趋势明显。年轻化的家庭所掌握的传统文化知识较少，对本民族的传统文化并不是很了解，当然也就难以传给下一代。据著者调研了解，许多畲族家庭的幼儿与青少年大多不会讲畲语，大部分时间都在学校学习普通话和英语，与老师、同学之间的交流使用的都是普通话，鲜有机会学习和使用畲语。此外，传统畲族家庭不再满足于传统的生产生活方式，更多的是选择走出村寨，谋求更好的出路，于是便出现了民族传统工艺传承人的断层和短缺。总之，由于传统家庭教化意识淡薄，孩童缺乏父母的言传身教和行为示范以及本民族传统文化的熏陶，家庭教育的文化传承功能日益淡化成为必然。

当然也有一些家庭成员对本民族的传统文化充满了热爱，著者多年前于畲族重点保护村落调研之时访谈了一位畲族小学生，她的日记以及言语中透露出对畲族传统文化的深深热爱，此处摘选部分日记内容：

"三月三是我们景宁畲族人民的传统节日。看电视节目说今年的主题是'诗画畲乡·风情景宁'。我仔细看了下节目单，各种各样的节目都有，可热闹了，有畲乡诗画摄影展，有文艺表演，还有畲族服装秀，还有畲族婚嫁、畲家十大碗等民间艺术表演。虽然这个季节经常下雨，但是还是阻挡不了人们参与和观看这一系列活动，尤其吸引我们这些在校学生，平时忙着上学，很少有这么大型的活动，三月三节庆，学校放假一天，我和家人还有小伙伴就可以约好一起去看表演了！今年的三月三当天，一大早我就起床了，我和爸爸去看了畲乡诗画摄影展，展厅里里外外有很多照片，有山水风景、畲族婚嫁、畲族舞蹈，还有畲族服饰的照片。每一张照片都是那么精美，让我对我们景宁的风土人情有了更深的认识，我好像领悟到原来我们的身边有这么多美丽的风景，只是我们没有好好去欣赏。看完摄影展后，我和小伙伴们去看了畲族婚嫁表演，现场非常热闹，新郎和新娘的婆家人对歌，对不出来还要罚酒，阵阵锣鼓声伴随其中，场面非常喜庆和壮观，虽然看了很多场婚嫁表演，但是这一场是我看过场面最宏大的一次。因为这次婚嫁表演一共有12对新郎新娘，还有一对外国新婚夫妻参与其中，听在场的叔叔阿姨说，这些新郎新娘都是真的结婚，不是假扮表演的呢！我感到非常惊讶，原来外国人对我们畲族婚嫁仪式这么感兴趣，还特意从异国他乡赶来举行婚礼。

"晚上的大型文艺表演，那个场面吸引了成千上万的观众，好似春节联欢晚会般隆重，绚丽的舞台灯光和五彩斑斓的彩带装扮，整个晚会现场充满了节日的氛围。我坐在台下的观众席上，认真地看完了整场表演。其中畲族彩带编织和畲族山歌尤为（其）吸引我，有的表演让我热泪盈眶，没想到我如此热爱我的家乡。我现在经常跟随奶奶和村里的畲语畲歌老师学习畲族山歌，我希望将来有机会上台展现我们的畲族文化。现在，每年过完春节，我就开始期盼畲族三月三的到来，可以和家人、朋友一同领略家乡的风采，还可以学到很多关于畲族传统文化的知识，这是在学校里很难学习到的，所以，我既期盼，又很珍惜这样的机会。"①

受教育者作为畲族文化传承的主体，是传承本民族文化的新生力量。每一个年轻的个体对本民族文化的认知和认同是维护民族发展的情感基础，所以，加强青年家庭的民族文化传承意识，提升文化自信、文化自觉意识迫在眉睫。

在社会发展变迁过程中，不同价值取向和表现形态的文化不可避免地会对原有传统文化产生冲击。面对冲击，文化群体的文化自觉意识和自觉行为在一定程度上决定民族传统文化的发展与未来。文化保护和发展需要"文化自觉"。如果少数民族群体对本民族文化缺乏"自觉"，当承载这些特定文化的主体不断弱化，那么相应的民族文化必然缺少了持续发展的承载主体和动力，最后必然走向消亡。②所以，提升畲族家庭成员的民族文化传承意识是保护与传承本民族传统文化的第一要义。

4. 过度依赖学校教育加速了家庭教育功能弱化

诚如前文介绍，畲族家庭教育主要采用言传身教、行为示范的教育方式，使本民族传统文化在潜移默化中得到了传承。这种传承方式带有极大的局限性，已经很难适应新的发展形势的需要。由于现代教育的发展，民族文化进校园活动的开展，不少人认为学校教育逐渐成为传承传统文化的主要渠道。学校教育的育人功能决定了其在民族文化传承中理应起到的重要作用，尤其课程设置和多元文化实践活动的开展起到了主渠道作用。学校教育作为有组织、有目的的制度化的教育活动，对民族传统文化的传承有着不可磨灭的作用，但是学校教育中关于民族传统文化的传承与主流文化的绝对优势相比，

---

① 访谈景宁东弄村的畲族小学生 LZJ（女），部分资料来源于她的日记。
② 于影丽，孟凡丽．城市化背景下少数民族乡村家庭文化影响变迁现状探析——基于也克先拜巴扎村的调查［J］．新疆大学学报（哲学·人文社会科学版），2015，43（04）：74—77.

显得"力不从心"。民族传统文化中的知识系统主要包括语言文字和整个传统文化所包含的知识内容，它所表明的是学生对整个传统文化的总体认知情况。传统师道的日渐式微，学校课程又未能为学生提供足够的传统文化知识，致使在校学生对传统文化知识的了解和掌握浮于表面，且形式化严重。加之在应试教育和升学压力的影响下，一些学校开设传统文化的课程和民俗活动少之甚少，且很少配有专业的老师任教，政策层面的支持和督导也难以促进民族传统文化活动的深入开展。此外，由于一些民俗活动的特殊性，如畲族的"传师学师"仪式，并不适合或很难在学校教育中开展，那么，此类民族传统文化在学校教育中就很难得到传承与弘扬。如果仅依靠学校教育，这些民族传统文化将被逐渐淡化甚至出现"文化断层"，所以学校教育在民族文化传承方面的作用有限，不能完全依靠学校教育，更不能将民族文化传承的全部重任强加于学校教育。

（二）家庭场域赋能畲族传统文化传承的路径

文化是铸牢中华民族共同体意识的重要依据与核心内聚力。畲族家庭教育在发挥传承民族文化作用的同时，受到了来自外来文化、主流文化和强势文化等的冲击，家庭教育传承功能不断式微，为了缓解这种困境和局面，势必要发挥多方力量，营造有利于家庭教育发展的社会环境，推动家庭场域畲族传统文化的可持续发展。

1. 推动经济发展，夯实民族文化家庭教育传承的经济基础

为了促进景宁畲族自治县畲族传统文化更好的传承和繁荣发展，尤为重要的是想方设法促进当地经济发展，助力当地畲族同胞过上美好的生活，推进共同富裕目标的实现。有了这个经济保障，才能激发畲族民众的民族自豪感和民族文化自信，使他们主动认识到传承和弘扬本民族传统文化的必要性和重要意义。近年来，随着乡村振兴战略的深入实施和推进，景宁畲族自治县的传统文化活动越发丰富多彩。但是由于资金相对短缺，有些传统文化活动的开展受到了经费的限制，进而影响了民族传统文化活动的持续开展。家庭作为民族文化传承的重要场所，社区和学校场域的文化活动的割裂式开展影响了其在民族文化繁荣和教育传承中的积极性和主动性。加之城镇化进程的推进，畲族村寨的村民外出务工不断增多，导致传统畲族村寨的人口不断减少，文化传承主体缺席已成常态。

只有促进民族地区的经济发展，才可能为民族传统文化在家庭教育中的传承打下坚实的经济基础。值得欣慰的是，著者在多次调研中发现，景宁畲

族自治县的经济取得了快速发展，以非物质文化遗产重点保护村落东弄村为例，2017年第一次进入该村时，村里的经济发展困难重重，大部分畲族成员外出务工，畲族家庭的房屋建筑相对破旧。但是，2020年至2021年期间，当著者再次深入该村时，村里的环境、文化活动、经济发展以及村民家庭收入等都发生了巨大的变化。据统计，2020年，景宁畲族自治县农村居民人均可支配收入位居全国120个自治县第四位，成为全国民族地区城乡融合发展的重要改革试点。畲族民众的生活水平得到了大幅改善，其传统文化活动的开展也有了质的变化。未来，需要继续推动经济发展，夯实民族文化家庭教育传承的经济基础，吸引更多的年轻人返乡创业，促进文旅融合，充分发挥家庭教育的传承功能。

2. 强化政府职能，提升民族文化家庭教育传承的内在功能

发挥家庭教育在民族文化传承中的基础作用，需要各级政府的大力支持，尤其是县乡两级政府应积极采取有效的落地措施，促进当地民族传统文化的传承与创新。首先，应该加大政策宣传力度，帮助当地畲族家庭充分了解国家颁布的针对少数民族的有关优惠政策和法规，暖其心动其情，使民族平等、民族区域自治等政策深入人心，畲族家庭成员由于本民族受到尊重会产生强烈的民族自豪感、认同感和民族凝聚力，从而进一步提升文化认同与国家认同，有助于强化传承本民族文化的愿望。调研过程中著者深切地感受到，如果当地政府高度重视民族传统文化的传承与发展，当地的民族传统文化活动就搞得有声有色，文化影响力也越来越大；如果重视与关注不够，那么，当地的民族文化活动开展的项目相对较少，且缺乏有影响力的标志性活动，进而导致畲族民众传承本民族文化的积极性、主动性降低，文化自觉与文化自信意识难以树立和强化。值得庆幸的是，在近两年的调研过程中，我们发现无论是在畲族东弄村，还是在其他村落，当地民众都表达了一个共同愿望，即希望政府能够采取各种有效措施，并通过必要的法律法规和行政手段确立民族传统文化在社会生活中的地位，共同助力景宁畲族自治县民族传统文化的传承、繁荣与创新发展。

在全球化和现代化进程中，我们既要适应现代化建设的需要，又要注意保持当地的民族特色。因此，政府在制定相应的政策法规时，要充分考虑到当地少数民族的文化特点、民族心理，处理好当地民族文化传承与经济发展、生态保护之间的关系。另外，景宁畲族自治县深处山区，经济发展相对于浙江省其他地区较为缓慢，因此，在传承畲族传统文化方面需要政府在财政、物质方面给予更多的支持，发挥家庭教育在民族传统文化的教育传承与创新

发展层面的基础性作用。

3. 提升文化自信，增强畲族家庭的民族文化传承意识

家庭教育在民族文化传承过程中发挥着重要作用，应定期开展相关活动，对当地畲族群众进行民族文化保护与传承的熏陶和滋养，通过开展民族传统文化活动以增强当地人的民族自信心与民族自豪感。据当地老一辈村民讲述，由于历史原因，畲族群众一度存在民族自卑心理，即认为本民族的东西是落后的。于是，越来越多的年轻人向往着现代化的主流生活方式和文化观念，他们想尽可能地摆脱本民族的文化形态，日常生活中也很少穿戴本民族的传统服饰，甚至很少使用畲族语言进行沟通与交流。文化知识与教育理念和认知密不可分，家庭中的长者如果没有理解和掌握本民族的传统文化，没有认识到传承民族文化对于民族未来发展的重要性，就难以形成正确的文化信念和传承意识。为了让畲族家庭掌握更多关于民族传统文化的知识，需要鼓励畲族人民积极参与家庭、学校、社区举办的相关民族传统文化活动，在实践活动中获取相关知识，积累民族传统文化资本，营造重视传统文化的良好家庭氛围；引导少数民族家庭成员树立正确的民族文化传承观念，明确"文化传承教育是学校的事"这一认识误区，创设家庭支持性行为环境。①

民族传统文化的家庭教育传承需要不断增强畲族群众的文化自信心，只有民众从内心深处自发认识到文化传承的重要性并自觉传承，才能真正促进民族传统文化的可持续传承与发展。因此，提升民族文化传承意识显得尤为重要，应在景宁畲族地区开展民族教育或多元文化教育，使畲族成员从小就能感受到本民族文化的重要意义。这不仅对于本民族发展有着不可估量的作用，同时对于民族发展、国家富强有着重要支撑作用，因为中华文化是我们国家的命脉，是国家永续发展的动力源泉。家庭教育应发挥自身的内生作用，提高文化主体的文化保护与传承意识，增强自身的主动性、积极性与自觉性，助力本民族优秀传统文化传承与发展，提升本文化自信自强。

4. 创新传承方式，提升民族文化家庭教育传承的总体效能

自古以来，民族传统文化在家庭场域中的教育传承主要依靠长辈的口耳相传和言传身教、行为示范等方式加以传承。从传承主体的数量视角来看，主要有"一对一""一对多"以及"多对多"等方式。其中，"一对一"的方式是少数民族社会生活中的主要文化传承方式，这种传承多体现在生产生活

---

① 蒋采夏. 家庭环境与民族传统体育文化关系研究——基于重庆市石柱土家族自治县家庭的调查 [D]. 重庆：西南大学，2020.

以及民族民间技艺的传承上，实现民族语言文字、饮食服饰、民族工艺等代际传承。"一对多"也是一种常见的文化传承方式，这种方式传承的更多的是宗教信仰、历史文化、人物事迹、民族意识等精神文化层面的内容，诸如长辈在祭祖过程中的文化传承等。"多对多"则是一种群体内部相互之间的传承，在文化传承过程中，每个社会成员都是民族文化的载体，并作为文化传承活动的要素参与其中。① 新时代背景下，为了充分发挥家庭教育在民族文化传承中的重要作用，除了利用"一对一"这种较为便捷和广泛的传承方式外，还应根据民族文化活动的类型和内容采取"一对多"和"多对多"等多种传承方式，拓展民族文化传承方式的途径，进一步提高民族文化传承活动的效能。此外，还可以充分利用信息技术手段进行传播与传承。例如，在新媒体语境下，传播媒介日益多样化，借助新媒体技术中的数字影像技术对一些民族传统文化进行原生态记录和传播，加强运用数字技术对其进行采集、存储、展示、传播、应用及创新，能有效激发民族传统文化传承与保护的内生动力②，促进其活态性传承与发展。新技术、多渠道参与的文化传承方式有利于提升民众参与文化传承的共识，树立文化自信自强意识，进而营造全社会关心、重视和支持民族文化传承的良好生态。

---

① 曹能秀，等. 民族文化传承与教育——以云南省寻甸回族彝族自治县六哨乡为个案 [M]. 北京：人民出版社，2012：95.
② 常凌翀. 新媒体语境下非物质文化遗产的活态传承与传播路径——以湖州市为例 [J]. 浙江档案，2019，453（01）：26-27.

第三章

社区场域畲族传统文化教育传承的全景描绘

　　"文化传承与社会组织结构之间，自始至终存在着一种互相支撑的动态平衡关系。"① 诚如，景宁畲族传统文化与社区教育活动的主体之间有着千丝万缕的联系，社区教育机制的运行，需要文化传承随时输送养分，通过文化传承机制为社会组织系统提供要素的积累与整合，使文化的新旧要素得以联结，社会传承得以保持；同时，文化的传承离不开一定的社会组织，需要社会组织系统作为构架支撑，也需要稳定有序的社会制度作为硬件保障。② 社区教育作为文化传承的天然途径，是畲族传统文化得以有序稳定传承和发展的重要保障，尤其是在新时代背景下，文化产业迅速发展与经济全球化不断兴起的时代，需要通过正规化的教育活动实现民族传统文化的再生性、价值独特性、文化传承性，从而推动民族传统文化教育的意义生成与可持续发展。

一、社区场域畲族传统文化传承的实然镜像

　　文化是动态的概念，它随着人类社会的发展不断演进。作为民族文化精华凝结与浓缩的民族文化遗产的形成过程自然也是个动态的过程，并与本民族共同心理素质的形成过程相伴而行，民族传统文化尤其需要活态展示和传承，以及使它能够活态传承下去的自我生存能力。自 2007 年以来，景宁畲族"三月三"先后被列入浙江省非物质文化遗产和国家非物质文化遗产名录，历经几百年的历史和几代人的活态传承，畲族"三月三"节庆仪式和社区教育活动得到了前所未有的发展，凸显了鲜明的民族特色和文化功能，还被评为"最具特色民族节庆"。

---

① 赵世林. 云南少数民族文化传承论纲 ［M］. 昆明：云南人民出版社，2011：24.
② 刘正发（阿里瓦萨）. 凉山彝族家支文化传承的教育人类学研究 ［D］. 北京：中央民族大学，2007.

（一）畲族代表性传统文化的发展脉络

"三月三"作为畲族极具代表性的节庆文化，近年来有了突飞猛进的发展，其社区教育传承方式伴随着社会经济水平的提高、科技的进步，文化交流更为频繁，实现了更深层次的发展，极大地促进了畲族传统文化的教育传承与发展。

景宁畲族"三月三"节庆活动从举办方式到教育内涵发生质变的一个重要因素是由于政府力量的干预。《关于扶持景宁畲族自治县加快发展的若干意见》明确提出建立全国畲族文化发展基地；《关于加大力度继续支持景宁畲族自治县加快发展的若干意见》强调建设畲族文化总部、畲族文化发展和研究中心，着力建设全国畲族文化发展基地，鼓励各类文化项目建设资金对景宁畲族自治县给予适当倾斜。2007年至2008年，景宁畲族"三月三"先后被列入省级非物质文化遗产名录和国家级非物质文化遗产名录，为景宁建设全国畲族文化总部的建设起到了积极的促进作用。建设全国畲族文化总部，就是要让所有能够体现畲族文化内涵的资源都在景宁有所展现，让畲族传统文化的根基落户到景宁，让畲族文化的核心价值体现在景宁，让畲族文化传承的深厚积淀及发展的方向掌握在景宁。为认真贯彻落实浙江省委、省政府《关于扶持景宁畲族自治县加快发展的若干意见》，县政府设立了全国畲族文化发展基地办公室，作为景宁畲族自治县全国畲族文化发展基地建设协调领导小组的办事机构。

随着畲族"三月三"被列入第二批国家非物质文化遗产名录，以及加快发展畲乡文化的系列政策影响和全国畲族文化发展基地的建立，此后的畲族"三月三"节庆便上升为政府部门统一规划、主办的全民性节日。2008年，"中国畲乡三月三"被赋予了另一个重要使命，即成为海峡两岸各民族欢度的活动，节庆期间还完成了海峡两岸中学的交流对接仪式等。此后，每年的中国畲族"三月三"节庆不仅是传承和弘扬畲族传统文化的重要节日，同时还包含了海峡两岸的交流活动项目。2014年恰逢景宁畲族自治县建县30周年，"三月三"节庆活动的举办更为隆重和热闹，开展了"中华民族一家亲""锦绣畲乡·幸福文化"等系列文化活动，该活动被《中国民族报》头版头条报道，《中国民族报》倡导把景宁畲族自治县作为范例，将"三月三"的办节模式向全国推广，这进一步提升了"中国畲乡三月三"的节庆品牌。2018年"中国畲乡三月三"节庆活动是党的十九大之后举办的尤为重大的一次节庆盛会，"彰显文化自信，弘扬民族精神，推进乡村振兴"成为新时代畲乡人民砥砺奋进、创造美好幸福生活的鲜明主题。2019 年"中国畲乡三月三"节庆的主题为"诗画畲乡·风情景宁"，此外，活动包含了庆祝新中国成立 70 年等内容，突出了"三月三"节庆主题的时代内涵。2021 年"三月三"以"畲乡人民感恩党，献礼建党 100 周年"为主旨，以"红色畲乡·风情景宁"为主题①展现了景宁畲族的新发展。2023 年，景宁以"放歌'三月三'，奋进共富路"为主题，以"热烈喜庆、传承特色、开放创新、节俭办节"为原则，举办了盛大的节日庆典。

现如今，"中国畲乡三月三"节庆已经逐渐形成了特色鲜明的"景宁模式"，具有自身的节庆特色和办节模式。景宁县坚持按照传承和弘扬优秀传统文化的总目标，努力建设具有"中国畲乡、华东畲乡、文化畲乡、风情畲乡"等特色的"新"畲乡②，实现"打造中国畲乡，努力在经济社会发展上走在全国民族自治县的前列"，具有地方各项特色的文化发展之路。

（二）全国畲族文化发展基地建设概况

随着畲族"三月三"被列入国家级非物质文化遗产名录，"全国畲族文化发展基地"的建设被提上日程。为进一步深化与推进畲族传统文化的建设与发展，相关部门形成合力组建了全国畲族文化发展基地办公室，规范了非遗传承项目，建立了畲族博物馆、畲语畲歌传承工作室和畲族彩带传承馆，此外，还成立了以表演畲族特色歌舞节目为主的民族艺术院团——浙江畲族歌舞团。

1. 全国畲族文化发展基地办公室

2008 年，浙江省委提出将景宁建设成为"全国畲族文化发展基地"，景宁县委、县政府成立了建设全国畲族文化发展基地领导小组和基地办公室，进一步打造"中国畲乡三月三"等文化品牌。其一，全国畲族文化发展基地办公室主要负责畲族文化发展基地建设规划，研究提出规划年度实施计划；参与发改委、文化旅游、建设、国土及相关部门与畲族文化建设相关的规划编制或审核工作。其二，负责指导、协调和督查畲族文化发展基地建设工作。依据相关规划，科学分解任务，统筹项目建设；指导畲族文化发展基地项目实施，督查具体工作落实；负责对相关工作进行考核。其三，负责畲族文化

① 2021 中国畲乡"三月三"，唱支幸福畲歌给党听［EB/OL］．［2021-04-16］．https：//baijiahao. baidu. com/s？id=1697168359616676947&wfr=spider&for=pc.

② 麻益军．"景宁模式"的战略管理学分析［J］．民族论坛，2008（11）：39-40.

的研究转化和宣传培训工作。加强机制、体制建设,整合专业单位及社会力量进行畲族文化及县域文化发展研究。建立畲族文化传承工作人才库,有计划、有重点地对畲族文化基础性、抽象性、应用性研究及传承骨干人才进行培训。创建相应平台,面朝县内,积极开展畲族文化普及、提升培训及县域文化研究成果推广、应用工作;面朝县外,积极开展"畲族、畲乡、畲县"主题宣传和文化产业建设交流活动。其四,负责组织"中国畲乡三月三"等大型节庆活动。研究探索办节模式,改革完善办节机制,传承和弘扬畲族传统文化;遵循市场办节规律,努力发展节日经济;负责"三月三"节庆活动的总体策划并牵头进行具体实施工作。

据了解,目前全国畲族文化发展基地办公室已经牵头组织编制了景宁畲族自治县《全国畲族文化发展基地总体规划》,其中畲族文化总部试图通过文化优势实现畲族文化的构建模式,这一模式融合了畲族传统文化的聚合力、竞争力、驱动力和辐射力的优势,有望成为景宁畲族自治县借助传统文化平台发展的重要途径。全国畲族文化发展基地办公室的主要职责都是围绕畲族文化的传承开展的,其中"三月三"节庆活动的策划和举办是检验其工作的一项重要指标,时任基地办公室主任强调,他们平时除了开展一些畲族文化活动外,最重视一年一度的畲族"三月三"节庆活动。根据上述职责,全国畲族文化发展基地办公室还设置了综合科、畲族文化规划科、畲族文化研究科三个职能科室。其中,畲族文化研究科负责"三月三"节庆活动的总体策划并牵头进行具体实施工作;研究探索办节模式,改革完善办节机制;负责研究、挖掘、丰富和发展畲族文化,积极推进畲族文化的普及工作及建立畲族文化传承工作人才库,组织传承骨干人才开展各类宣传培训及文化交流活动。①

2. 非遗传承项目

景宁畲族自治县以文化引领为主线,以文化高地建设为目标,在非遗保护为核心的基础上不断加大对畲族文化的保护力度,注重长远谋划,有力地推动了畲乡非遗文化工作走在全省甚至全国前列。景宁县政府等部门还制定了《景宁畲族自治县民族民间文化保护条例》,召开全县文化大会,出台畲族文化保护政策,为畲族传统文化的传承与弘扬做出了扎扎实实的成绩。截至2021年8月,景宁畲族自治县拥有众多不同级别的非遗项目,包括国家级非

---

① 资料来源于多次田野调查以及畲族文化发展基地办公室人员口述。

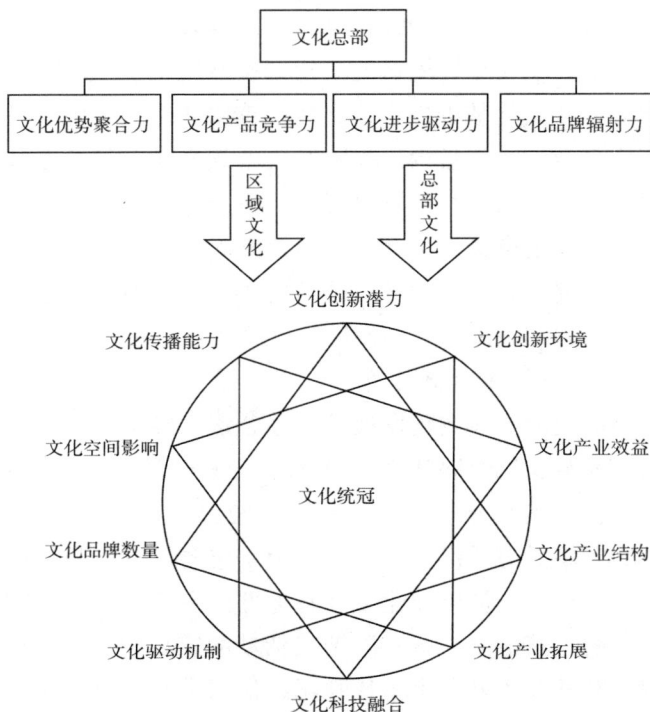

图 3.1 全国畲族文化发展建构模式图①

遗项目、省级非遗项目，此外还被认定为县级非遗传承保护基地和实践基地、非遗活态传承示范村落等。非物质文化遗产项目代表性传承人，是传承传统文化的关键承载者和传递者，掌握着非物质文化遗产的丰富知识和精湛技艺，是非物质文化遗产活态传承的代表性人物。景宁畲族自治县目前已培养了众多非遗传承人。据统计，景宁畲族自治县目前有国家级传承人 2 人（其中，功德舞传承人蓝余根老师是东弄村人）、省级传承人 29 人、市级非遗传承人 49 人、县级非遗传承人 141 人。另外，县财政局每年给予非遗传承人一定经费资助，目前国家级传承人每人每年 8000 元、省级传承人每人每年 4000 元、县市级传承人每人每年 600 元的奖励②，积极鼓励畲族传承人传承和弘扬本民族的传统文化。

---

① 全国畲族文化发展基地办公室提供。

② 陈建樾．中国民族地区经济社会调查报告［M］．北京：中国社会科学出版社，2015：179.

表 3.1　景宁畲族自治县部分非遗项目及非遗基地统计概况

项目名称	数量（个）
国家级非遗项目	3
省级非遗项目	21
市级非遗项目	39
县级非遗项目	91
县级非遗教学基地	2
县级非遗传承保护基地	29
县级非遗教学实践基地	8
非遗活态传承示范村	4

目前这些传承人中，畲族民歌传承人蓝陈启女士①是最为年长的传承人。蓝陈启女士出身能歌善舞的畲族农民家庭，自幼学习唱畲歌，嗓音浑厚、古朴圆韵，不仅能传唱众多的畲族史歌、生活歌、劳动歌、情歌等，还擅长根据生活、生产实践，即兴创作，能够出口成歌，是景宁畲族自治县家喻户晓的畲族歌手。1994 年，受邀参加了日本福井市民间艺术节民歌交流活动，将原汁原味的畲族民歌唱出景宁、唱出国门。她于 2008 年被确定为浙江省第一批非物质文化遗产项目代表性传承人，2009 年被确定为第三批国家级非物质文化遗产项目代表性传承人，是景宁畲族自治县远近闻名的传承人代表。

3. 畲族博物馆

畲族博物馆是人们了解畲族人文历史、解读畲族民俗的重要窗口，是全国极具影响力的畲族文献资料储存和展示基地。目前，景宁畲族自治县的畲族博物馆主要有两个，分别是畲乡民俗博物馆和晓琴畲族民间陈列馆。得益于相关政策的扶持和政府对畲族传统文化的高度重视，2006 年，畲乡民俗博物馆于景宁红星街道人民北路成立，随后三年展开了三次规模较大的文物征集活动，共征集畲族文物 3000 多件。目前，畲族博物馆主要展示畲族民间文

---

①　蓝陈启，浙江省景宁畲族自治县鹤溪镇双后降村人，国家级非物质文化遗产（畲族歌王）传承人，2008 年获得畲族歌王称号，同年被确定为浙江省第一批非物质文化遗产项目代表性传承人。她演唱的主要曲目有《大生产》《高皇歌》等。

化艺术珍品，承担着保护畬族民间文物、传承弘扬畬族非物质文化遗产、展示畬乡风采、对景宁籍的文化传承人进行培训等多重职能。畬族博物馆以畬族的发展史为主线，通过大量的文物、实物和图片，通过现代的高科技表现手段向人们讲述畬族文化的发展史。馆内第一展区向世人展现的是悠久而极具魅力的畬族民俗文化，第二展区为璀璨而靓丽的畬族服饰文化，整个展厅是对畬族文化全面而系统的呈现。畬乡民俗博物馆成立以来，每年接待旅客30余万人次，累计达200余万人次，尤其是在畬族"三月三"节庆期间，旅客流量处于每年的高峰期，游客们对畬族传统文化的喜爱溢于言表。目前，畬乡民俗博物馆已收集到的藏品达1万多件，共九大类：畬族传统家具类1100余件、传统服饰类380余件、传统银饰类1800余件、传统生产工具类8700余件、石质类770余件、传统刺绣品类2900余件、生活用品类370余件、畬族文献类70余件、其他类珍品1700余件等①。藏品丰富，凸显了畬族传统文化的多元魅力。

此外，还有一所较为知名的地方博物馆，即晓琴畬族民间陈列馆，又称畬族民间文化博物馆。该馆创建于2007年，由畬乡民间自行组织、独家收藏并对社会免费开放，这是景宁第一家民办博物馆，整个展馆占地面积1300平方米，收藏着畬族民间珍贵的服饰、银饰、生活家具、传统手工艺品等藏品。现有民族文化遗产8500件、畬族民间刺绣品5000件、民间工艺品2000余件、银饰品1500余件。据介绍，其中有200余件藏品具有较高收藏、观赏和参展价值。目前，晓琴畬族民间陈列馆与景宁县多所中小学建立了联系，成为景宁县民族中小学开展地方性课程、校本课程和实践活动的重要基地。每年畬族"三月三"节庆期间，晓琴畬族民间博物馆还会举行形式多样的文化展示活动，积极推动畬族传统文化的传承与发展。

4. 畬语畬歌传承工作室

畬语是畬族所使用的语言，一般称之为"畬族人民话""畬话"或"畬客话"，在畬族内部又有人称之为"山哈话"，属于汉藏语系。2009年，畬语被列入第三批浙江省非物质文化遗产名录。畬族只有本民族的语言，没有本民族的文字。唱山歌是畬族人民劳动和生活中一种最为重要的文化活动形式，对歌也发展成为畬族"三月三"节庆的重要活动。2008年，畬族民歌被列入第一批国家非物质文化遗产名录。每年"三月三"节庆期间，畬乡便成为全国畬族同胞互相切磋民歌技艺、传递民族友谊的重要平台。

畬语畬歌传承人蓝仙兰老师一家被东弄村村民称为"山歌之家"，他们家

---

① 数据来源于景宁畬族博物馆。

几代人用山歌向人们传递畲族的记忆。调研中，著者与蓝老师攀谈后了解到，畲语畲歌传承是有明确规定的，其家族传承脉络为：雷八女—雷新彩—蓝仙兰—蓝秋芬与蓝秋娟—蓝佳妮①。如今，蓝仙兰老师的母亲、丈夫、大女儿、外甥女都会唱山歌。蓝仙兰曾是旅游景区的专业原生态民歌歌手，并于2007年4月获得了浙江省文化厅主办的"中华畲族民歌邀请赛"一等奖。2008年参加景宁畲族自治县"移动杯·寻找畲家山歌王"擂台赛夺得"畲家歌王"桂冠。她还多次应邀到其他省市表演，成为东弄村乃至景宁畲族自治县畲族山歌的领军人物。著者在东弄村调研期间，常去蓝老师家中串门，说到唱畲族民歌，蓝老师不由自主地回忆起学唱畲歌的初始："我四五岁的时候，跟着父母到田间劳作。夏天烈日当空，天气很炎热，年幼的我经受不住太阳的炙烤，一个劲地闹着要回家。但是父母却认为我刚刚才出来不久，活还没有干多少，不能回家。于是，妈妈想出了一个办法——教我唱畲族民歌，以达到拖延时间的目的。我听说可以学唱畲族民歌，也就不再闹了，安安静静地听妈妈唱。妈妈一句一句地唱，然后一个字一个字地教我，我学得很认真，虽然我很小，但是听妈妈唱歌，很快就联想到畲族民歌描绘的场景中去了，也就没有分心去关注天气是否炎热了，也不再急着想回家了。也许就是那一次，我迈出了学唱畲族民歌的第一步……"②

图 3.2 畲语畲歌传承工作室

图 3.3 畲语畲歌教室一角

---

① 传承脉络的信息来源于畲语畲歌传承人蓝仙兰老师。
② 该段内容为访谈畲语畲歌非遗传承人蓝仙兰老师所得。

5. 畲族彩带传承馆

畲族彩带传承馆坐落于景宁畲族自治县东弄村，蓝延兰老师是该村唯一一位畲族彩带省级非遗传承人，她将畲族彩带的传承视为己任。以前畲族人把彩带用作拦腰带、刀鞘带、背孩子的背带，现在蓝延兰将印有吉祥字样的彩带用在畲族包、手机袋、围巾上，工艺精致的彩带受到了越来越多人的喜爱。她的很多作品被用来当作民族精品赠送中外贵宾，国内许多客人慕名特意上门求购。关于畲族彩带编织的学习经历，蓝延兰老师回忆道："我五六岁跟着外婆学织彩带，已有 40 余年了。我的彩带曾经多次作为民族工艺品赠送给外国宾客。在 1999 年获奖之后，我又参加了很多展览，获了很多奖。我也在本县成了小有名气的人，我决心要编织出更多更好的畲族彩带。我曾经把'和谐的乡情，感恩的真情，奋斗的激情，畲乡人民热烈祝贺中国共产党浙江省第十二次代表大会胜利召开'这 43 个字，织入长 1.7 米，宽 6.5 厘米的彩带里，这是我花了一个星期时间赶织出来的，饱含着畲乡人民对党和政府的深情感恩。另一条彩带，是我一针一线编织着畲族傣族等 56 个民族的字符，寓意着民族大团结。"①

畲族彩带是畲族先民祈福的图符，是用彩带的形式保留了数千年的原始"意符文字"。2007 年，畲族彩带编织技艺被列入第二批浙江省非物质文化遗产名录。畲族彩带是一种活着的文物，保留了遥远深沉的民族文化内涵，成为畲族古代历史文化的重要见证。蓝老师曾说："我一直有个想法，也是我最大的心愿，希望能把畲族彩带编织工艺发扬光大。我一直在努力实现这个愿望。现在，我还采用了其他的编织材料，如毛线等，以达到创新变革畲族彩带的编织工艺。现在，我有了自己的工作室，虽然面积不大，但是我觉得很满足。这样既方便了学习的人，又有了自己工作的空间。但是，彩带也和许多工艺品一样，面临后继无人的尴尬，年轻姑娘已经很少学织彩带了，为了不让畲族彩带艺术失传，我现在已经带了一批学生……我家被当地政府定为非物质文化遗产传承基地。"②

经过长期的田野研究，常常与畲族村民在一起交流，著者深深地感受到他们对自己民族文化的情感是逐渐加深的，由早期的自卑到自信再到如今的文化自觉意识的崛起，畲族人民的心理状态发生了明显的变化。

---

① 访谈省级畲族彩带非遗传承人蓝延兰老师所得。

② 景宁畲族自治县政协. 畲乡景宁实录［M］. 北京：中国文史出版社，2011：74.

图 3.4　畲族彩带传承馆

图 3.5　蓝延兰教授彩带编织

6. 浙江畲族歌舞团

进入 21 世纪，景宁畲族自治县群众文化专业队伍、民间业余团队不断壮大，成为"文化名县"的参与者和"幸福文化"的播种者。1984 年，景宁畲族自治县设立，云和、景宁分设，原先的"云和县民族文化工作队"更名为"景宁畲族自治县民族文化队"。2002 年，又更名为"浙江景宁畲族民间艺术团"，直至畲族民歌、畲族"三月三"等传统文化被列入非物质文化遗产名录后，伴随多项文化政策的推动，2013 年 9 月，彻底改制并更名为"浙江畲族歌舞团"，属于国有企业。至此，浙江畲族歌舞团成为景宁畲族自治县唯一的综合性歌舞团，是浙江省唯一以表演畲族特色歌舞节目为主的民族艺术院团。每年畲族"三月三"节庆，浙江畲族歌舞团都会参与其中，成为表演畲族传统歌舞的主力军。歌舞团成立至今共在各类比赛中获得奖项 50 余个。2009 年在中国畲乡"三月三"活动中创作和演出的大型畲族风情歌舞《诗画·畲山》首演，受到专家和来宾的一致好评。另外，浙江畲族歌舞团的日常工作主要在于传承、编排畲族歌舞，培训和培养畲族歌舞传承人。

（三）畲族代表性传统文化的节庆特色

民族传统文化具有自身的特性，畲族传统文化亦是如此。当前，畲族"三月三"节庆的传承更为成熟，逐渐有了规范化教育的特征。具体而言，当前畲族"三月三"节庆的举办彰显了民族性、引领性、主题性、互动性和服务性特征的融合，成为全国民俗节庆举办的典范。

独特的民族性。任何一个民族的文化，从其内在属性的角度来看，都具有民族性的特征。"所谓文化的民族性，就是一个文化系统之中的民族因素，包括文化的内容和形式，都会呈现出不同民族的色彩。"① "三月三"是畲族人民的传统节日，"中国畲乡三月三"节庆从尊重畲族千年历史文化遗产的高度出发，继承和保留畲族最古老、最原真的宗教文化、茶织耕猎、传统婚恋、体育竞技等，发掘和再现"传师学师""吃乌饭""对山歌、盘歌"等畲族传统文化活动，传承和创新"畲族婚嫁表演""畲族民歌艺术节"等活动形式，既展现出节庆活动鲜明的民族个性特征，又体现了畲族群众高度的文化自信和文化自省。"三月三"节庆的传承和发展极大地增强了畲族群众的民族自豪感，实现了畲族传统文化的教育传承和展现。此外，通过举办"中国畲乡三月三"节庆，景宁畲、汉等各族同胞友谊不断加深、民族团结不断深入，干部群众纷纷把中央民族政策和各级部门对畲族人民的关爱，转化为自强自立、奋发进取的强烈愿望，为民族团结与振兴以及景宁畲族自治县的发展起到了促进作用。

强烈的引领性。景宁是全国唯一的畲族自治县，肩负畲族复兴发展的历史使命，"中国畲乡三月三"节庆同样承载着对畲族文脉延续的重任。"中国畲乡三月三"节庆牢牢把握了"大畲族"的理念，通过聘请国内畲族文化研究专家学者担任节庆民族事务顾问，邀请全国各地畲族人民欢聚畲乡共度传统佳节，切实增强了全国畲族人民对"中国畲乡三月三"节庆的认同感，助推了"中国畲乡三月三"节庆引领各地畲族"三月三"活动发展。2007年，"三月三"节庆会标（凤凰鸟图案）得到了全畲族人民的认同，这标志着"中国畲乡三月三"节庆成为畲族最具影响力的民族节庆。同年，景宁畲族"三月三"被国务院列为第二批国家级非物质文化遗产名录。2012年，中国优秀民族节庆评选活动中，景宁"中国畲乡三月三"节庆被列入"中国优秀民族节庆"并荣获"最具特色民族节庆"称号，可见，"中国畲乡三月三"节庆活动在全国范围内的影响力和引领性。

鲜明的主题性。自2007年，景宁畲族"三月三"被列入国家级非物质文化遗产名录以来，畲族"三月三"节庆活动的举办受到了政府部门和广大畲族人民的重视，且"中国畲乡三月三"节庆每年设置不同的主题，围绕主题组织一系列的文化展示、交流、研讨活动，使"中国畲乡三月三"既继承传统又与时代接轨，增强了文化节庆可持续发展的生命力和独特民族风情的吸引力。如2007年"中国畲乡三月三"的主题为"和谐畲乡、欢乐畲乡、特色畲乡"，2011年的主题为"畲乡三月大联欢、共庆建党九十年"，2018年的主

---

① 郭继承. 文化的传承与弘扬［M］. 北京：人民日报出版社，2013：24.

题为"彰显文化自信　弘扬民族精神　推进乡村振兴"，2023 年的主题为"放歌'三月三'，奋进共富路"。可见，每届"中国畲乡三月三"节庆主题不一，将畲族传统文化与时代背景密切结合，活动内容丰富，深受广大群众喜爱，畲族的传统文化在"三月三"节庆活动中得到了很好的传承与发展。

积极的互动性。自畲族"三月三"被列入国家级非物质文化遗产名录以来，"中国畲乡三月三"节庆以"政府牵头、部门联动、城乡互动、群众总动"的组织模式，积极引导乡镇、农村、企业、个人参与，形成了活动县城集中、乡镇多点；政府为主、民间为辅的节庆格局，活动参与覆盖全县畲汉群众。节庆的互动性得到了充分的体现。首先，活动举办面广，除了在县城组织系列节庆活动外，还在乡镇举办大型盘歌会、"学师传师"仪式等，一些乡镇和村寨则是通过举办一条街活动、社区排舞大赛、农民艺术展演等活动带动成千上万城乡畲汉群众互动联欢。其次，活动参与人多，开放式举办各类文化活动，如"民俗风情一条街"活动每年直接参与人数达 5000 余人，且还在逐年增加，受到市民群众的热捧，庆祝活动晚会共同感受、参与、体验人员多达几十万人。最后，来宾邀请面广，"中国畲乡三月三"节庆鼓励汉族等各族群众共同参与活动，2014 年节庆期间还邀请到景宁籍在外和曾在景宁工作的代表人士共计 868 人参加盛会，他们怀着对景宁畲族自治县的深厚感情，为景宁未来发展提供了强大的智力支持。2023 年的畲族"三月三"活动包括开幕式晚会、祈福仪式、民族文化沉浸式展演、文化集市等，邀请各界群众参与其中，充分发挥文化主体和客体的互动性。2023 年的活动设置在保持原汁原味原生态的同时，更加注重"沉浸体验"，设置了"畲汉融合乐满城"民族同心祈福典礼、"畲汉融合乐满城"民族文化沉浸式展演、"畲风健体强心魄"第十三届民族体育嘉年华暨"封王"大赛等系列活动，并且在开幕式晚会和第十三届中国畲族民歌节中都融入数字科技与时尚元素的"潮展示"，实现传统与现代激烈碰撞，带来一场别具特色的视听盛宴。① 随着景宁畲族"三月三"节庆越办越大，融合了线上与线下活动，便于全国人民参与和关注畲族传统文化的传承活动，促进了节庆文化的深层互动与交流。可以说"中国畲乡三月三"节庆已成为民族大联欢的重要平台，更是传承畲族优秀传统文化、对外交流，向世界展现自我的重要方式。

全面的服务性。随着乡村振兴战略的深入实施，"中国畲乡三月三"节庆

---

① 浙江景宁：2023 中国畲乡"三月三"开幕［EB/OL］.　［2023 - 04 - 22］. https：//baijiahao. baidu. com/s？id = 1763837782519471693&wfr = spider&for = pc.

发展也更为成熟，其对景宁文化、经济、社会各个领域发展的助推作用日益显著。民族地区利用节庆文化，融合了旅游业的发展，促进了当地经济和社会的快速发展，造福了当地的百姓，使得其生活水平不断提高，物质生活与精神生活日益富足。总体而言，首先是节庆经济不断壮大，"中国畲乡三月三"节庆游客逐年大幅增长，2012年"中国畲乡三月三"节庆期间各旅行社、宾馆、景点和农家乐等接待海内外宾朋158万余人次，带动相关产业收入达3.9亿元，累计招商引资8.4亿元，形成了以节庆为核心的"同心圆"经济圈。同时，节庆期间各类经济贸易项目洽谈推荐活动成果丰硕。① 2010年节庆期间，七个项目同时举行签约仪式，经济发展长远效益日益显著。其次，文化挖掘不断深入。"中国畲乡三月三"节庆不仅是畲族群众联欢聚会的节日，更是畲族文化挖掘、传承、弘扬的重要平台。2009年"三月三"节庆演出的畲族风情歌舞《诗画·畲山》产生了强烈的反响，后经改编打造成畲族文艺精品《千年山哈》，在第四届全国少数民族文艺会演中一举摘得表演金奖等9项大奖，对畲族传统文化的传承与弘扬产生了深远的影响。最后，畲族民生不断改善。"中国畲乡三月三"节庆是一项全县性的节庆活动，在城镇化建设和乡村振兴战略的背景下，政府部门以筹办节庆活动作为建设发展的契机，提升城乡面貌，推介文化形象，改善社会民生。景宁畲族自治县的云景高速公路建设、县城美化亮化净化工程、青少年宫工程、"送医义诊"等项目的配套建设，使得畲族"三月三"节庆成为"全民共庆、实惠共享"的服务性活动。总体而言，畲族"三月三"的节庆特色，不仅丰富多样，同时更是畲族传统文化多元功能的体现。

二、社区场域畲族传统文化传承的内涵解读与意义生成

"教育场域是一个文化场域或知识场域，该场域内不同主体之间发生互动的前提和中介以及互动的背景、形式，无不是知识和文化上的"②，教育或文化的互动具有特定的意义，需要置于特定场域加以解读与反思。

（一）社区场域畲族传统文化的教育属性剖析

少数民族传统文化在其历史发展过程中形成了自身的特征，不论采取哪

---

① 陈建樾. 中国民族地区经济社会调查报告［M］. 北京：中国社会科学出版社，2015：154-155.

② 刘生全. 论教育场域［J］. 北京大学教育评论，2006（01）：85.

种教育形式或方式，民族性依然是少数民族教育传承的基本特征，离开了民族性，少数民族教育也就失去了存在的根基。任何民族文化和教育必定存在于特定的地域空间和具体的历史时间，这是由民族教育的基本属性决定的。少数民族传统文化与社区教育传承的结合，还具有其他典型的特征，如教育内容的本土性、教育方式的口承性、教育场域的特定性等。

首先，教育内容的本土性。任何民族的教育与该民族的文化是一脉相承的，民族教育是传承民族文化的重要途径，民族文化是民族教育的主要内容，少数民族社区教育亦是如此。由于少数民族多处经济不发达地区，知识和信息相对闭塞，地方性知识成为少数民族和民族地区群众学习的主要资源。事实上，我国少数民族社区教育也具有以上特点。畲族的代表性民族文化是畲族"三月三"，该民俗节庆记录了畲族的社会历史文化、生产生活知识、节日礼俗等，反映了畲族人民的价值观念、情感意识、民族心态，畲族人民独特的习俗都可以从中找到起源。可以说，畲族文化的主要内容是畲族人民历史上世世代代所创造的精神文明、物质文明以及由此形成的思维模式和知识经验的结晶，甚至可以认为，畲族"三月三"节庆就是畲族传统的地方性知识，是畲族人民在长期的生产生活中与社会发展的相互作用形成的认识和智慧结晶。畲族"三月三"节庆呈现出的地方文化是社区教育的主要内容，畲族的传统教育实则就是以"三月三"节庆为主的社区教育活动，其教育内容不可避免地具有本土性的特点。

其次，教育方式的口承性。与书面文化依靠文字、符号的传承不同，口头文化的传承依赖于口语，文字是人为的，不存在自然而然的书写方式；但口语对人类来说却是自然而然的，文字传递的信息可以保存、记录，而口语则是即时的、稍纵即逝的，无法像文字那样原封不动地保存下来。思维方式和表达方式的差异，决定了口语文化与书面文化的区别。由于畲族社会只有本民族的语言，没有自己的文字，畲族文化的传承主要依靠人与人之间的口传心授，依靠社区村寨内师徒、长幼之间的口耳相传。随着社会的进步，畲族地区的经济和教育发展水平已大幅度提升，文化传承的方式不断丰富。但是相对而言，其社区教育的发展程度和层次远不如学校教育，当然，并不是说畲族传统文化的学校教育传承优于社区教育；相反，由于少数民族传统文化的生活性、本土性和特殊性等特征，更需要依托社区教育进行传承和发展。在社区尤其是民族村寨内开展的教育活动，依然以行为示范、口耳相传的"活"的方式为主，所以其教育传承方式的突出特征表现为口承性，需要借助语言进行传承。

表3.2　东弄村"三月三"节庆表演节目单①

序　号	节目名称	表演人员
1	开场舞：《美丽畲乡等你来》	蓝美珠、蓝建英等
2	歌舞：《茶娘采春》	蓝聪美、蓝秋芬等
3	越剧：《我本是金枝玉叶驸马妻》	蓝秋娟
4	舞蹈：《今夜舞起来》	蓝新菊、雷秀仁等
5	三句半：《优生优育就是好》	蓝建平、蓝冬梅等
6	歌舞：《山窝窝飘来畲娃的歌》	蓝佳妮、蓝安琪等
7	原生态歌舞表演：《农耕》	蓝延兰、蓝木昌等
8	朗诵：《我骄傲，我是畲家娃》	蓝真、蓝好
9	歌舞：《让爱住我家》	蓝建兴一家
10	原生态歌舞表演：《彩带情思》	蓝仙兰、蓝进珠等
11	原生态情歌小合唱《情缘歌》	蓝国兰、蓝宝元等
12	畲族歌舞：《婚嫁》	蓝延平、蓝光元等

最后，教育场域的特定性。就像磁力的运动要借助并形成一定的磁场一样，文化传承也离不开一定的传承方式和传承场域。文化传承就其广义而言是指人习得、传播文化的过程，所以关于人与自然、人与人、人与社会接触的空间都可以视为文化传承场域。就景宁畲族传统文化的传承而言，山林、火塘、仪式等都是文化特定的传承场域。正如学者赵世林所言："在丛林中所进行的献祭活动，是文化再生产的过程，具有明显的教育功能，一方面，通过身临其境的宗教祭祀，不仅获得了征服自然的力量，而且还增强了民族认同感；另一方面，在宗教传承中，所积累的知识与经验的传递也随之进行，发展了人类自身的生存能力。"② 在畲族人民的信仰中，自然崇拜的现象较为广泛。原始畲族先民，由于处于人类发展的早期，抽象思维能力较弱，在面

---

① 节目单由畲族东弄村村委提供。

② 赵世林. 论民族文化传承的本质 [J]. 北京大学学报（哲学社会科学版），2002（03）：10-16.

对复杂多变的自然界时，更多地感受到的是自己的渺小和无能为力，于是对强大的自然产生敬畏之情，开始膜拜大自然，"把大自然人格化，产生了各种拟人的自然神"。加之，畲族人民大多居住于山区，日常生产生活多在山林中开展，与大自然接触较多，所以产生了许多与自然相关的寓教于乐的实践，构筑了以言行传承为特色的原始文化传承场域。另外，仪式是村寨社区中一个非常重要的教育场域。作为一个文化传承场域，仪式主要由情绪和心理氛围构成，用行为象征从而达到心理传承，对于景宁畲族而言，最具有教育意义和文化传承功能的是人生过渡仪式，即人生礼仪。由此可见，文化传承场域的特定性与少数民族文化的本土性是不可分割的。

图 3.6　"三月三"节庆舞蹈
资料来源：景宁畲族自治县东弄村

图 3.7　"三月三"节庆表演
资料来源：景宁畲族自治县东弄村

（二）社区场域畲族传统文化的教育传承解读

教育场域包含了教育要素以及各要素之间的关系，正是文化场域的这些具体形式，编织了教育活动的互动之网，使教育得以持续发展。

1. 市场、舞台与网络并重的教育传承场域

任何一种民族文化的产生、衍化、传承都要在特定的场域中进行。[①] 畲族"三月三"作为一种民俗事象，是人们的生活具象、生存并展演于具体的生活空间中的活动。人们的日常生活不仅涵盖衣食住行等基础性的物质文化，而且包含情感依托、信仰追求、艺术审美、人生理想等不同层面的精神文化，故而人们要穿行于家庭、村落、集市、寺庙、学校等众多场域，采取与之相对应的实践，才能实现个体和族群的生存与发展之需。

随着社会经济的发展、生产力水平的提升，文化作为一种资源，逐渐有

---

① 姚磊．场域视野下民族传统文化传承的实践逻辑［M］．北京：人民出版社，2016：28.

了市场的属性与价值。从文化的视角来看，市场是一个重要的文化传承场域。自 2007 年起，畲族"三月三"节庆的开发和展示进入常规化、系统化、计划化阶段。景宁畲族自治县政府和相关部门对此提出了新的要求，即畲族"三月三"要成为畲族民俗展示、交流的平台，文化产品会展、销售的平台，更要成为畲族文化传承、创新的平台。从中可以明显看出，畲族"三月三"节庆活动与市场紧密地联系在了一起。畲族"三月三"节庆市场主要是指非遗集市以及旅游市场。非遗集市主要是指景宁畲族自治县的"非遗一条街"，每逢畲族"三月三"节庆活动期间，这条街就成为人们赶集的首选地。非遗集市是不同文化圈的人以赶集形式短暂驻留的公共空间，经济性与社会性融于一体，容纳了多元民族文化的静态表征和动态展演。畲族"三月三"节庆市场的出现，不仅促进了民族经济的发展，而且影响了畲族的经商模式，并日益起到示范、交流的作用。在与其他民族的交往过程中，各民族的自我认知意识也随之增强，不仅认识了自己，也加深了对其他民族的认识与理解。如此一来，在民族广泛交流交往的条件下，各民族认同感和凝聚力得以不断加强。

当前畲族"三月三"节庆最隆重的活动便是大型文艺会演，舞台自然成为标志性的传承场域，各种畲族文化元素在舞台中得以隆重、完美呈现。自2007 年以来，景宁畲族自治县每年都会举办大型文艺晚会，邀请全国各地的少数民族代表和港澳台同胞、海外侨胞共度佳节。文艺会演成为宣传和美景宁和畲族传统文化的重要方式，同时也是联络民族同胞情感的助推器，一些节目融合了民族团结的文化内涵，增进了各民族间的友好情谊，表达了景宁畲族人民对美好生活的向往和对本民族文化的热爱。

此外，随着现代科学技术的发展，大众传播媒介成为畲族"三月三"节庆传承的最新方式。节庆期间的新闻宣传、网络直播、论坛和微博、网页专栏、公众号等新媒体传播构筑了畲族传统文化传承的网络空间，网络空间传承场域的发展有效地弥补了传统文化传承场域的不足。大众媒介和信息网络的运用，为传统文化的传承提供了更加便捷的途径，成为当下人们日常生活中不可分割的一部分。

2. 组织与个人共生的教育传承主体

"教育活动是由'教'与'学'两类相依相存、相互规定和相互建构的活动复合构成的。教育者与受教育者是教育活动中人的因素。"教育者与受教育者是教育活动中最基本的教育要素，是实现文化传承与发展的具有生命力的动力来源。对此，叶澜教授指出："决定谁是教育者、谁是受教育者的关键是各（个）人在教育活动中所处的地位和承担的任务，不是个人的年龄、性别和职位。而决定个人在教育活动中地位的自身因素又是他的相对发展水平。"① 随着信息科技的发展和大众媒介的更新，"并喻文化"与"后喻文化"不断显现了教育者与受教育者之间的复杂关系，使得教育者与受教育者时刻处于相互转换的关系之中。

　　文化离不开人，任何文化都是人的本质的对象化。作为社会的人，既是文化的出发点，也是文化的归宿。作为个体或群体的人，既是文化的主体，又是文化传承的载体。正是主体的文化创造不断地向纵深推进，才展开了丰富无比的文化发展过程。文化传承的主体是一定社会条件和制度下的人，包括从事文化产业的企事业单位中的经营者、管理者、劳动者，政府相关职能部门的官员、工作人员，如景宁畲族自治县畲族村寨中的民间艺人和广大畲族群众。畲族"三月三"节庆的传承主体更加多元化，主要包括社区内的文化主体，政府、学术界、文化活动爱好者等，还有推进民族文化产业化的企业。民族文化产业化作为一个特殊的产业门类，其生产和运作直接与民族文化的拥有者和传承者有着密切的联系，而景宁畲族自治县畲族文化产业中有相当一部分人本身就是民间艺术家和民族文化传承人，如民间工艺展示、民族村旅游、传统习俗表演等活动中的畲族民众。文化产业与文化传承之间水乳交融，不可分割，企事业单位与社区民众、民族文化传承人共同构成了景宁畲族文化产业和传承中两个重要的主体。同时，在现行的社会体制之下，政府相关部门，如文化局、广电局、民宗局、畲族文化发展基地以及各类文化场馆，在畲族文化传承活动中，发挥着越来越重要的作用。政府及文化部门参与制定一系列与文化相关的法律条款和政策措施，规范和约束着文化传承的正常运行，组织开展畲族文化资源普查，建立各级文化名录等，这些大规模的文化保护活动，对畲族传统文化的传承与发展起着保障作用。另外，政府部门还通过开展招商引资、民族文化交流活动以及资金投入，完善相关软件、硬件设施等手段，搭建起文化沟通、交流与传承的平台。民族文化传承的主体包括具有不同社会属性的群体和个体。除了政府和企业等，在畲族村寨中，往往是以个人或家庭为单位参与文化资源的保护与开发，这是非常重要的个体。从民族文化传承角度来看，广大畲族社区群众是不容忽视的文化个体，尤其是众多活跃在民族文化生活中的民间艺人和文化人，他们的文化传承意识强烈，"除了具有群体的传承意识外，还有对群体意识的自觉超

---

　　①　叶澜. 教育概论［M］. 北京：人民出版社，2006：13.

越，是民族文化传承中的精英"①。

总而言之，2007 年以来，畲族"三月三"节庆活动进入了全面规划发展阶段。这一时期的社区教育活动中的教育者除了社区内的人和政府工作人员，还有非遗传承人、学界人士、畲族文化活动的参演者，参演者不仅包括畲族群众，还包括汉族和其他少数民族的成员等。该阶段，景宁县的非遗传承人越来越多，从国家级到省级、县级等不同层次都有不同类型的非遗传承人。学术界专门研究畲族文化的学者也是教育者，他们思考和分析问题更理性客观，是一支可靠的科学力量，学者们将有关畲族文化的最新成果和重要研究引入"三月三"节庆传承之中，如编写畲族文史资料，收藏和保存畲族古籍等。景宁县畲族文化艺术团的成立扩充了畲族文化教育队伍，畲族文化艺术团的成员不仅有畲族的，还有少数汉族和其他民族的成员，共同参演各类文艺会演，他们都成为某个时空的教育者。

众所周知，受教育者有时与教育者是相对的，在畲族"三月三"节庆社区教育活动中，除了以观摩者为主的受教育者，还有参与节庆活动的受教育者，如社区内的年轻人、畲族文化艺术团的年轻表演者，他们既是教育者，又是受教育者。作为教育者，将传统文化表演传递给观摩者进行学习感知，作为受教育者跟随团队中年长者学习受教。此外，受教育者还有未到活动现场，但是通过网络、电视、报纸等传播媒介间接了解学习畲族"三月三"传统文化的学习者，这些受教育者可以通过直播、复播、阅读等方式重复获取"三月三"传统文化知识，这类受教育者容易被忽视，但却是较为广泛的学习群体。

3. 多元文化整合的教育传承内容

教育内容的组成丰富多彩，"从其涉及的范围来说，包括人类社会各种领域活动的知识、经验和技巧；从其价值来说，它具有发展人的智慧、品德、体力、审美能力和劳动能力等方面的作用；就其表现形态来说，有物质的、符号的、精神的、行为的"②。"任何知识是一种未完成的、在发展过程中的知识"③，所以，畲族民俗节庆的教育内容随着社会的发展也得到了相应的扩充与创新。

---

① 赵世林. 云南少数民族的文化产业与文化传承机制研究［M］. 北京：民族出版社，2010：128-129.

② 叶澜. 教育概论［M］. 北京：人民教育出版社，2006：18.

③ 丁钢. 基于技术的教学：如何重新定位教师角色［J］. 现代远程教育研究，2017（3）：48.

自全国畲族文化发展基地建立以来，每年"三月三"节庆期间，畲乡景宁大街小巷张灯结彩，全国各地数以万计的畲族人民云集畲乡，体验独具特色的民俗民风和畲族风情。各种祭祀活动、民俗表演、山歌对唱、系列展览、经贸活动热闹非凡。节庆活动展现的畲族文化丰富多彩，囊括了多元的文化要素，且在政府的统筹管理下，畲族"三月三"节庆的文化传承活动更具系统性。各项文化活动以《全国畲族文化发展基地总体规划》为基础，坚持畲族文化有形化、项目化和精品化。这一阶段的文化传承内容主要从畲族传统文化的整体性出发进行了规整，囊括了物质文化和精神文化以及制度文化多方面文化事象。首先，维护并建成了一批畲族标志性建筑。完成占地面积26500平方米，建筑面积9000多平方米的畲族文化中心（集图书馆、博物馆、文化馆三馆于一体）；其次，完成了景宁县6座桥梁的畲族特色改造，在县城主要街道、文娱广场、景区沿线公路等地带设置雕塑、景墙等畲族文化景观，形成特色鲜明的"畲族风情走廊"。建设了一批畲族风情景区及民俗表演项目。其中，4A级景区中国畲乡之窗和云中大祭文化内涵也不断提升。"中国畲乡之窗"广泛沿用了畲族迎宾礼仪、新娘礼茶、婚俗礼仪等，《畲山风》《千年山哈》等经典传统文化节目在篝火晚会中得以展示，并编排了《畲山火神节》《洗井泼水节》《对歌节》等歌舞。畲族的传统民俗融合了现代文化元素，畲族民众进行了创新。景宁县政府还对畲族服饰进行了推广，并举办畲族服饰大赛，以传统畲族服饰为基调，努力创新发展，力求将实用性与观赏性完美结合，从而更好地传承畲族服饰文化。另外，畲族标志性歌舞，如《千年山哈》中截取的畲族民歌被改编成广场舞，并进行了推广。具有浓郁畲族风情的广场舞《美丽畲乡等你来》荣获全国首届原创广场健身舞展示交流比赛优秀表演奖。通过统筹管理业余文化团队，进一步带动畲汉群众参与到畲族歌舞活动中来。此外，畲族语言作为畲族标志性的文化，一直受到重视，相关部门通过制定相关方案，在学校以及畲族村寨社区以及广播电视节目中推广畲族语言的学习与交流。

总之，当前畲族"三月三"节庆融入了现代化的元素，是对传统的畲族文化进行选择和创新的过程，该阶段传承的文化主要包括畲族建筑、畲族服饰、畲族民俗、代表性畲族歌舞等文化事象，融入了现代化的多元文化元素，是畲族文化的多元整合。这也说明了在政府和市场集中干预下的"三月三"教育传承，具有了显著的时代特征。总体而言，这一阶段，畲族"三月三"的教育传承内容主要由政府统一制定和安排，政府相关部门邀请畲族文化传承人，根据地方特色、全球化与现代化的文化背景以及畲族文化自身特点制定从宏观到中观直至微观层面的文化活动内容，故而社区教育传承的内容不仅具有多元文化整合的特征，同时呈现出了形式化甚至是制度化教育的特征。

4. 新媒体引领下的多渠道教育传承手段

畲族民俗节庆的教育活动主要在家庭、各类文化活动场馆如博物馆、文化活动中心、文化馆以及非物质文化遗产集市等地开展，"非遗一条街"的打造成为畲族"三月三"节庆的另一大亮点，集文化展演和物品销售于一体，人们在"非遗一条街"可以品尝畲族美食、观看畲族传统文化，进行民族文化交流交往，俨然成为一种新型的文化教育场所。"只有借助于教育媒体，教育内容才可被不同的主体所操作，信息才有传递的可能。"① 畲族民俗节庆的教育传承运用了大量的网络传播媒介，不再局限于口耳相传、行为示范，此外，文本资料更为丰富，景宁畲族自治县相关部门组织编辑了多部畲族语言类的文本，学界有关畲族传统文化的研究亦取得了可喜的成绩。

另外，畲族民俗节庆的具体教育传承方式包括：仪式传承、文化场馆传承、大众媒介传承、图像文化资料等方式。关于文艺会演与节庆仪式传承，每年畲族"三月三"节庆期间，景宁畲族自治县相关部门都会开展大型文艺会演活动，每一届的文艺演出都融合了畲族的传统文化，参演人员以当地畲族民众为主，每一场演出堪称畲族文化视觉和听觉盛宴。畲族"三月三"节庆期间，在少数畲族村寨如东弄村，举行庆典、祭祖仪式，仪式的流程沿袭早期畲族传统祭祖方式，由畲族文化非遗传承人主持完成。据了解，自2018年以来，为了传承优秀的民族传统文化，由政府负责主办"三月三"节庆活动，除了婚嫁仪式仍保留外，其他有关宗教、祭祖仪式逐渐淡出了"三月三"节庆活动。

近年来，作为教育传承手段的文化场馆传承成为大众眼中了解民族文化的"集散地"。景宁畲族自治县建立了畲族博物馆、文化馆、图书馆、非遗传承馆等，内部珍藏了大量畲族传统文化的资料和实物，并配有讲解员讲解。目前这些场馆都是免费对外开放的，便于人们随时学习了解畲族传统文化。再有就是畲族文化工作室，如东弄村畲语畲歌传承馆、畲族彩带传承馆、功德舞馆等，这些工作室性质的传承馆，是以非遗传承人名义申请和设立的。非遗传承人在工作室中开展畲族文化的传承与教学，定期开班或以讲座、座谈会等形式，对外传承和弘扬畲族非遗文化。此类场馆需要通过非遗传承人的教学或亲身示范，属于活态传承形式，成效立竿见影，目前反响较为深远。

① 叶澜. 教育概论 [M]. 北京：人民教育出版社，2006：21.

信息化、数字化与智能化时代，新媒体大众传播媒介的广泛使用已成必然。对此，景宁县电视台通过开设《畲语新闻》《畲山风》等栏目，在中国景宁新闻网推出"全力打造全国畲族文化发展基地"专题，并在《畲乡报》、景宁政府门户网站等传播平台，展示畲乡形象，弘扬畲族文化。另外，景宁县政府还组织建立了"全国畲族文化发展基地"网站。网站共设"基地解读""畲族概况""工作动态""三大工程"等 8 个频道，主要以图文并茂和互动交流的形式全方位、大容量、深度性地对"全国畲族文化发展基地"进行解读、阐释；对有民族文化的政策法规、畲族概况进行宣传和对畲族"三月三"节庆活动概况进行报道。① 近年来，随着网络直播平台的兴起，畲族"三月三"节庆文艺会演被各平台全程直播与推广，世界各地的民族文化爱好者都可以通过网络直播平台观看、学习畲族节庆文化，在线感受畲族民俗的节庆氛围。

此外，还有通过编制文化资料进行传承。景宁畲族自治县先后完成了《景宁畲族语言简本》《畲族民歌集》《景宁古畲语读本》《景宁畲族百年实录》《景宁畲族风俗》，畲族民歌集《布谷闹春》《景宁畲族自治县宗教概况》《绿谷畲风》《鹤溪古城》等丛书的撰写和出版工作，并收集、复印了民间较为罕见的族谱与古籍，为畲族文化研究和发展提供了重要参考，并极大地推动了畲族文化的传承与发展。县民族局已完成畲族文化丛书一套四册的书籍的审稿、书号申请工作。县非遗中心联合相关机构开发了畲族地方课程，县图书馆正逐步加快畲族文化多媒体资源库建设，收集了图像资料、文字资料、文学艺术、传统节日、畲族产业发展等多种形式和多个门类的数据，总量可达 330TB，使群众对畲族传统文化的了解更加便捷。景宁县非遗中心联合县电视台前往东弄村拍摄了非遗项目畲族婚俗纪录片，完整呈现了原汁原味的畲族传统礼仪习俗，为民族文化的传承、保护与研究提供了丰富的资源。② 此外，政府等相关部门还对景宁畲族自治县文化遗产保护的指导思想、工作目标、保障措施和主要任务做了明确的规定，激发了景宁畲族自治县上下积极开展文化遗产保护的工作热情，为景宁畲族传统文化的传承、保护与弘扬提供了强有力的法律保障。

随着文化产业化的兴起，商业旅游成为传承民族传统文化的有效途径。近年来，随着景宁对外招商引资力度的加大以及政府的全力扶持，景宁畲族

① "全力打造全国畲族文化发展基地"专题网站开通［N］．畲乡报，2010-10-12（4）.
② 访谈景宁畲族自治县电视台工作人员 XJ 所得。

自治县以弘扬传统文化为目标，以旅游业发展为契机，大力推进景宁畲族县旅游业的发展，尤其是在畲族"三月三"节庆期间，社会各界投资的文化传承项目与商业取得了可观的收益。如畲族村寨的农家乐、畲家客栈、畲族服饰、"云中大祭""畲乡之窗""非遗一条街"、畲族篝火晚会等传统文化活动融合了商业旅游项目，不仅带动了地方经济的发展，同时利用人们休闲娱乐的时间加深了对畲族传统文化的认知，从而推动了畲族文化的传承。

　　除了以上社区教育传承手段与方式外，在畲族传统文化教育传承过程中，不论是作为教育者还是受教育者，具体的人的行为是推进教育活动的根本力量。教育过程是教育者和受教育者运用多种多样的教育技术手段完成认识活动、形成思想品德、获得基本技能的过程。这些教育技术手段在实际运用中虽然经常是交错在一起的，但用理论抽象的方法，从整体上看基本呈现了语言传授、实际训练、情境陶冶和实践锻炼四种教育手段。语言是具有意义的符号系统，是记录、巩固、存储知识的工具。语言把人们认识活动的成果用词和句子记录下来，传递出去。不论处于何种历史时期，语言一直是畲族人民传承本民族历史文化和知识经验的重要工具，是畲族"三月三"社区教育的重要方法。人的技能技巧、行为习惯、智力体力的形成和发展与知识获得、思想提高不同，教育活动仅靠语言传授是不行的，最有效的方法是练习，"三月三"节庆中的活动需要靠实际训练。在教育过程中，只要受教育者理解，明确了教育者为他们设计的训练程序，他们就可以独立完成训练的任务。畲族歌舞、仪式活动需要受教育者亲自去体验、训练完成，对于参与表演的受教育者更是如此，教育者在此过程中主要起示范、指导的作用。与语言和训练密切相关的教育方法是实践，实践不仅是对语言传授内容的验证和强化，还是对实际训练结果的检验。所以，"三月三"节庆期间的各类文化展演，是最为直观的教育方法。

　　除此之外，情境陶冶也是"三月三"社区教育过程中较为重要的教育方法。在整个教育过程中，它同语言传承、实际训练、实践相结合，构成相对独立的一种教育形式。"陶冶是让受教育者处于活动情境中，利用积极的诱因，使受教育者在身临其境的感受下，潜移默化地受到预定因素的感染与熏陶。"① 陶冶是一种具有普遍意义的教育手段，在各种教育途径中都能发挥不同程度的作用。畲族村寨社区的自然环境、文化环境等隐性氛围都可以起到潜移默化的教育效果，从而发挥陶冶的隐性课堂作用。如畲族村寨的建筑、

---

① 柳海民. 教育原理［M］. 长春：东北师范大学出版社，2007：440.

服饰、装饰等文化环境本身就具有隐性的社区教育作用，虽然陶冶的教育作用不是立竿见影的，但是一旦发生，其影响便具有持久的作用。

（三）社区场域畲族传统文化教育传承的意义生成

景宁畲族"三月三"被列入国家级非物质文化遗产名录后，其文化功能与教育功能被提到了更为重要的地位。随着全国畲族文化发展基地和畲族"三月三"文化发展基地的设立，畲族"三月三"的社区教育内涵具有了全国性乃至世界性的意义，畲族民俗节庆活动逐步实现了民族团结教育、审美教育以及文化自觉教育等功能。这种高层次教育意义的生成是新时代背景下我国民族传统文化教育传承内涵的延伸，对其他少数民族传统文化的教育传承具有重要的示范与引导作用。

1. 增进民族交流，促进民族团结

民族团结不仅包含本民族内部的团结，同时也包含不同民族之间的团结。畲族或是其他任何一个民族在实现个人角色认同和群体角色认同的基础上都有利于促进民族团结。民族团结是国家长治久安的基础，是实现景宁畲族自治县和谐发展的重要因素。景宁畲族自治县历来重视民族团结教育，尤其在全国畲族文化建设基地设立后，景宁畲族自治县通过畲族"三月三"节庆开展了多种形式的民族团结教育活动，不断巩固和发展民族平等、团结、互助、和谐的社会主义民族关系。景宁立足自身优势，以畲族"三月三"文化传承为抓手，结合民族特色村寨建设，深入开展"民族团结进步小康村"创建活动。以民族团结主题活动为基点，在每个民族村设立了一幅固定的民族团结进步宣传标语和民族政策法规、团结事迹宣传栏；同时，把民族团结内容纳入村规民约，融入日常生产生活之中，努力营造民族团结氛围。

另外，还举办了一批少数民族培训班。据景宁县民族宗教事务局雷局长介绍，"景宁畲族自治县每年定期举办四期以上的少数民族培训班，分别是少数民族干部培训班、民族工作干部培训班、少数民族技术技能培训班、暑期学生畲族文化培训班，值得一提的是畲族'三月三'节庆是进行民族团结教育的最佳时期。"① 这些民族团结培训工作着力提升了少数民族群众和干部的素质，进而推动了民族团结事业的发展。当然，畲族"三月三"节庆期间举办的各类文艺晚会也少不了民族团结教育的内容，县政府每年都会邀请其他少数民族和港澳台以及海外华侨同胞共庆佳节，以增进民族团结。由于畲族

---

① 访谈景宁畲族自治县民宗局雷局长所得。

"三月三"系列活动的成功开展，得到了国家民委有关领导的高度认可，2012年，国家民委授予景宁畲族自治县"海峡两岸少数民族交流与合作基地"称号。总而言之，"历史形成多元一体的现状既要承认文化的多样繁荣，又要维护一体中华文化的团结共进"①，民族团结教育的核心是"让各民族人民牢固树立中华民族共同体意识，形成汉族离不开少数民族、少数民族离不开汉族、各少数民族之间也相互离不开的民族关系"②。畲族"三月三"节庆的传承不仅推动了本民族传统文化的传承，促进了景宁县畲族人民内部的团结，同时也与其他地区和其他民族建立了深厚的友谊和良好的民族关系。

2. 提升环保意识，加强审美教育

关于审美教育，黑格尔（Hegel）指出："在和谐里不能有某一差异面以它本身的资格片面地显出，否则就会破坏协调一致。"③ 笛卡尔（Descartes）进一步阐述道："美不在某一特殊部分的闪烁，而在所有部分总体来看，彼此之间有一种恰到好处的协调和适中，没有哪一部分突出到压倒其他部分，以致失去其余部分的比例，损害全体结构的美。"④ 亚里士多德（Aristotle）认为"美是一种善"⑤。美与善的密切关系决定了美育与德育的相互渗透、相互影响与相互作用。教育作为一种导人向善、培养人的活动，是为了实现人的全面发展，基于德、智、体、美、劳全面发展教育观，审美教育是实现人全面发展的一项必不可少的教育内容。当前，畲族"三月三"的社区教育传承融入了审美教育的内容，并且实现了审美教育的意义生成。

审美教育包括审美知识、审美心理、审美意识和审美情感等。畲族"三月三"社区教育中的审美教育，首要的是对畲族传统文化的弘扬，畲族的传统服饰、彩带、银饰和传统器物，蕴藏着精美的纹样和色彩，如畲族的"凤凰装"，色调和谐、美观大方，按照"四色定理"，即选用红、黄、绿、蓝四色，实现色彩图案的边界区分。四种强烈的对比色彩，使色彩既富于变化又和谐统一。畲族的山歌，韵律鲜明、婉转动听；畲族的传统舞蹈融入了本族的历史故事，步伐时而轻盈、时而沉重，生动展现了畲族祖先的传奇故事。自 2007 年，景宁县政府统一举办畲族"三月三"节庆活动以来，每年的大型

① 曲菁. 中国多民族地区文化共建共享研究 [D]. 北京：中共中央党校，2019.
② 万明钢. 中华民族多元一体格局与民族团结教育 [J]. 中国民族教育，2019（6）：21.
③ 黑格尔. 美学：第一卷 [M]. 朱光潜，译. 北京：商务印书馆，2010：181.
④ 朱光潜. 美学文集 [M]. 上海：上海文艺出版社，1984：193.
⑤ 北京大学哲学系美学教研室. 西方美学家论美和美感 [M]. 北京：商务印书馆，1980：18.

文艺晚会可谓审美教育的最佳现场，融合了多种传统文化事象和文化元素，鲜艳的传统服饰、绚丽的舞台灯光……展现了一场场精美绝伦的文化盛宴。畲族"三月三"节庆活动不仅是对传统文化的传承与弘扬，同时也是一种审美教育，充分显现了人们对美好事物和美好生活的追求。景宁畲族自治县不仅重视传统文化的审美教育，更重视文化生态、自然环境的审美教育。为了保护生态环境，景宁畲族自治县利用畲族"三月三"节庆传承的平台，按照新农村建设的要求，以"百村示范、千村整治"、生态乡镇村和卫生乡镇创建等工程为载体，广泛开展农村垃圾、污水、建筑乱堆乱建和杂物乱堆乱放的治理，深入推进改路、改水、改厕等工作，努力改善乡村环境。2018 年，习近平同志在党的十九大报告中再次重申要"树立和践行绿水青山就是金山银山的理念"这一新时代生态文明建设理念，更是加强了景宁畲族人民的审美意识，可以说，这是新时代背景下对审美教育的重新审视。"凡是真正的教育美，它符合教育的发展规律，即蕴含着'真'；它有利于社会的进步，尤其是有利于个体的发展，即包含着'善'；它具有优美动人的形式并且和谐统一地体现着其内容。"① 景宁畲族"三月三"社区教育活动无疑包含了审美教育，不仅包括对畲族传统文化的审美，还包括对当地自然环境和文化生态环境的保护与治理的审美教育。

3. 铭记畲族精神，提升文化自信

"文化自信是一个国家、一个民族、一个政党对自身文化价值的充分肯定，对自身文化生命力的坚定信念。"② 民族文化自信是文化自信的重要组成部分，同时，民族文化是一个民族区别于其他民族的独特标识。畲族传统文化是整个中华民族传统文化的重要组成部分，它有着独特的精神内涵与价值，与其他民族的文化一起共同汇聚成中华民族文化的内在特性，在灿烂的中华民族文化中绽放异彩。畲族是一个古老的民族，最早可追溯至夏商周乃至更久远的历史时期，作为中国南方古老的游耕民族，畲族人民不畏艰难险阻，从原始居住地——广东潮州凤凰山迁徙到浙江景宁等地。历史上的畲族人民，以彪悍孔武、忠诚英勇而著称，与全国各族人民一起同呼吸、共命运，共同投入谋求社会进步的历史洪流中，经受过中华民族共同的苦难与辉煌，尤其是在近代时期，始终同汉族人民一起展开反帝反封建斗争，经受了斗争的洗

---

① 何齐宗. 教育美学［M］. 重庆：重庆出版社，1995：201.

② 云杉. 文化自觉 文化自信 文化自强——对繁荣发展中国特色社会主义文化的思考（中）［J］. 红旗文稿，2010（16）：4-8.

礼和革命的考验。据相关史料记载，浙南畲族地区在全国抗日战争形势的推动下，各种群众性的抗日救亡团体在畲族地区成立，许多优秀的畲族青年前赴后继地奔赴抗战前线参战。畲族精神内涵丰富，品质宝贵，在历史的流变中大浪淘沙而历久弥新，不断地传承下来。一件件关于畲族人民的英勇事迹，为畲族的历史增添了光辉，值得后人学习和弘扬。习近平总书记在浙江、福建工作期间，常前往畲族地区调研，对畲族有着深入的了解和亲切的关怀，充分表扬了畲族人民的勤劳勇敢，并对畲族人民的忠勇精神进行了高度评价。他充分肯定了畲族良好的革命传统，并引述当年叶飞①的评价——"畲族同胞的革命性最强，畲族同胞没有出过叛徒"。在畲族"三月三"的社区教育传承过程中，畲族的斗争史和抗战事迹成为景宁畲族自治县对外宣传的重要内容，不仅表达了对畲族英雄的纪念与感恩，也是一场民族文化自信教育，有利于提升畲族人民的自豪感与凝聚力，有利于增强和增进畲族与其他民族的民族凝聚力与民族情感。

除了光辉的革命历史，畲族还具有民族传统文化和生态文化的优势。景宁畲族自治县设立后，地方政府认识到传统文化的多重价值，深入挖掘传承畲族文化，举办多种形式的传统文化活动，号召各个畲族村寨建立畲族文化传承基地和文化活动中心，促进畲族传统文化与经济发展、民族交流交往的融合。2007年和2008年，畲族"三月三"节庆相继被列入浙江省非物质文化遗产名录和国家级非物质文化遗产名录，这充分体现和肯定了畲族传统文化的历史价值和现实意义，是对景宁畲族自治县和畲族人民的鼓舞，极大地增强了当地老百姓的文化自信，同时更为景宁畲族自治县的全面发展带来了难得的宝贵的契机。在此之前，景宁畲族东弄村已经推出了"畲乡文化大讲堂"，立足本土的特色文化，弘扬畲族精神与文化，依托大讲堂不断普及和传承畲族传统文化，着力提升人们的文化素养，该讲堂还邀请了多位非遗传承人进行授课。文化讲堂的推出得到了汉族和其他畲族村寨的纷纷效仿，进一步提升了畲族人民的文化自信。总之，文化自信教育不是孤立的教育活动，畲族民俗节庆的开展有了政府力量的干预和引导，势必产生国家权力在场的效应，即国家力量成为维护民族团结、促进少数民族发展、提升少数民族文化自信的制度优势。对于景宁畲族自治县的整体发展而言，民族文化自信教

---

① 叶飞（1914—1999）原名叶启亨，曾用名叶琛，军事家、政治家。祖籍福建省南安市，生于菲律宾奎松省，是中国唯一具有双重国籍的开国上将。叶飞曾几次差点被国民党抓走，均由畲族同胞将他保护起来后脱险。

育是促进景宁畲族地方经济、文化发展和人的全面发展的重要精神动力。

4. 传承民族文化，强化文化自觉

习近平总书记强调加强"中华优秀传统文化教育，必须树立文化自觉、增强文化自信"①，"文化自觉"② 最早由我国著名学者费孝通先生提出。"文化自觉"是一个艰巨的过程，融合了理念与实践的过程。全球化背景下，在多元文化交叉融合中，实现文化自觉需要认识到本民族文化的独特魅力及在未来发展中何去何从，这不是一般意义上的个人自我反省，而是走向本民族文化深处的自觉探索历程。此外，也是认知的升华。对于广大畲族民众来讲，就要改变"日用而不知"其特有的仅凭感觉经验、祖承家训的不自觉的传承行为，把对本民族文化的认知上升为一种自觉实践的行动，"每一个个体把自己作为本民族文化的一分子，把本民族文化看作生命的重要组成部分。如此才能把保护传承本民族文化作为每个人的使命，把文化认知内化为自身的信念和行动指南"③。

景宁畲族"三月三"节庆的教育传承实现了由早期的"自然、自在、自发"传承到一定的"文化自觉"传承，其中，文化自觉教育起了非常重要的作用。前文已经介绍，早期畲族"三月三"节庆活动与畲族人民日常的生产生活融合在一起，没有独立出来，从教育形态的严格意义上来讲，还不是正规的教育活动，当时的传承属于村民自发式的传承。随着社会的发展和政府力量的介入，畲族传统文化的传承被提到较为重要的位置，畲族人民的文化心理逐渐受到牵引，积极主动参与到本民族的文化传承活动中来。为了适应社会环境的变化，景宁县在不断的文化调适中选择了适合畲族"三月三"节庆传承的方式。通过统筹规划，在文化传承与创新活动中认识畲族文化本体、反思文化传承现状；通过大型文艺演出、文化场馆展览、"非遗一条街"等众多项目全方位着手，在继承、保护、传承与创新中大力弘扬和发展畲族传统文化，既保留了畲族最具特色的文化元素，又挖掘了具有时代性的畲族文化元素，赋予了畲族"三月三"新的文化内涵。

---

① 教育部课题组. 深入学习习近平关于教育的重要论述［M］. 北京：人民出版社，2019：248.

② 1997年，北京大学举办的第二届社会学人类学高级研讨会上，费孝通用"文化自觉"来标明这个研讨的目的，并进一步阐明"文化自觉"其意义在于生活在一定文化中的人对其文化有"自知之明"，明白它的来历、形成的过程、具有的特色和它的发展趋向，自知之明是为了加强对文化转型的自主能力，取得决定适应新环境、新时代文化选择的自主地位。费孝通. 论人类学与文化自觉［M］. 北京：华夏出版社，2004：194.

③ 雒庆娇. 少数民族非物质文化遗产保护研究［M］. 北京：商务印书馆，2015：301.

文化自觉教育不仅是一种思想观念的教育，同时也是反思教育实践的过程。新时代的畲族民俗节庆活动中，原本的宗教祭祀等带有迷信色彩的活动大幅减少，而作为成人仪式的"学师传师"却依然保留，这实则是畲族人民对传统文化的"批判性继承"。又如畲族婚俗表演常邀请其他国家和其他民族的文化爱好者参与，婚俗表演的形式与流程吸取了汉族的部分习俗，这种"博采众长"的文化意识和实践活动，是对本民族文化的"创新性继承"。正如时任全国畲族文化发展基地办公室主任刘建雄所言："一个民族的文化自觉教育关系到该民族的长远发展，景宁畲族自治县处于现代化程度较高、经济较为发达的华东地区，必须要在学习和吸收主流文化的基础上，传承和创新畲族传统文化，不断提高畲族人民的文化自觉意识，以免被主流文化所同化。"① 新时代背景下，景宁畲族的文化自觉要达到以下几个方面的目标：其一，要自觉自身文化的优势和弱点，扬长避短；其二，要自觉到旧文化的更新和发展，源自新的现代诠释；其三，要自觉到作为全球一员而存在，要审时度势，了解世界文化语境，参与世界文化的重组，成为世界文化新秩序不可或缺的重要组成部分②，从而实现对本民族文化的全面的自觉。换言之，只有真正实现全面的文化自觉，畲族传统文化才能得以创新和发展。

三、社区场域畲族传统文化教育传承的现实阻碍与完善路径

景宁畲族自治县是全国唯一的畲族自治县，同时也是华东地区唯一的民族自治县。畲族作为我国"有语言、无文字"的少数民族之一，其传统文化主要以口耳相传、行为示范的方式进行传播与传承。畲族在长期的迁徙过程中，形成了自身独特的民族文化，并对赋予不同文化符号深层内涵。畲族传统文化的传承发展关系着浙江文化强省的建成与共同富裕目标的实现，也是巩固民族地区乡村脱贫成效、维护民族团结的重要环节。任何事物的发展都不是一蹴而就或十全十美的，畲族民俗节庆的社区教育传承在取得相应成效的同时，也面临着或多或少的困境。本团队多次深入景宁畲族自治县开展民族传统文化创新性传承的田野调查，并以畲族极具代表性的传统节日——"三月三"为例，深入调研与剖析后发现其社区教育传承在取得成效的同时，面临着诸多困境。如传统节日的内涵发生了异变、民族文化选择的狭隘性、大众媒介所带来的负面影响以及文化学习者的缺席等，这也从侧面证实了人

---

① 访谈时任景宁畲族自治县全国畲族文化发展基地办公室主任刘建雄所得。
② 乐黛云. 文化自觉与文明共存 [J]. 社会科学，2003（7）：116-122.

与文化、教育之间相互联系、相互影响的关系，所以，势必要积极采取多方策略缓解畲族传统文化社区教育传承面临的困境。

（一）社区场域畲族传统文化教育传承的现实阻碍

1. 畲族传统节日的内涵发生异变

目前，景宁畲族"三月三"社区教育传承已经形成了"文化搭台，经济唱戏"的发展模式，带动了景宁畲族自治县多个乡镇和畲族村寨的经济发展，畲族"三月三"的经济价值得以充分显现。但是，实现文化的经济功能的同时，也不可避免地带来了负面的影响。如畲族人民的文化心态的功利性倾向有所加重，在开展畲族"三月三"节庆活动过程中，一些居民首先关注是否可以获得经济效益。著者访谈了多位省级、县级非遗传承人，当问及是否愿意参与县里主办的"三月三"大型文艺演出时，一些畲族群众表现出了无奈与不情愿。东弄村村委做了解释："近几年由于纪委相关部门对于经费支出管理更加严格，不能随意发放劳务费用，对于村里的非遗传承人，国家每年已经拨款给予了奖励和资助，所以，县里或村里举办活动通常不会再支付过多的劳动报酬，这也导致一些村民参与活动的积极性有所降低，但是这些毕竟是少数……"① 随着市场经济的快速发展，畲族对外交流、交往更加频繁，受社会功利性与实用性观念的影响，当地一些民众对举办畲族"三月三"节庆活动的认知也发生了变化，无形之中将本民族的传统节日看作经济活动和供人消遣的娱乐活动。畲族"三月三"节庆原先的庄重性、教育性和神圣性逐渐被功利性、世俗性、娱乐性所取代或正在被撼动。畲族"三月三"节庆最初的教育内涵是导人向善，传承畲族优秀传统文化，促进人的全面发展，而当下畲族"三月三"节日的内涵正在发生异变，需要加强对畲族传统文化所蕴含的文化内涵、民族精神以及道德情操的弘扬与阐释。

"优秀传统文化作为一种价值体系，已经成为中华民族的基因，潜移默化地影响着人们的思想方式和行为方式。"② 一种文化的生命力在于其有可传承的物质或精神价值，当本民族主体不认可其传统生活方式、不主动学习和继承本民族文化时，在很大程度上，该民族对其文化价值的认同会降低，其文化的传承就失去了经济价值。但是，"一种文化的传承价值不能完全决定于其经济价值，更多在于保存人类璀璨的文化遗产的需要，这就需要政府和有关

---

① 访谈畲族东弄村村干部 LS 所得。
② 肖群忠. 民族文化自信与传统美德传承［J］. 道德与文明，2020（1）：28.

人士具有超越经济价值的眼光来投入金钱和精力"①。所以，对于畲族文化传承，无论是学界和地方政府相关部门，无论是畲族还是汉族，我们都应该从历史文化传承的角度，以更高的站位和视野思考其传承价值，进而研究其教育传承的内容与形式等，以促进其成为有生命力的优秀传统文化。

2. 节庆过程中民族文化选择的狭隘性

"在教育过程中，教育内容中民族文化总量的多少，在一定程度上制约着民族文化传承的广度；教育内容中是否选择了民族文化的精华与积极的部分进行传承，在一定程度上制约着民族文化传承的深度。"② 当前，景宁畲族"三月三"节庆活动在政府统筹领导下，已成功举办多届。"中国畲乡三月三"成为畲族民俗展示与交流、文化产品会展与销售的综合性平台。景宁县政府对"三月三"节庆活动提出了品牌化、档次化的要求，将景宁原有的文化节、风情节、"三月三"整合成大型节庆活动。畲族"三月三"节庆逐渐成为景宁畲族自治县对外交流和展示的文化名片，围绕这一节庆衍生出了"非遗一条街"、畲族婚嫁表演、篝火晚会等文化项目。畲族"三月三"节庆期间，在县城举办大型文艺晚会，各类民俗活动被安排在不同的畲族村寨，出现了各自为营、独立开展的混乱、零散场景。对于外来游客而言，他们事先对畲族传统文化的整体情况并不了解，很可能通过个别文化场域的文化展演进行判断和片面评价，缺少对于畲族传统文化的整体认知。此外，畲族"三月三"节庆期间，娱乐性、营利性的民族文化资源售卖扰乱了市场秩序，一些碎片化的民俗节日传承如美食街、不纯正的手工艺品等活动影响了人们对畲族"三月三"节庆文化的整体认知。据畲族文化发展办公室工作人员所述，2019 年的畲族"三月三"节庆晚会已完全市场化，改变了以往由政府主办、其他部门协办的方式，转为由企业一手操办。这种转变可能会对人们的文化心态造成消极的影响，企业追求的是效益的最大化，容易片面地关注民族文化的经济价值而不是文化价值，这一转变或多或少地会削弱畲族传统文化传承的教育意义。2023 年，著者再次了解畲族"三月三"节庆的举办情况时，文化活动的举办主体变成了景宁畲族自治县政府，由此可见，当地政府对国家政策的积极贯彻与落实，高度重视民族传统文化的传承与发展。

① 郭少榕，刘冬. 民族文化、教育传承与文化创新——关于闽东畲族文化的传承现状与思考 [C] //福建省炎黄文化研究会，宁德师范学院. 当代视野下的畲族文化. 福州：海峡文艺出版社，2016：83.

② 郗春嫒. 社会变迁与文化传承——云南散杂居地区布朗族研究 [M]. 北京：社会科学文献出版社，2013：155.

3. 大众传播媒介的消极影响

随着现代化进程的加快，畲族"三月三"节庆的社区教育传承方式也日益更新，产生了以电视和互联网为传播媒介的新的传承方式，这一方面为人们了解和学习畲族传统文化提供了便利，另一方面导致人们现场参与文化传承的积极性有所降低，因为网络的娱乐功能远远超过文化传承功能。对于社会大众而言，消遣娱乐的功能已不知不觉蔓延至人们的内心。在传统文化传承场域中，人们将自有文化融于生产生活和娱乐活动，充分调动了群体参与的积极性和主动性，这种自然自发的活动发挥着提升生存技能、促进文化传承以及娱乐交流的多重作用。如今，随着互联网等多媒体平台的大量运用，人们习惯于电子媒介赋予的娱乐方式，一个人或是一家人坐在电视或电脑前，或是每人刷一部智能手机，不假思索地享受着他者文化的乐趣，没有了交流与互动。因为智能电话、互联网的使用与交流更为便捷，"人们的交往方式由远程控制替代了过去直面式的串门、集体仪式等，热衷于关注'远亲'而忽'近邻'，人们的情感逐渐淡漠，沉浸在电子媒介的私密空间中，陷入了群体孤独的怪圈"①。以网络直播最为典型，近年来，景宁畲族"三月三"节庆大型文艺晚会开通了现场直播，导致很多人选择通过网络直播观看，而不是去现场感受节日文化的氛围。这不仅容易造成文艺晚会现场资源的浪费，还会形成一种文化"快餐式"消费心理，不利于畲族传统文化的积极传承，引发不同民族间的矛盾和心理失衡。总之，虽然现代媒体的恰当利用，可以在促进畲族民众生活方式和观念的现代化的同时，传播优秀的畲族传统文化；但是，现代传播媒介在很大程度上改变了畲族民众的传统生活秩序，打破了传统关系的差序格局，使得人际关系逐渐虚拟化，冲击了人际传播来延续文化的传承机制。如何恰当运用现代媒介传承畲族传统文化是畲族文化传承发展中的一个重点和难点。

4. 文化学习者不在"场"

文化传承包括传承主体的传递和学习者的承接，二者是文化传承活动中不可或缺的组成部分。当前，景宁畲族"三月三"节庆的社区教育传承的主体逐渐多元化，融合了政府、企业、民间艺人以及学界等领域的广泛参与，全方位打造"三月三"节庆文化平台，大力推进畲族传统文化的传承与发展。首先，目前畲族"三月三"节庆活动面临一个尴尬的境地，即文化学习者的

---

① 姚磊. 场域视野下民族传统文化传承的实践逻辑［M］. 北京：人民出版社，2016：280.

缺席。畲族"三月三"节庆是景宁畲族最为重大的传统节日，具有促进民族团结和民族发展的重要意义。然而，自改革开放以来，景宁畲族乡村的经济和社会发生了翻天覆地的变化，城镇化是当前经济社会发展中表现最为突出的社会生活实践，城镇人口的变化已引发了乡村社会的深刻变革。从文化传承的主体来看，大批畲族村寨的村民涌入城镇，畲族村落人口数量的消减主要表现为农村大量剩余劳动力的外出务工，村落变成以老人和儿童为主的"空心村"。另外，村落的传统文化在一定程度上面临着"断层"的危机，村落人口数量的消减，直接导致村落文化传承主体的缺失。① 另外，当前畲族村落中一部分文化传承人年事已高，在现代社会，年轻人大都不愿意学习古老的传统技艺，一些传统手工艺等非物质文化遗产面临着后继无人的困境。

其次，年轻一代学习者的缺失。据了解，景宁畲族自治县目前还没有一所正规的高等教育院校，当地的学生只能去异地求学，这就造成了一部分年轻学子错失学习畲族"三月三"节庆文化的重要时机。随着全球化进程的加快和网络媒体的快速发展，人们接受主流文化的欲望更为迫切，而对于地方文化和畲族传统文化的兴趣不高，这些年轻一代的学习者也曾在畲族"三月三"节庆教育传承活动中缺席。另外，处于中小学阶段的学生由于升学压力大，学校开展的民族文化课程流于形式且课时量较少，加之家庭教育中缺乏对民族传统文化的熏陶，该阶段的学生往往成了不在"场"的学习者。随着大众媒体和互联网的发展，畲族"三月三"节庆实现了视频网络直播和在线观看，不少人认为直播更方便，避免了进入文化传承现场的烦琐。事实上，只有亲临文化传承现场才能更为真实真切地体验地方文化和民族文化的浓郁氛围，才能对人的身心产生更有冲击力的影响。这些网络学习者以直播代替进入"文化现场"，从某种程度上说，也是一种缺席，并不能或很少能够对畲族传统文化产生直观而深入的理解。

（二）社区场域畲族传统文化教育传承的完善路径

新时代背景下，现代社会系统的关系网络更为复杂，交织着传统与现代、国际与国内、政治与文化、经济与文化、政府与民众、个体与群体等多重关系，传统文化的教育传承需要立足于本土、放眼国际，从广大文化主体的发展需求出发，既要处理好文化传承中的复杂关系，又要强调社区教育传承的

---

① 曲凯音．乡土文化变迁与文化生态建设——民族地区五村落实证调查［M］．北京：人民出版社，2017：157.

时代意义与协同机制，将少数民族传统文化作为中华民族传统文化的一部分进行教育传承。未来，畲族传统文化的社区教育传承应从以下方面加以完善。

1. 树立终身教育理念，强化社区教育传承意识

终身教育是世界教育发展的潮流和趋势，少数民族社区教育应树立终身教育发展理念，并且从我国的国情、少数民族地区的实情出发，结合实际，因地制宜地探索并形成自己的特色，即以终身教育理念为先导，发展具有畲族特色的社区教育。当前，景宁畲族自治县的社区教育尤其是畲族村寨的社区教育，是依托地方性文化资源而开展的，广大民众还没有树立终身教育的理念。当地的社区教育目的还停留在传承畲族传统文化和促进经济发展层面。这是当下的现实发展所需，但是同时也提醒政府等相关部门，要有长远发展的视角和格局，制定出有利于景宁畲族传统文化传承与社区教育发展的前瞻性政策，积极采取保护性和发展性相结合的措施，不能一味地追求经济的发展，无止境地消费畲族传统文化；以旅游经济带动文化发展的过程中，更要关注保护自然环境和文化生态的宣传和教育；社区教育是传承畲族传统文化的重要途径和方式，但要注意从文化的整体性入手，不能人为地割裂畲族传统文化的系统性与关联性，否则长久以往，将对畲族传统文化的传承与发展造成不可估量的损害。另外，需要不断提升当地民众的受教育水平，并在教育过程中引入和树立终身教育理念，提高人们对于文化发展和社区教育的认识，促进社区教育与经济、科技、文化之间的密切联系，使社区教育成为景宁畲族自治县全面发展的内生动力。

2. 整合社区教育资源，提升传统文化的整体认知

社区教育的发展过程也是整合利用社区教育资源的过程，社区教育资源是社区教育发展的基础。"教育资源是指教育过程中所占用、使用和消耗的人力、物力和财力的总和。"① 那么，社区教育资源则指 "在社区范围内的总资源中，可以调动与支配的，能够满足社区教育需要和保障社区教育活动顺利进行的、可持续发展的一切物质资源和非物质资源的总和"②。少数民族社区教育资源包括有形的物质资源，也包括无形的非物质资源，即隐性教育资源，例如，社区的自然环境、文化环境等无形氛围可以起到潜移默化的教育效果，从而成为社区教育的隐性课堂。少数民族社区教育资源首先较为直观的是显

---

① 朱慕菊，等.走进新课程——与课程实施者对话 [M].北京：北京师范大学出版社，2002：64.
② 庄西真，等.社区治理与社区教育 [M].苏州：苏州大学出版社，2016：136.

性的教育资源，社区内的非遗传承人、非遗文化传承馆、民族传统服饰、民族歌舞、传统手工艺、图书资料等在文化的教育传承实践中起着至关重要的作用。这些显性的教育资源和隐性的教育资源为少数民族社区教育的发展奠定了根基。然而，当前在景宁畲族"三月三"社区教育传承过程中，对于社区教育资源的整合力度依然不够，出现了较为零星和分散的文化传承方式，尤其是近年来乡村振兴和旅游经济快速发展的背景下，形成了一个畲族村寨主办一种文化活动的模式，割裂了畲族传统文化的整体性与系统性，降低了畲族传统文化传承的效果。所以，未来景宁畲族"三月三"社区教育传承应不断整合社区教育资源，通过多种方式把散乱、零散的文化元素聚合起来加以充分利用。具体而言，首先，发挥政府主导的行政整合功能，推进社区教育资源的整合，构建系统完整的传统文化发展体系；其次，发挥市场主导的利益整合功能，在尊重当地民众意愿的基础上，通过市场经济的调节作用，实现社区教育资源的整合和经济效益的提高，在互利共赢中提升人们对畲族传统文化的整体认知；最后，新时代背景下，学界和相关部门必须重视对畲族传统文化的整体性研究，建立畲族文化研究体系，深入挖掘畲族文化资源，推进畲族传统文化的教育传承体系建设。

3. 加大政府支持力度，健全社区教育运行机制

"机制是事物或现象各部分之间的一种关系及其运行方式。"① 社区教育运行机制是社区教育发展的根本，只有符合社区教育自身特点和发展水平的运行机制，才能促进社区教育不断完善。少数民族社区教育运行机制的健全与完善，除了需要借助先进的社区教育理论与运行模式相结合的理论体系外，更需要政府的大力支持。社区教育的运行机制顺利运转需要各方面机制互相配合，如加强理论机制建设，保证社区教育发展的方向；强化制度机制，为社区教育发展提供政策保证；强化领导机制，确立党委主导、政府主管、社区主抓、社会参与的管理机制，协调相关部门间的协作机制，如文化局、教育局、民宗局等；依托地方院校和非遗传承工作室、传统文化研究所等成立社区学院，设立社区教育办公室，安排专业人员负责社区教育的管理和运行；加大经费投入机制，将社区教育专项经费纳入政府财政预算当中，督促社区街道和畲族村寨按照一定的政策要求、发展标准设立社区教育的专项使用经费等。此外，根据民族社区教育的开展情况，建立相应的考核评估机制，把社区教育纳入党委、政府对主管单位的绩效考核内容当中。社区教育运行机

---

① 孙绵涛. 教育管理学［M］. 北京：人民教育出版社，2007：312.

制的完善非一朝一夕所能实现的，尤其是少数民族社区教育具有特殊性，政府和相关部门在大力发展少数民族社区教育的同时，要联系本民族和地区的实际，综合考虑少数民族的心理特征与文化差异，在此基础上，建立健全切实可行的社区教育运行机制。

4. 动员社会各界力量，优化社区教育工作队伍

少数民族社区教育作为区域性的教育活动，想要蓬勃开展，离不开社会各界力量的广泛积极参与。不仅需要发挥政府的主导与管理作用，同时也需要志愿者组织，需要有高度社会责任感和公益心的企业型组织、学者、传承人参与其中，逐渐形成支持社区教育传承文化的良好格局。社区群众既是民族文化的主体，又是文化传承的主体，即使在国家权力的渗透下，社区群众依然是文化传承的骨干和核心。但是，社区教育如果仅有政府和当地畲族民众的参与，而缺少社会各界、各阶层人士的积极参与，也就失去了存在与发展的中坚力量。所以，除了调动当地畲族民众的积极性外，还需要各级政府采取政策措施，鼓励和吸引文化企业、社会团体、民间组织和专家学者等投身于民族文化的社区教育传承。

从学界来说，研究者应该基于"文化合成"和"历史断裂"的理论，对景宁畲族文化形成历程和特点进行对比、分析研究，帮助人们认识畲族文化传承的本质问题，并解决城镇化与保持民族文化资源的矛盾问题。研究者"必须跳出畲族文化就是其本源文化的窠臼，以大众化文化传统传承的眼光促进优秀民族文化传承，解决民族文化资源流失问题；同时，不必要过分强化族群认同，传承对象不应局限于畲族民众。其次，学界应联手与政界、企业界深入研究畲族文化传承方式的创新"①。通过发动畲族传统文化非遗传承人、政府领导人对社区教育传承的广泛宣传，发挥少数民族社区教育的典范作用，鼓励社会各界关心和支持少数民族社区教育发展。如景宁畲族自治县政府利用畲族"三月三"节庆平台，引入海外项目投资、港澳台地区的联谊以及学术界对畲族传统文化的研究等，为畲族社区教育传承民族传统文化起到了助推作用。当前，景宁畲族社区教育工作队伍以政府、事业单位机关工作者以及村委班子、非遗传承人为主，力量依然薄弱，且一些非遗传承人由于年事较高、文化水平偏低，对外交流能力有限，当地畲族文化的社区教育

---

① 郭少榕，刘冬. 民族文化、教育传承与文化创新——关于闽东畲族文化的传承现状与思考［C］//福建省炎黄文化研究会，宁德师范学院. 当代视野下的畲族文化. 福州：海峡文艺出版社，2016：82.

越发依赖政府的引导与管理，这就更需要社会各界人士的广泛参与和帮助，亟须建立一支高素质、高水平的社区教育工作队伍，深入畲族村寨进行因地制宜的引导，进而全方位推动畲族社区教育的发展。此外，还要建立非遗传承人保护机制，非遗传承人作为活态传承的载体，需要抓住时机引导其培养新一代和年轻一代非遗传承人，将即将失传的非物质文化遗产传递和传承给后人，同时，需要将非遗传承人纳入社区教育工作队伍，发挥其在文化传承和教育活动中的积极作用。

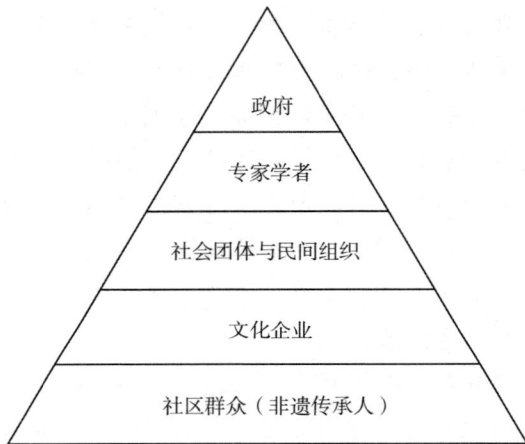

图3.8　民族文化教育传承的主体示意图①

5. 加强立法和行政指导，建立地方性法律法规保障机制

"只有在有序制度和法律环境下文化的发展才能是有序的文化，也只有在制度和法律的保障下，文化的固有特性——民族性、科学性和大众性才能更好地有所体现。"② 少数民族传统文化是中华民族传统文化的重要组成部分，我国已经出台多项政策予以保护。其中，《国务院关于加强文化遗产保护的通知》指定了"国家—省—市—县" 4 级保护体系，要求贯彻"保护为主、抢救第一、合理利用、传承发展"的方针，要求切实做好保护、管理和合理利用非物质文化遗产工作。③ 文化制度建设是所有制度建设中最高级的形态和表

---

① 在民族文化保护正态分布示意图的基础上进行了修改。赵世林. 云南少数民族的文化产业与文化传承机制研究 [M]. 北京：民族出版社，2010：200.

② 曲凯音. 传统村落的文化安全问题辨析：现状与提升路径 [J]. 学理论，2014（33）：135-136.

③ 高萍. 社区教育传承与创新非物质文化遗产的实证研究 [J]. 中国成人教育，2018（23）：141.

现方式，它所反映的是制度建设领域里所达到的高度。当前我国的社区教育尤其是少数民族社区教育还未发展为完全的制度化教育，发展过程中缺少相关政策、制度的规约，需要加强立法和行政指导。景宁畲族早期是一个以宗族和族长为领导的宗族体制，日常生活中的行为规范和教育受宗族制度的约束，且在畲族村寨中宗族制度的隐性作用要远超国家和地方法律规章制度，因为宗族体制内的畲族民众从内心敬畏自己的宗族体制，宗族制度和习惯法有着一定的督导约束作用，族人不会轻易触犯自己的族规。但是，社区教育作为教育活动，其开展必须导人向善，以促进人和社会发展为目的，一些与社会主义发展背道而驰的准则要通过立法以及相关政策进行整治，从而为少数民族社区教育发展提供良好的社会环境。此外，当少数民族的民间法和习惯法与国家的法律政策发生冲突时，必须引起重视，在不能牺牲和损害国家利益的前提下，协调好二者之间的关系。在加强立法和行政指导的过程中，要深入少数民族社区，了解少数民族的文化背景和心理特征，建立地方性法律法规以保障少数民族的权益。另外，对于不符合社会发展的民间法和习惯法，应尽量采取逐步递减的方式，引导少数民族进入社区教育法律法规和政策体系中。如在畲族民众逐步接受现有社区教育政策、法律法规的基础上，不断修改完善其中的实施细节，促进相关法律法规的本土化与地方化，使畲族的社区教育法律法规更加贴合畲族的实际情况，进而推动畲族传统文化的社区教育传承与发展。

第四章

学校场域畲族传统文化教育传承的现场透视

社会变迁或文化变迁会导致民族心理变化。民族心理包含群体民族心理和个体民族心理，族际关系的存在及该群体内部社会生活方式在人们心理上的共同反映即群体心理，而一个民族心理特征就表现在该民族的传统文化之中。[①] 随着全球化进程的加快，乡村社会、经济、教育、文化的全面发展以及与外来文化的相互碰撞，景宁畲族的民族心理也发生了变化，导致其传统文化传承面临着多重危机，尤其是随着近年来畲族与外界社会交流的增多，景宁畲族地区兴起了"旅游热""务工热"，畲族传统文化的生存空间受到了前所未有的挤压，畲族的传统文化更是遭到了强有力的弱化，导致畲族传统文化在主流文化的影响下不断变异。畲族传统文化不能仅仅依靠家庭场域和社区场域内自然自发式的或非正规化的传承方式，同时也需要正规化、制度化的学校教育的援助与支持。

一、学校教育何以要传承民族传统文化

民族传统文化是特定民族的一种生活方式，在学校教育没有产生之前，民族传统文化主要是通过传统的家庭教育、社会教育于生产生活中传承的。在现代化和全球化进程中，民族传统文化的传承方式受到了冲击，因此，人们将目标转向了现代学校教育。教育与文化具有不可分割的密切关系，面对当前民族传统文化传承的困境，作为具有多种教育优势的学校教育，理应肩负起传承民族传统文化的重任。"学校是一个汇聚、传递文化的高级文化体，教育的主要形式是，以不同的文化为主体的学校对人产生不同的整合作用。"[②] 在学校这个场域中，不同的生命个体与文化交融并整合。借助学校这

---

① 井祥贵. 民族传统文化的学校教育传承研究——以丽江纳西族学校为个案 [M]. 北京：科学出版社，2015：68.

② 冯增俊. 教育人类学 [M]. 南京：江苏教育出版社，1998：6.

一制度化教育的优势，民族传统文化在学校场域中能够得到高效传承。

（一）学校教育具有传承民族传统文化之功能

学校作为教育机构，特别是基础教育机构，是知识传递的重要场所，对民族地区青少年的影响最为巨大而深远，故而要充分认识学校尤其是民族地区中小学在民族文化传承中的这种特殊作用。学校是传承优秀民族文化的重要渠道，少数民族及民族地区的中小学在传承优秀民族传统文化方面的作用首先体现为文化的选择。因为民族传统文化本身既能发挥积极的作用也能产生消极的影响，这是民族传统文化在长年累月的积淀中形成的，但随着历史的发展和现代化进程的推进，有些传统文化与社会发展的趋势是相互协调的，而有些传统文化则可能会对现代文化的建设产生消极的影响，所以学校教育在传承传统文化的同时，势必要筛选出优秀的、积极的，有助于学生身心发展并且适合在学校场域内加以传承与发展的传统文化。

此外，学校教育具有保护及传承优秀传统文化的功能。少数民族优秀传统文化在历史发展过程中，面临失传、消失、断层甚至消亡的问题。为了挽救那些优秀的民族传统文化，需要学校教育的弘扬、保护与传承，鼓励学校设置民族校本课程与地方课程，将少数民族传统文化加以传承与发展。另外，学校教育可以赋能文化传承与创新。当前，文化传承的渠道虽然有多种，但学校教育可通过开展多元文化实践活动、组织教师研讨、学生创作、参与社区活动等多样化的方式方法传承民族传统文化。在多元校园活动中传承与创新民族传统文化，不仅能够增加人们对文化符号的认知与理解，同时还可以提升文化传承的效能。所以，在民族传统文化创新方面，不仅要注重继承和弘扬优秀的民族传统文化，还要鼓励对民族传统文化再创造。再创造的关键在于促进民族传统文化与当代社会的发展相吻合相协调，与未来发展的趋势和方向一致，使原来的一些优秀民族文化的素材与要素和现代社会发展相衔接，因为一旦结合得好它就会形成生命力，如果结合得不好，就有可能从此消亡。① 此外，现代学校教育能相对客观、科学地看待少数民族传统文化。学校教育可以通过聘请专家学者对民族传统文化中的知识技能进行筛选，根据学生身心发展的特点以及社会发展的需要选择适宜的民族文化知识进入学校传授，这无疑会促进民族传统文化的传承与发展。

---

① 孟立军. 贵州民族文化传承的课堂民族志研究［M］. 北京：中国社会科学出版社，2017：175.

（二）民族传统文化传承发展亟须学校教育助力

教育是人类社会文化传承的重要方式，教育从诞生之日起就担负起传递人类文化成果的重任，可以说文化为教育提供了内容，教育为文化的传承提供了途径。一方面，文化是人与动物相区别的标志，是人类特有之物，而教育通过传承与传播文化来培养人，通过培养人来传承与传播文化；另一方面，人类通过教育传递并创新文化，教育的过程实际上就是文化传承的过程，尤其是学校教育在民族传统文化传承中具有极其重要的地位。①

教育是增进人们的知识与技能、传承人类文明的一种社会性活动。教育的本体功能是促进个体发展，包括个体的社会化和个性化。人类自进入文明时代以来，经历了漫长的农耕社会。教育之于乡村，在人类文明史上，具有极其重要和不可替代的作用。所以，民族文化传承与教育的选择有其必然性：其一，城镇化、社会化进程中，传统教育传承方式难以适应社会文化的变迁。以景宁畲族自治县的畲族村寨为例，受市场经济快速发展的影响，当地的畲族民众迫切地想改变原有的生活状态，渴望物质生活水平的快速提升，如饥似渴地学习并融入主流文化。传统的农耕生活已经发生改变，畲族家庭组织结构也发生了变化。人们不再局限于社区的活动，畲族青壮年外出务工的爆发式增长，使其后代越来越多地成为留守儿童，同时也出现了大量的空巢老人。新一代畲族孩子，因长期寄宿生活并缺乏父母监护，未能充分接触和学习家族的传统技艺和文化。因此，原本以口耳传承和身教实践为主的畲族家庭教育传统，其影响力正逐渐减弱。随着民族间文化交流交往的增加，信息科技的发展，畲族民众受主流文化的影响越来越深，导致家庭教育的文化传承功能逐渐弱化。据著者调研了解，民族村寨的青少年大多不会讲畲语，因为大部分时间他们都在学校学习汉语，与老师、同学之间的交流使用的都是汉语。此外，社区内的人不再满足于传统的生产生活方式，而是选择走出社区，谋求更好的出路，于是便出现了民族传统工艺传承的断层和短缺。总之，随着传统家庭教化意识淡化，孩童缺乏父母的言传身教和行为示范以及本民族传统文化的熏陶，家庭场域和社区场域的文化传承功能日益淡化。

面对当前民族传统文化的家庭场域和社会场域的消解及其功能的弱化，家庭教育和社会教育在传承民族传统文化方面的作用已经显得力不从心。因此，作为教育体系的重要一环，学校教育应该积极肩负起保存和传承民族传

---

① 毛启宏. 民族传统文化学校传承的困境与出路［D］. 重庆：西南大学，2020.

统文化的责任。学校教育应当将民族传统文化引入校园、课堂、教材、教学，甚至各类教育实践活动，深挖其教育价值，使学生更好地了解和认识自己的民族文化，从而树立正确的传承观念，利用民族优秀传统文化资源来教育学生，这实则有助于实现学校教育的本体功能，进而促进人的全面发展。

（三）学校教育与文化传承是双向互动的过程

学校教育育人的过程，同时也是文化传承的过程。学校教育活动中的教学内容是经过科学筛选而产生的，教育者传递的是民族传统文化中正面的价值规范、思想观念，有助于受教育者树立科学的价值观念和文化心理，同时还能够增加受教育者的民族认同感。但是，现实中学校教育的文化传承功能处于弱势地位，"科学知识"的教授占据了大量时间，尤其在少数民族地区的学校教育中，民族文化传承活动逐渐被主流文化所取代。纵然国家颁布了深化教育改革的相关政策，鼓励民族传统文化进校园，但是不少学校的课程还停留在形式化阶段。我们应该重视少数民族地区中小学开设的民族文化类地方课程和校本课程，不能简单地认为只是增加了几门课，应当认识到正是这些极具特色的民族文化类课程的加入，才使得民族地区中小学的课程结构以及课程内容发生了本质性的改变，从而有助于育人目标的达成。民族地区的校园文化建设是将民族传统文化融入学校环境的一个重要路径。例如，一些民族地区的学校，采取积极措施优化学校的育人环境，如打造特色校园环境文化、校园环境文化，是指校园所处的自然环境、校园规格以及校园建筑绿化和文化传播工具等方面形成的文化环境，通过环境建设，发挥育人作用。

另外，从影响学生学业成绩的因素上看，民族传统文化也应该被引进校园。长期以来，民族教育的理论和实践研究将低学业成就、高辍学率及读书无用等现实问题归因于经济落后和教育投入不足等经济问题，忽视了作为独立个体的学生与其所处的文化、自然之间的连续性和连带性。① 由于国家对中小学布局的调整实施，许多远离家乡的山区学生需要到相当远的学校上学并且寄宿于校，这可能引发民族文化的中断。学生突然置身于以现代文化为主导的学校环境，可能会在心理上产生不适应。如果学校教育，作为学生的主要生活环境，忽视了学生的文化背景和民族思维模式，以及对学生进行本民族生存和生活技能的培养，那么这样的教育就失去了其应有的意义，会让学

① 吴晓蓉，张诗亚. 贵州省民族文化进校园的教育人类学考察 [J]. 民族教育研究，2011（3）：13.

生"无法在社区文化、家庭文化和学校文化之间找到平衡点"①，造成民族文化生境断裂。所以，学校教育作为育人的场所，应当发挥传承民族传统文化的功能，在学校教育与文化传承的双向互动过程中提升学生群体的民族认同、文化认同与国家认同。

二、学校场域畲族传统文化教育传承的实证研究

民族文化是一个民族延续、发展的灵魂，是民族繁荣富强的动力源泉。我国是一个统一的多民族国家，党和政府历来重视少数民族文化的传承与发展，并积极制定各项政策法规支持和保障少数民族文化在学校教育中的弘扬与创新。文化强国是党中央在新形势下的一个重要战略思路，少数民族传统文化发展是建设文化强国不可或缺的内容。② 著者深入景宁畲族自治县的民族院校进行调研，对当地民族院校的文化课程有了更进一步的认知。

（一）学校场域畲族传统文化活动课程概览

科学地将民族传统文化引入校园，是取得实际传承效果的关键。就著者的调查情况来看，目前，景宁畲族自治县的民族中学根据适宜学校发展的原则出发，制定了丰富多彩的地方性课程和校本课程，结合调研搜集的材料，该校致力于传承的畲族传统文化课程主要有以下几种类型：第一种是知识型文化课程，包括文学、艺术、语言和文字等畲族传统文化，学生可以对其进行基本理解；第二种是技能型文化课程，涵盖了通过教师指导和学生实践能够掌握和应用的畲族传统文化，特别是一些艺术形式，如传统乐器、茶艺、舞蹈、剪纸、彩带等；第三种是活动型文化课程，旨在通过校园活动和展示来提升学生的技能，同时体验民族文化的魅力与乐趣，如舞蹈、民俗运动、拳术、摇锅等；第四种是展示型文化课程，主要包括适合在课堂教学和校园展示的畲族历史、文化资源、民俗、人物和文艺作品介绍等。当前，这些传统文化活动课程的设置与开展，获得了学校教师与学生的一致好评，一方面丰富了学生的活动，增加了学生对本民族传统文化的认识与理解；另一方面实实在在地促进了畲族传统文化的学校教育传承。

---

① 吴晓蓉，杨东. 泸沽湖镇摩梭儿童辍学原因调查分析 [J]. 西南师范大学学报（人文社会科学版），2005（7）：92.
② 普丽春. 少数民族非物质文化遗产教育传承研究——以云南省为例 [M]. 北京：民族教育出版社，2010：98.

表4.1 景宁民族中学"快乐周三"部分拓展课程一览表①

序 号	拓展课程	授课教师	年 级
1	畲族传统体育·摇锅	雷永敏、雷夏莲	七、八年级
2	畲族传统体育·龙接凤	韦李伟、吴春美	七、八年级
3	畲族传统体育·采柿子	陈位贵	七、八年级
4	畲族传统体育·赶野猪	刘道伟	七、八年级
5	畲族传统体育·操石磉	梅伟忠	七、八年级
6	畲族传统文化与美术	蔡定燕	七、八年级
7	心灵花园	林红娟	七年级
8	"布妮崽"合唱团	蓝芳、蓝延中	七、八年级
9	影视小屋	徐永平	全年级
10	唱响畲歌	季海芳	七年级
11	唱响畲歌	刘海英	八年级
12	书法艺术（硬笔）	陈可斌	七、八年级
13	书法艺术（软笔）	蓝元高	七年级
14	民族乐器1、2	／	／
15	棋艺天地（象棋、围棋）	周平、毛玉洋	七年级
16	摄影技巧	杨仲广	七、八年级
17	畲语美谈	蓝秋梅	七、八年级
18	畲语基础	蓝秋梅	七、八年级
19	创意素描	柳慧丽、柳育谈	七、八年级
20	方寸天地（篆刻）	／	／
21	墨池飘香（中国画）	／	／
22	巧手剪纸	叶慧丽	七年级

（"／"表示有多位教师参与教学，同时该课程根据情况而开展）

---

① 拓展课程表由景宁民族中学提供。

另外，景宁畲族自治县的民族院校在课改中积极贯彻和实施民族传统文化的传承。为了积极践行《教育部关于全面深化课程改革落实立德树人根本任务的意见》和《浙江省教育厅关于深化义务教育课程改革的指导意见》等系列政策精神，同时为了促进学校课程改革，景宁畲族自治县民族小学进行了大胆的尝试。民族小学以培养儿童气息、民族情怀、国际视野的阳光畲娃为育人目标，构建"七彩课程"课程结构，获得了来自各界的广泛关注，中央电视台中文国际频道《城市1+1》栏目还曾来校实地拍摄畲族山歌课堂教学及传承活动。

据学校办公室主任介绍，该校的基础课程是以学科核心知识为中心，以德育课程为辅助，通过教师对课程内容组构、对典型内容的选择性深入教学来完成学生的基础培养过程。拓展课程是对基础课程的有效补充，它不仅建立在基础课程的基础上，同时也比基础课程更深入、更广泛。其发挥着拓宽视野、整合知识和发展潜力的功能，具有拓展性、综合性、发展性的特征。特色课程依托基础课程和拓展课程主要为了体现景宁畲族文化、民族小学足球文化的课程，该课程旨在弘扬民族精神，传承畲族文化，彰显学校特色，培养阳光畲娃。

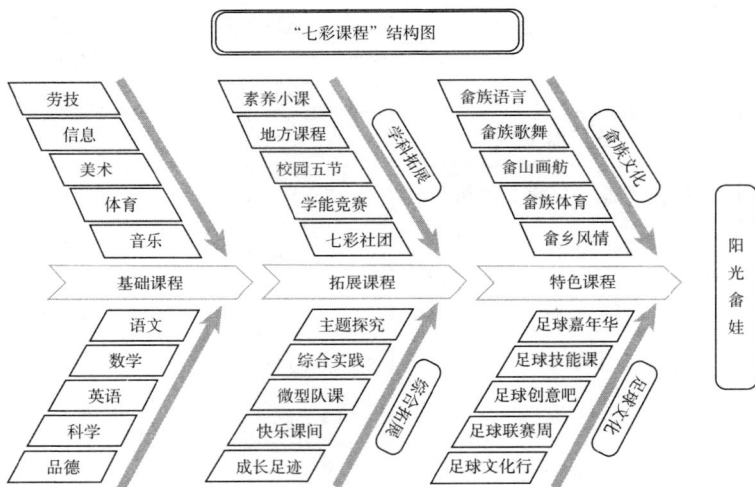

图 4.1 民族小学课程结构图①

景宁民族小学尤其重视畲族文化课程建设，畲族文化课程群开设了畲族语言、畲族山歌、畲族舞蹈、畲山画坊、畲族体育、畲乡风情等课程。其中，

---

① 课程结构图由景宁民族小学提供。

畲族语言课程包括畲语课、畲语小导游、畲语新闻、畲语朗诵等项目内容；畲山画坊课程以课题"将畲族图案融入美术教学"为依托开展畲族手工、畲乡奇石、畲乡版画创作，并将课程成果建设成校园版畲族文化长廊；畲族体育课程编制畲族韵律操，开发了赶野猪、插秧苗、操石磉等畲族体育项目，每年举办亲子民族运动会予以展示。畲族山歌课程编写了校本课程"畲族山歌唱起来"，每班每周安排 1 课时进行教学。总体而言，民族小学充分利用了畲族传统文化开展多元化课程与活动。

图 4.2　民族小学校本教材

图 4.3　民族小学畲族山歌教材

此外，民族小学每年春游、秋游都会组织学生到实践基地，如畲族博物馆、文化馆、畲族非物质文化遗产重点保护村落、文化活动中心等地进行畲族传统文化的实地观摩与学习，让学生参观和体验畲族民俗民风，将课堂理论知识与具体实际相结合。学生们通过观察学习，对畲族传统文化的历史发展、民俗文化有了更深层次的了解与认识。另外，这些课程的设计和综合实践活动的规划，内容和形式上呈现出民族特色、整体性、活动性、地域性和体验性的特点，这与民族传统文化的体验性、趣味性以及实践性特征相辅相成，不仅有利于畲族传统文化的教育传承与创新，同时也是丰富学校教育活动的重要实践。

综合而言，为了更好地传承本民族的传统文化，民族小学在整个课程体系中，以人的发展的全面性、多元性、差异性为着眼点，建立"多元·共享·选择"的课程理念，有机整合国家课程、地方课程、校本课程，拓宽课程平台，挖掘校本特色。课程重本土、有特色，重多样、可选择，逐步形成了体现学校个性化办学的结构性、生成性、发展性的课程体系。学校民族文化课程及多元文化课程的设置对于实现主流文化与畲族传统文化的共同发展，提升学生的民族文化自信自强，以及促进民族认同与国家认同的统一具有重要意义。

（二）畲族民歌在学校教育中传承的现状调查

畲族是一个古老的民族，在长期的生产生活实践中，畲族人民创造了丰富灿烂的民族文化，其中畲族民歌在 2006 年 5 月 20 日被列入第一批国家级非物质文化遗产名录。同时，畲族民歌在景宁畲族的民族学校通过地方课程、校本课程和综合实践活动得到了相应的传承。学校是民族传统文化走向普及化、科学化、规范化的必由之路，具有系统进行民族传统文化传承的功能。①畲族民歌成为景宁畲族自治县学校教育中的重要内容是实然与应然并举的结果。为获得第一手研究资料，自 2018 年至今，著者多次深入景宁畲族自治县，对当地三所中小学进行了调研，通过访谈和问卷调查了解国家级非物质文化遗产——畲族民歌在当地学校教育中的传承现状，以期发现问题并寻找对策，从而推动畲族优秀传统文化在学校教育中的传承与发展。

1. 被调查学校和学生概况

景宁 A 小学、B 中学和 C 中学是畲族学生人数相对较多的学校，故选择这三所学校进行调研。由于我国畲族人口总量较小，所以景宁自治县学校中的畲族人口比重相对较低。调研之时，A 小学在校学生 2177 人，其中少数民族学生 364 人，教职工 134 人，少数民族教师 17 人；B 中学创建于 20 世纪 80 年代，学校以"办景宁人民满意的学校，办有自己特色的教育"为发展方向，在校学生 1728 人，其中少数民族学生 295 人，教职工 121 人，少数民族教师 11 人；C 中学创建于 1997 年，在校学生 1689 人，少数民族学生 288 人，教职工 121 人，少数民族教师 9 人。②调研期间，著者多次采用随机抽样的方法，抽取 310 名小学学生，其中女生 153 人，男生 157 人；抽取 B 中学 247 名学生，其中女生 121 人，男生 126 人；抽取 C 中学 241 名学生，其中女生 117

---

① 钟志勇. 学校教育视野中的民族传统文化传承 [J]. 民族教育研究，2008（1）：111.

② 数据来源于景宁畲族自治县教育局。

人，男生 124 人，并发放 798 份学生问卷，最终回收有效问卷 746 份，回收率为 93.48%。① 据统计，三所学校回收的 746 份有效问卷中，畲族学生占 20.1%，其中，在家庭生活中使用畲族语言的学生比例不足 30%。

2. 学生对畲族民歌的认知调查

（1）对畲族民歌的了解与喜爱程度

通过调查了解到，被调查的三所学校的学生对畲族民歌的了解并不多，大多数学生能够分辨出畲族语言，但是不精通畲族歌曲的内容。小学生中只有 8% 的学生熟悉畲族歌曲，两所中学总共只有 5% 左右的学生熟悉畲族歌曲。调查显示，A 小学的学生对畲族歌曲的学习积极性高于两所中学，低年级的学生对畲族歌曲的兴趣要高于中高年级的学生。受学校课程设置的影响，初中生的升学压力较大，所以著者调研后发现初中生学习本民族民歌的时间非常少。综合而言，不同学龄段的学生对畲族歌曲的喜爱程度有所不同，民族类院校较为重视传统文化的学习，学生对畲族歌曲的喜爱程度较高。

（2）对畲族民歌种类的了解情况

畲族民歌按内容题材可以分为叙事歌、杂歌和仪式歌，其中叙事歌包括神话传说歌和小说歌，杂歌主要包括爱情歌、劳动生活歌、伦理道德歌、娱乐生活歌等，仪式歌包括婚仪歌、祭祖歌和功德歌等。调查显示，学生对畲族歌曲种类了解的情况普遍较生疏，80% 的学生不知道畲族歌曲的种类，只有畲族学生较为了解畲族民歌的种类，其中 A 小学的学生对畲族歌曲种类的了解程度较低。B 中学的学生对畲族歌曲的种类了解情况在三所被调查学校中表现最好，畲族学生均知晓畲族歌曲的种类，汉族学生能够分辨出部分歌曲的类别，总体而言，被调查学生对畲族歌曲的种类了解并不多。

（3）对畲族民歌曲调的掌握情况

著者在调研过程中，采访了畲族民歌传承人，得知畲族民歌的曲调大致可以分为山歌调和师公调。虽然绝大多数学生不会分辨山歌调和师公调，但是并不影响学生学习畲族歌曲。经调查显示，A 小学中 62% 的学生会哼唱畲歌曲调，B 中学中 55% 的学生会哼唱畲歌曲调，C 中学有 40% 的学生会哼唱畲歌曲调。其中，被调查的畲族学生中，不仅会哼唱畲歌曲调，还能用其他歌词或文字带入曲调进行改编的，寥寥无几。当然，调查结果在特定时期不

---

① 调研中，该问卷发放后期由于受疫情影响，问卷回收的结果可能受到一定影响；此外，党的十九大之后，景宁畲族自治县各类院校对于民族传统文化课程及活动的重视程度明显增加，但是由于疫情，部分活动的开展受到了系列客观因素的制约，所以，此次调查结果应是阶段性、动态与发展的。

可避免地受限制，著者后续调研也存在诸多困难，在此进入不同学校、不同班级以及进行多轮访谈过程中严重受阻，所以难免会遗漏一些关键案例或导致研究结果存在误差。

（4）对学习畲族民歌的看法

关于学习畲族民歌是否有用，被调查的三所学校的学生基本给予了肯定的答案，绝大多数学生认为学习畲族民歌有利于学习和传承少数民族的优秀传统文化，有利于增进畲族与汉族的交流，同时也有利于提高学生自身的文化素养。此外，学习畲族民歌有利于提高学习效率，劳逸结合有益身心健康。只有极少数学生认为学习畲族民歌影响正常的课程学习。通过调查了解到，目前学校开设畲族民歌的课程形式主要是选修课，教师传唱能够更精准地教授学生畲族歌曲，同时可以根据学生的掌握情况选择难度适宜的曲目进行传唱，然而学生希望可以通过更多的渠道学习畲族民歌。从调研结果来看，当前除了教师传唱教学之外，学生还会通过网络媒体和民俗节庆学习畲族民歌，同时在家庭和村落中也能获得一定的学习。详见图4.4。

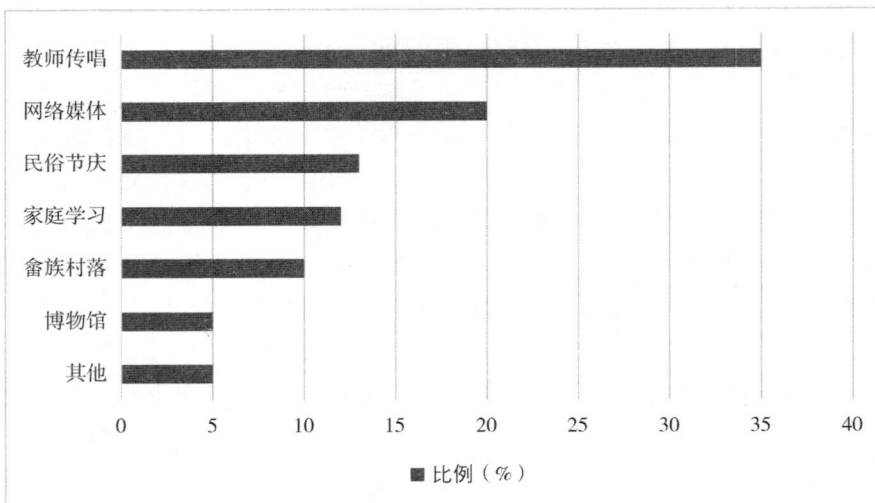

图4.4 学生学习畲族民歌的途径

（三）畲族民歌在学校教育中传承的主要问题

经调查发现，畲族民歌作为畲族传统文化的重要内容，在学校教育中得到了一定程度的传承，但是传承效果有待提升，学校场域中畲族民歌传承主要存在以下问题。

1. 师生对畲族民歌的重视不够

通过调研当地的 A 小学、B 中学以及 C 中学，发现三所学校中 A 小学对畲族民歌的重视程度略高于 B 中学和 C 中学，A 小学周一至周五均安排了音乐课程，而调研的两所中学则只是将畲族民歌作为选修课。在与部分教师和学生的访谈中了解到，由于受升学压力的影响，部分教师和学生认为学习畲族民歌会占用其他科目的学习时间，进而影响主要科目的学习进度。学校管理层也不够重视畲族民歌课程的开设，疲于应付国家和地方的民族文化传承政策，导致教师授课积极性不高、学生学习热情不足等问题。此外，截至著者调研之际，学校暂且没有将畲族歌曲或其他畲族传统文化的学习纳入考核机制，这也间接导致了教师的"教"和学生的"学"缺少高质量的互动，不利于畲族传统文化的有效传承。当前传统的考评方式，淡化了民族传统文化的传承意义，使得教授畲族歌曲的教师处于不被重视的位置，自然难以调动广大师生学习畲族歌曲乃至其他优秀传统文化的积极性。

2. 畲族民歌的教材开发不足

畲族是一个有语言而没有固定文字的民族，虽说畲族没有固定的文字，但是畲族人民依然制造了简单的畲族象形文字，借助汉语拼音辅助畲族语言的学习。正是通过这样的方式很多畲族语言和歌曲才得以广泛流传，学校教育中畲族民歌的学习也离不开文本资料作为参考，三所学校虽然都开发了自己的畲族语言教材，但是关于畲族民歌的教材依旧稀缺。著者从景宁教育局的工作人员处得知，景宁县域的中小学目前没有独立开发的畲族民歌教材，使用的是丽水市统编的地方教材，其中穿插着畲族民歌的内容，畲族民歌在此类教材中所占的比例非常少。虽然景宁县教研培训中心鼓励各个学校积极开发自己的特色教材，但是由于各学校的畲族教师少，汉族教师对畲族歌曲、历史文化的了解尚不够深入，在畲族民歌教材的开发方面存在着较大困难。此外，开发畲族民歌教材需要一定的人力、物力和时间，学校领导和教师对这项工作有些畏难情绪，阻碍了畲族民歌教材开发的进程。

3. 畲族民歌的课程形式单一

民族文化课程的开发主要涉及以下问题：一是课程资源的筛选问题，如何选择优质的民族文化课程资源；二是课程开发的主体问题，包括课程开发的主体、课程建设及保障问题；三是民族文化课程的类型问题，民族文化课程资源丰富，如何科学分类也是必须考虑的问题。通过实地调研发现，A 小学教授畲族民歌主要通过音乐课，周一至周五每天下午都设置了两个课时的音乐课，其中畲族民歌是音乐课的主要教学内容。B 中学和 C 中学教授畲族民歌的主要形式是开设选修课，选修课作为地方拓展性课程的一部分且只有每周三下午两个课时的学习时间。三所学校的课程设置都比较单一，缺少有关畲族民歌的课外活动。调查了解到，学生希望通过更多的渠道学习畲族民歌，如通过网络媒体学习，前往当地畲族古村落聆听纯正的畲族民歌对唱，另外"三月三"作为畲族的一个非常重要的传统节日，学生希望通过类似的民俗节庆活动学习畲族民歌等。中小学阶段的学生更喜欢生动活泼的教学方式和灵活多变的课程形式，然而现实枯燥的课堂教学，"教师唱一句、学生学一句"的传统方式严重降低了学生学习畲族民歌的兴趣，师生缺少互动，教师也疲于教授不受欢迎的课程。

4. 畲族文化师资力量薄弱

畲族作为人口较少的民族之一，分布在浙江省景宁畲族自治县的人口也相对较少。据景宁县教育局 2017 年的数据统计，A 小学当时的少数民族教职工只有 17 人，B 中学的少数民族教职工有 11 人，而 C 中学的少数民族教职工不足 10 人。可见，景宁畲族自治县的少数民族师资尤其是畲族文化师资是极为稀缺的。著者在与调研的三所学校的老师访谈的过程中了解到，学校很少开设有关畲族传统文化学习的培训，地方政府和教育主管部门每年会开设有关畲族传统文化的活动，如 2017 年景宁县教育研训中心主办了关于举行 2017 年景宁县小学"地方文化类拓展性课程"展示评比活动，通过说课和上课的比赛方式鼓励各类学校积极推进畲族传统文化的学习与传承，但是参与此类活动的教师并不多，每个学校只是派出代表参与比赛，大部分教师很难从中受益。此外，学校很少独立设置畲族传统文化教研室，教师间缺少畲族歌曲和民族传统文化的交流与学习，不利于提高教授畲族歌曲或其他优秀传统文化的师资队伍质量。

（四）畲族民歌在学校教育中传承的实践探索

如前文所述，景宁畲族民歌在学校教育传承中面临着多重困境，畲族民歌作为畲族人民引以为豪的非物质文化遗产，如何更好地促进其弘扬与传承，或许可以从校本课程、师资队伍、开展课外活动等方面深入着手。这些创新实践部分学校也有开展，但有待学校教育持续深挖，最大限度地发挥学校教育的民族文化传承功能，促进各民族传统文化百花齐放，同时增进广大师生的民族团结意识和文化认同与文化自信。

1. 开发畲族民歌校本课程

"课程是文化的载体，传递文化是课程的基本使命之一。"① 学校具有传承少数民族传统文化的天然优势，开发校本课程是传承畲族民歌的重要途径。校本课程顾名思义是以学校为本、由学校根据自身情况量身定制的课程，其与国家课程、地方课程相对应，相互联系又有所区分。古德纳夫（Goodenough）认为，"文化存在于文化持有者的头脑里，每个社会的每个成员的头脑里都有一张文化地图，该成员只有熟知这张地图才能在所处的社会中自由往来。"② 学校通过开发畲族民歌校本课程，帮助广大师生熟知畲族民歌这幅"文化地图"，深入理解和弘扬畲族传统文化，将畲族民歌这一国家级非物质文化遗产传承下去。开发畲族民歌校本课程，不仅有利于畲族传统文化的传承，还有利于锻炼学生的想象力、记忆力和语言能力，教师可以运用跨学科的研究方法进行授课以及做科研，达到触类旁通、事半功倍的效果，更有利于弘扬各个学校的校园文化。基于畲族民歌校本课程，各所学校还可以开展互听、互教、互助的交流活动，加强不同学科间的交流与合作学习，尤其是畲族民歌的学习交融，更能迸发出创新思维与视角，从而推动畲族民歌校本课程的建构与发展。

2. 培养畲族民歌师资队伍

畲族民歌在学校教育中得以规范化、系统化传承，不仅要重视畲族民歌校本课程的开发，还要加强畲族文化师资队伍的建设。景宁畲族自治县的中小学教师中较为缺乏畲族文化教师，同时也缺少日常的畲族文化课程知识培训。首先，学校领导层面应加强对畲族民歌课程的重视，对在校教师提出更高的要求，如熟悉畲族民歌的相关知识，了解并掌握畲族的历史、传统文化等，畲族民歌作为国家级非物质文化遗产，同时作为校本课程的研究对象，教师应增强学习畲族民歌的意识和实际运用能力。教师作为学校文化的"名片"，首先要对学校自身的特色文化有着超常的学习能力和领悟能力，以便向学生传授纯正的民族文化。其次，学校要定期开展有关畲族民歌的讲座和评比活动，为广大师生查漏补缺的同时调动学习畲族民歌的积极性，在评比中进行切磋交流、互相提高。最后，学校可以定期安排教师外出培训少数民族传统文化的课程，鼓励教师"走出去、引进来"，学习其他民族先进的传统文

① 金志远. 新一轮课程改革背景下少数民族文化传承与民族基础教育课程改革 [J]. 民族教育研究，2009：53–59.

② 克利福德·吉尔兹. 地方性知识 [M]. 王海龙，张家瑄，译. 北京：中央编译出版社，2004：33.

化和教育教学方法，从而将其借鉴运用到畲族传统文化的相关课程中去，教学过程中遇到的一些困难和疑惑可以在培训过程中与其他专家、学者进行交流、学习、探讨，亦有利于提高自身的民族文化素养和开阔学术视野。

3. 聘请畲族民歌非遗传承人讲学

文化的传承需要鲜活的知识与对象，畲族民歌有着悠久的历史和文化韵律，不同于现代科学知识的学习，弘扬和传承非遗文化更需要非遗传承人的亲身讲述和传授。人的发展具有阶段性，根据中小学阶段学生的身心发展特点，制定因材施教、灵活多样的教学策略才能取得更好的教学效果。学校应聘请畲族文化非遗传承人来校讲学，讲学的形式可以灵活多样，对于教师，可采用专题讲座和培训的形式；对于学生，则可以采取茶话会、座谈会、观摩会以及交流会等形式，也可以根据学生们的要求和喜好采取不同的形式。此外，对于小学阶段的学生，可以尝试教学生如何发音以及模仿经典的曲调；对于初中阶段的学生，可以考虑重点讲解畲族民歌的历史背景、歌曲的题材与形式等较为深层次的知识。随着时代的发展，非遗传承人会越发稀缺，学校应积极探寻当地的畲族文化非遗传承人，聘请其来校讲学，为广大师生传播更为鲜活、更为纯正的民族文化知识。

4. 开展多元化的课外活动

信息科学技术高速发展的时代，丰富了现代教育的方式与渠道。少数民族传统文化在学校教育中的传承方式也应不断丰富，根据畲族民歌的具体内容，采取不同的上课形式、不同的教学方法以及不同的评价方式。著者在调研过程中发现，绝大多数学生表示喜欢课外活动的形式，如走访古村落、博物馆学习、室外的传统体育活动等，课外活动生动有趣，能够深刻体验畲族民歌的历史背景和文化特点，弥补了课堂教学刻板教条的缺点。调查发现，较多学生对畲族"三月三"活动感兴趣，他们认为在"三月三"活动中能够学习更多更有趣的畲族传统文化，其中包括畲族各类民歌的传唱。学校可以利用此类民俗节庆活动，开展现场教学，让广大师生能够在参与和观摩中学习畲族民歌。此外，学校可以引进先进的教学设备，完善硬件设施，采购现代化的仪器设备来提高课堂教学的效率。教师可以利用多媒体、广播、Apple TV、UR、VR等现代教学方式进行畲族民歌的现场教学，调动学生学习畲族民歌的积极性，增强学生对畲族民歌的切身体验与感受，从而提升教学效果。

三、学校场域畲族传统文化教育传承的反思与重构

学校教育尽管以主流教育内容为主，但不是单一的民族文化教育，而是多元文化教育，有利于各民族之间的相互认知和理解，培养具有跨文化意识和视野的民族文化精英和人才。学校教育在民族文化传承中提高了学生的民族自信心和自尊心。在田野调查过程中，著者发现一些学生认为学校组织的民族歌舞活动不仅加深了他们对本民族的传统文化的认识，同时也使他们开始热爱自己民族的文化，提高民族自信心。当然，学校教育还具有保护文化资源、促进民族文化传承和创新等功能，但是由于学校物理空间和制度空间的局限性，民族文化传承的经费不足，双语教师匮乏，民族文化传承教育被排除在升学、考核之外等外部因素的影响，畲族传统文化的学校教育传承面临着重重困境，需要进一步反思并采取有效策略加以改进和完善。

（一）反思学校物理空间与制度空间的局限性

民族传统文化传承通常是在一定的社会空间内进行的，学校教育空间的特殊性使得民族传统文化在学校场域中的传承遇到了各种各样的问题，其传承与发展不可避免地受到了一定的制约。学校教育中的物理空间扮演着重要的角色，它为教育活动提供了必要的场地、条件和物理支持，合理的物理空间是进行学校教育活动的基础条件。物理空间为教育活动提供了可见的空间和场所，而制度空间则通过规定的形式来确立教育教学中的各种关系，形成了一个目标明确、有序的教育教学关系空间，确保了教育教学活动的有序进行。国家针对学校教育的各种政策、学校中的规章制度等规范层面的内容，所形塑的关系空间皆属于学校制度空间的范畴，合理的学校制度空间是学校物理空间得以高效利用、学校教育得以顺利开展的基本保障。① 但是，学校教育传承有其特殊性并受现实制约。所以，一方面要认识到学校教育作为有组织、有目的的制度化的教育活动，对民族传统文化的传承有着不可磨灭的作用；另一方面也应意识到学校教育关于民族传统文化的传承与主流文化的绝对优势相比，显得"力不从心"。

民族传统文化中的知识系统主要包括语言文字和整个传统文化所包含的知识内容，它所表明的是学生对整个传统文化的总体认知情况。学校课程未能为学生提供足够的传统文化知识素材，致使在校学生对传统文化知识的了解和掌握浮于表面，且形式化严重。加之在应试教育和升学压力的影响下，一些学校开设传统文化的课程和民俗活动少之甚少，且很少配有专业的老师

---

① 段兆磊，丁琴. 学校教育传承民族传统文化的有限性探析——基于学校教育空间建设的视角［J］. 教育理论与实践，2020，40（22）：47.

任教，政策层面的支持和督导也难以促进民族传统文化活动的深入开展。此外，由于一些民俗活动的特殊性，如畲族的"传师学师"仪式，主要是在社区村寨中举行的仪式活动，并不适合或很难在学校教育中开展，那么，此类民族传统文化在学校教育中就很难得到传承与弘扬。如果仅依靠学校教育，这些民族传统文化将被逐渐淡化甚至出现"文化断层"，所以当前学校教育在民族文化传承方面心有余而力不足，缺少文化传承的生态环境和文化氛围，难以承担传承民族文化的重任。倘若没有认真反思学校物理空间与制度空间的深层内涵，反而容易导致民族传统文化的传承陷入困境，同时还会影响学校教育的发展。

（二）将地方性知识嵌入学校课程及校园活动

我国民族教育的主要目的有两个：一是容纳少数民族融入主流社会，享受现代化的成果，从而达到民族平等、民族融合的目标；二是保留本民族优秀的传统文化，让他们有自我，能够保留中华民族文化的多样性。[①] 这既是我国民族教育的主要目标，同时也反映了少数民族学生的教育需求。作为在现代学校教育中受教育主体的少数民族学生而言，其需求是既要保留自己的少数民族传统文化教育，同时也要在当前多元文化教育的社会背景下学习先进的现代科学技术和技能，以便满足他们融入主流社会的需求。国家和地方政府在过去的几十年，在少数民族教育方面投入了大量的人力、物力和财力，完善了民族地区的硬件设施和教师资源储备，民族教育取得了较大发展和进步。但与内地或发达地区的教育相比，不得不说还存在明显的差距，而且这种差距还呈现日益扩大的态势。这除了与少数民族地区长期以来积累的自然、历史因素有关之外，更重要的是，长期以来国家教育一直以主流社会的知识为主，少数民族地区课程设置和汉族地区课程设置具有高度的一致性，对地方性知识的价值认识不够，导致地方性知识在少数民族课程中比例不高，尤其是与少数民族息息相关的本土知识严重缺乏，从而造成传统文化和地方性知识的消隐。[②]

因此，在现代学校教育环境下，尽管国家教育和地方教育并存，但来自不同文化背景的少数民族儿童并未很好地学会尊重和认同两种教育的价值观。

---

① 滕星，关凯．教育领域中的国家整合与地方性知识［J］．中南民族大学学报（人文社会科学版），2007（05）：31-34.

② 李卫英．民族学校教育中的隐性力研究——对黔南石龙乡布依族学校教育的田野考察［D］．北京：中央民族大学，2009.

这导致了他们在两种教育之间容易做出极端选择，甚至产生轻视和完全抛弃其中一种教育的情况，使得他们无法在少数民族学校教育和民族社区中积极和谐地生活。对此，巴登尼玛教授曾指出："如果我们仅用与传统文化毫不相关的所谓现代文化去实施学校教育，那么这种教育将是苍白无力的，学校也就没什么健全人格的功能可言……在一个多民族的国家里，国家共享文化的教育实施首先必须尊重各民族成员，必须尊重各民族成员所独享的本民族文化本质和价值实现。在此基础上，国家共享文化才有所维系，共享文化才有雄厚的基础。"① 为此，我国学校教育的发展应该考虑民族地区学校教育发展的特殊性与差异性，在维护国家认同与民族认同的基础上，适当地以民族地区自身的文化传统为根基，实现国家教育与地方性知识的有效整合。例如，不仅应该学习主流文化的知识，还应该学习本民族的传统文化知识和地方性知识，增进文化归属与民族认同，这样才能保证民族文化的可持续发展，保证发展多样化的民族文化。

　　近年来，在政府和各级各类部门的大力支持下，众多学校的"民族文化进校园"活动丰富多样，这不仅是新课程理念的体现，同时也是实现国家教育和地方性知识有效整合的一项重要举措。有学者关注少数民族儿童生活空间的研究②，提出根据不同民族学生的实际生活情景和文化背景，对优秀的少数民族儿童所受用的文化进行筛选后，作为地方性课程或校本课程纳入学校教育，找到民族生活空间的入口，这一方面是对当地乡土社会人文性质的极好回应，另一方面也是保护和传承少数民族文化的重要途径。在具体的地方课程开发上，有学者提出跨省区联合开发民族地区地方课程。根据我国境内各少数民族"大杂居、小聚居"的居住特点和同一民族文化认同的民族心理特点，民族地区的地方课程开发模式可以概括为"国家专门机构统一协作、多省区联合开发、不同层次民族自治区共同使用"③。如景宁畬族自治县的民族学校，地方课程的设计与开发应包括与学生日常生活密切相关的实用知识，如关于当地的农作物、植物、气候、土壤等自然环境条件以及养殖家禽、家畜的知识。这类贴近实际的地方课程能帮助学生更深入地了解他们的生活环境，根据生活环境的规律找到学习与实践的最佳结合点，从而提高家庭和社区的生产效率。这在一定程度上能够激发他们的学习兴趣，推动他们探索更

---

① 巴登尼玛.文明的困惑——藏族教育之路 [M].成都：四川民族出版社，2000：150.

② 陈婷.民族中小学课程中本土知识的导入 [J].民族教育研究，2009，20（03）：48-53.

③ 王鉴.我国民族地区地方课程开发研究 [J].教育研究，2006（04）：24-27.

多知识，同时也让学生的家长真实感受到教育的积极作用。学校教育活动的开展，除了以课程、教材形式呈现，还可以将民族传统文化融入校园活动之中，做中学、玩中学，不仅可以丰富校园文化活动，同时能够积极有效地促进民族传统文化的传承发展。

总之，在我国少数民族学校教育中，既要考虑到国家教育的整合功能，进行普适性知识的传播，又要考虑到当地特殊的社会和人文生态环境，注重地方性知识的传递，实现教育领域内国家"大传统"和地方"小传统"的良性互动，这才是中国教育今后发展的一条正确之道。①

（三）持续丰富多元文化教育理念与实践

近年来，倡导在多元文化背景中重新构建关于少数民族学校教育的理念受到了广泛关注。多元文化教育是以教育中存在的文化多样性为出发点，依据受教育者不同的文化背景、文化特征所实施的教育。多元文化教育的目标是通过有效传承民族文化，保护和发扬人类文化的多样性，以提升学生在多元文化社会中的生活和发展能力。我们必须从学校的教育目标、课程设置等方面进行文化思考。

非物质文化遗产地方课程以各级、各类非物质文化遗产为教学内容，世界范围内的非物质文化遗产种类繁多、形态各异、活态流变，有必要根据一定的原则、标准将丰富、动态的非物质文化遗产进行分类，才能将复杂的内容材料条理化、系统化。② 所以，相关课程目标也应得到不断细化和丰富。少数民族地区的基础教育课程设置目标应该是多元的。多元课程目标设置的核心内容是学生对文化内容的选择。在学校设置的国家统一的课程外，适当添加地方性校本课程，内容包括本民族传统文化、当地的生产经济以及在当地的生存技能等。这些校本课程的内容贴近学生的生活，能充分调动学生学习的积极性和主动性，增强学生的学习动机和学习自信心，在学习的过程中不断调整自己的短期目标和长期目标。只有通过加强学校培养目标的多元文化选择、充分重视多元文化教育，才能保证课程内容及教育方式等具有多元文化品质、校本特点及其本土适应性，保障一个民族赖以生存和发展的根基，也才能使少数民族学生具有跨文化交流意识与能力，帮助其在主流社会和民

① 滕星，关凯．教育领域中的国家整合与地方性知识［J］．中南民族大学学报（人文社会科学版），2007（05）：31~34.

② 张茂才，张伟民．科学学辞典［M］．成都：四川省社会科学院出版社，1985：21.

族社区中更好地融入与适应。

多元文化教育理念与实践不仅针对基础教育阶段，还可以将这一发展模式运用到少数民族职业院校等。有学者建议在少数民族地区的农村、县镇或地级市、区适度发展高中以及更高级别的教育，并在民族社区建立社区职业学院，通过提供针对本地需要的职业技术教育资源，如根据当地产业发展的趋势开设产业发展所需的新技术课程，以培养符合产业、社会发展的高质量人才。具体可以在我国少数民族地区举办专业职业学院，为当地的民族社区培养建设人才，这种贴近当地民族发展的职业教育，既"可以部分地满足农村孩子上大学的愿望，又能真正为农村培养一批适用人才，可以在一定程度上缓解农村经济贫困与人才缺乏的恶性循环"①。

（四）"双减"背景下民族文化传承与升学的博弈

2021 年 7 月，中共中央办公厅、国务院办公厅印发《关于进一步减轻义务教育阶段学生作业负担和校外培训负担的意见》。"双减"政策出台的目的是通过加强学校教育，提高学校课堂教学质量，优化作业布置，提升课后活动质量，减轻学生的课余负担，达到提升学生的综合素养、构建教育良好生态的目的。但是"双减"政策出台后，著者深刻感受到了当地学校教师、学生家长和广大学子内心的微妙变化。对于学校、教师而言，"双减"政策的出台，并没有从本质上减掉教师肩上的考核重担，升学率依然是民族院校教师关注的第一任务，"替换课程"现象依然存在。当然，这是著者长期穿梭于田野点，在构建较为信任的人际关系的基础上所获得的当下结果，民族院校或者说当地所有学校都不愿意对外袒露这"公开的秘密"。在升学考试的指挥棒影响下，民族传统文化的教育传承虽然受益于学校教育的制度化优势，但是其传承效果依然不尽如人意。据著者与景宁民族小学的学生家长聊天后得知，他的孩子作业量表面看似减少了，因为周一至周四期间，每天放学无须将书包带回家了，但是老师布置的"素质教育作业"强度明显增加了。正如 LWJ所言："每个星期五带书包回家，平时没有硬性作业，但是老师要求孩子自己种胡萝卜，每天浇灌、拍照片，最后还要将整个生长流程画出来，要么就得把照片打印出来，旁边还得配上文字描述胡萝卜的生长情况……我家孩子才

---

① 余秀兰. 乡土化？城市化？——我国农村教育发展的困境与出路［J］. 江苏教育研究，
　2008（07）：17-22.

一年级，字都不认识几个，别谈写这么多了，这基本上成了家长的作业！"①
不难看出，一些家长认为他们承担的育儿责任更重了，这与官方部门公布的
数据貌似有些出入。当然，政策的执行与落实，以及给予受教育者以及家长
的感受也是因人而异的，访谈结果具有主观性与时效性，而且对于一个事物
的看法总是发展变化的，我们应该秉持包容开放的态度来认知与理解。

2021年11月1日，官方提出"双减"100天之际，20多万中小学校和1000
余万教师克服重重困难，课后服务覆盖率超过99%，学生参与率达到90%，
94.9%的学校绝大部分学生能在规定时间内完成作业。据中青报调查，72.7%的
受访家长反映教育焦虑有所缓解。② 但是，著者与当地群众多次交流后，时常
感受到家长们的焦虑情绪，一部分家长认为他们的孩子将来有可能被分流，家
长自身不具备辅导孩子作业的能力与专业知识，担心自己孩子的升学将成为最
大问题，更别提传承本民族的文化了。至此，可以看出大部分家长对于职业教
育还没有树立足够的信心，他们不希望自己的孩子被分流出去，如果升学的目
标都难以实现，那么，传承民族文化这一精神层面的需求便不会那么强烈。此
外，据了解，由于当地学校积极贯彻相关政策，广泛开展地方性文化课程，提
倡弘扬和传承本民族的传统文化等多种活动，家长们表示力不从心，既希望自
己的孩子能够多方面提升自身的素质，又对过于灵活和考验家长能力的作业表
示无奈。民族文化传承活动在没有列入必修课或必考科目之前，仿佛当地人很
难直面其重要意义；学校教育承担着传承民族文化，促进学生全面发展，构建
精品课程，提升学校的竞争力等多重任务，其是否能够实现民族文化传承与升
学的双重目标需要多方力量的配合与支持，也非短期所能达到的。但著者依然
相信在"双减"政策的引导下，新的教育生态已悄然建立，只不过还需要多一
点时间加以改善。民族文化传承与发展需要学校、社会、家庭共同凝聚合力，
逐步推动民族文化传承与升学需求走向平衡。

① 来自与景宁某小学的学生家长 LWJ 的谈话。
② "双减"100天，教育在发生怎样的改变？[EB/OL]. [2021-11-01]. https：//new. qq.
com/rain/a/20211101A093SP00.

第五章

畲族传统文化传承发展的问题审视与应然旨归

　　每一个民族都要在现代化与传统文化之间寻找平衡，丧失现代化将意味着民族的贫困，丧失传统文化则意味着民族的消亡。① 随着现代化和全球化进程的深入，许多优秀民族传统文化遭受着西方国家外来文化的侵蚀。教育虽是文化传承与创新的重要手段，但是当前家庭场域、社区场域以及学校场域的民族文化传承尚未发挥合力，传承内容与传承方式的简单化以及彼此之间的沟通脱节，必然会导致民族传统文化的教育传承面临后继无人、传承断层、逐渐异化甚至消失的困境。所以，从理论与实践层面加强民族传统文化的家庭教育、社区教育和学校教育之间的融合，促进民族传统文化的弘扬与发展成为当务之急。

　　中华优秀传统文化已经成为中华民族的基因，少数民族优秀传统文化作为中华优秀传统文化的组成部分，其文化场域的教育传承具有重要的历史和现实意义。通过文化场域的教育传承和发展少数民族传统文化是我国新时代文化强国战略的重要组成部分，也是坚定文化自信、建设文化强国的重要途径和必然选择。民族传统文化的优良传承是新时期人民的美好精神需求和物质需求通过教育实现平衡和充分发展的现实体现，也是"发挥教育推动社会治理体系建设、形成科学文明生活方式作用的良好载体"②。

一、畲族传统文化教育传承的积极成效

　　畲族传统文化的教育传承在多元文化场域中得到了深入发展，不仅实现了人与文化、教育的双向互动，还取得了实质的成效。如畲族传统文化得到了传承与弘扬，畲族人民的文化自信进一步提升，畲族内部以及与其他民族

---

① 哈经雄，滕星．民族教育学通论［M］．北京：教育科学出版社，2001：370.
② 高萍．社区教育传承与创新非物质文化遗产的实证研究［J］．中国成人教育，2018（23）：144.

之间的关系更为团结密切，景宁畲族的地方凝聚力和经济发展水平也得到了进一步提升，成为畲族全面可持续发展的重要动力。

第一，畲族传统文化进一步弘扬。如畲族"三月三"节庆活动展示了畲族传统文化的精粹。通过多元场域再现传统节庆仪式，如吃乌饭、对山歌等传统节庆活动，同时还展现花鼓戏、民间花灯、畲族彩带等畲乡优秀传统文化，不断创新活动仪式，引领人们感受悠久深厚的畲族文化。具体体现在举办"乌饭节·团圆宴"、乌饭盛典、畲舞庆宴、山歌送福等活动仪式，尝试以电视娱乐节目的形式，打造盘歌品牌，切实增强了传统文化活动的参与性和观赏性。其次，举办传统体育竞技活动，鼓励社会团体参与其中，人民群众可以体验畲族传统体育的美妙。经过多年的打造，畲族传统体育已经成为"中国畲乡三月三"节庆极具畲族风情的活动之一。另外，"三月三"节庆期间，还会组织传统文化赛事，如畲乡摄影大赛、畲族服饰设计大赛等，切实推动了畲族传统文化在更高层面、更广范围的传承和弘扬。此外，景宁县政府组织收集民族村中散落的古书籍，先后完成 1200 多册古籍的整理；对 30个民族特色文化进行摄像、录音，抢救了"传师学师"等一批濒临失传的畲族文化精品，培养国家级文化传承人 2 人、省级文化传承人 23 人、市级文化传承人 35 人以及县级文化传承人 64 人，并在 10 多个民族村建立了畲族文化传承基地。[①] 其间，景宁畲族东弄村还被评为了省级非物质文化遗产重点保护村落。

文化传承是"传"与"承"的结合。文化传承首先需要进行文化选择，同时需要保存、保留原有的优秀传统文化，并不断开发新的文化元素。党和政府相关部门以非物质文化遗产的保护和发展为基点，于景宁畲族自治县建立了全国"畲族文化总部"，组建了一批畲族文化传承展演队伍和文化展示中心，如东弄村的畲族农耕展示馆、畲族文化活动中心等。为了更好地保护和传承畲族传统文化，景宁畲族自治县建立了畲族民歌、"传师学师"、畲族服饰、畲族语言、畲族彩带等传承基地，围绕畲族"三月三"节庆活动开发出了"非遗一条街"和畲家"十大碗"等文化项目。为了保护与畲族相关的古籍，景宁县还建立了畲族博物馆和文化馆，珍藏了数万件珍贵稀有的畲族非遗物件。值得一提的是传统文化的传承与发展，不仅需要保护文化主体及其本身，还需要对自然环境和文化生态环境进行保护。为此，景宁县政府和相关部门投入专项资金，用于民族村寨建设，以特色民居的保护和改造为重点，

---

① 资料与数据统计来源于畲族传统文化基地办公室。

尽力彰显畲族建筑特色。东弄村作为非物质文化遗产重点保护村落，在畲族传统文化的教育传承活动的开展方面有着较大的影响力，2018 年还荣获了畲族"文寨"的美誉，彰显了该村在文化传承与保护工作方面的卓越贡献。

第二，畲族文化自信进一步提升。首先，景宁借助"三月三"文化品牌，积极争取国家、省、市和专家学者的支持，并借助家庭成员以及社区教育活动建立了"中国畲乡三月三"活动品牌。通过与高端品牌节目合作，依托中央、省级媒体的知名度和传播力，向全国人民宣传了"中国畲乡三月三"传统节庆。目前举办了十几届大型节庆活动，切实提高了传统节庆活动的规模和档次。其次，争取到社会团体协会的支持，借助团体协会的支持与帮助，扩大"中国畲乡三月三"节庆活动的对外影响力。2012 年畲族"三月三"活动开幕式上举行了国家民委授牌景宁县"海峡两岸少数民族交流与合作基地"的仪式。多年来，景宁畲族自治县高度重视开展两岸各民族交流，多次成功举办海峡两岸各民族欢度"三月三"节庆活动，并与台湾少数民族开展了多项文化交流活动，对台湾少数民族交流工作有一定的工作基础，因此，为鼓励和支持景宁县进一步开展两岸少数民族交流与合作，国务院台办、国家民委为景宁县授牌，这也是首个"海峡两岸少数民族交流与合作基地"。[1] 此外，邀请了文化名家发挥其作品的宣传影响力，拓宽了宣传"中国畲乡三月三"节庆的方式渠道。景宁畲族自治县相关部门先后与浙江省作家协会、书法家协会、音乐家协会联合组织"作家当畲族人民""书法名家写畲乡""音乐家畲乡行"等"三月三走畲乡"活动，创作歌曲《和凤凰一起飞》《千峡湖》系列展现畲乡独特风情的文艺作品，以文艺的形式较好地传承了"中国畲乡三月三"节庆文化。为了吸引更多宾朋好友了解畲族传统文化，营造"未见其人先闻其声"的氛围，景宁以"中国畲乡三月三"节庆举办为契机，切实加强对外宣传工作，进一步提高了畲乡景宁的知名度和美誉度；并通过现代化的大众媒介对畲族"三月三"节庆进行宣传，浙江在线新闻网站和中国景宁政府门户网站，均建立了"中国畲乡三月三"专题网页，全过程跟踪报道"三月三"节庆系列活动，全方位宣传景宁畲族传统文化，畲族人民的文化自信和文化自觉意识得到了全面的提升，畲族人民并积极参与到本民族文化的传承与保护工作中。

第三，民族团结进一步加深。"中国畲乡三月三"的教育传承发挥了传承

---

① 刘承思. 牵手新畲乡 相拥两岸情——畲乡三月三活动开幕 [EB/OL]. [2012-03-26]. http：//www. taiwan. cn/xwzx/bwkx/201203/t20120325_ 2402137. htm.

民族传统文化的桥梁和纽带作用。首先，节庆活动的举办融合了畲族与汉族以及其他少数民族的共同努力与辛勤汗水，是各民族齐心协力共创的结果。其次，畲族"三月三"节庆活动中通常会举办一批民族工作成果展，向公众宣传民族政策和民族工作成果，如"1231"示范工程，创建了 10 个民族团结进步小康村，至今已评选出 20 多个民族团结进步先进个人和 30 多户民族团结进步示范户等，进一步增强民族凝聚力和向心力。此外，自政府主办"三月三"节庆以来，每年邀请少数民族代表及港、澳、台地区同胞共同参加"三月三"节庆活动，增进民族同胞感情，推动各民族交流交往，使"中国畲乡三月三"节庆成为全国少数民族文化交流和各地区团结融合的综合平台。历届"三月三"节庆期间，还举办了海峡两岸民族乡镇座谈会，搭建两岸乡镇代表畅谈交流平台，来自两岸的专家、民族乡镇工作者围绕"发展民族经济"课题，畅所欲言，融智汇力，进一步增强两岸各民族友好情谊。① 与此同时，畲族"三月三"节庆系列活动的成功举办，得到了国家民委有关领导的高度认可和赞赏，并授予景宁畲族自治县县委"海峡两岸少数民族交流与合作基地"的荣誉称号，充分肯定了畲乡"三月三"节庆传承的民族团结意义。当然，畲族"三月三"节庆活动的举办，不仅拉近了海峡两岸的距离，也促进了畲族与汉族和其他少数民族之间的交流交往交融，有助于更高层次的民族团结与民族复兴。

第四，地方凝聚力进一步提升。自 2007 年以来，每一届"中国畲乡三月三"节庆的筹备工作人员队伍来自各个单位抽调的优秀干部和群众。节庆活动筹备期间，工作组成员各尽其责、各司其职、高效优质地工作，有效地检验和锻炼了畲乡干部素质队伍，提升了领导干部的组织能力和工作水平，也展示了畲乡人民求真务实、砥砺前行的风貌，发扬了畲乡人民坚韧不拔、敢闯愿试的精神。通过"中国畲乡三月三"节庆的社区教育传承活动激发了人民的干事热情，各类活动的开展，呈现了当地民众的美好愿景，激励了广大人民群众的奋斗热情。全县上下通力配合凝聚了力量，在节庆举办前的筹备过程中，各族各界群众以主人翁的姿态积极参与、鼎力支持，形成了人人支持和参与节庆的良好氛围。此前"三月三"节庆期间举行的"你我携手·再创辉煌"手印采集聚力活动，深入城镇乡村，采集了 2000 多枚手印②，见证

---

① 陈建樾. 中国民族地区经济畲族调查报告（景宁畲族自治县卷）[M]. 北京：中国社会科学出版社，2015：156.

② 陈建樾. 中国民族地区经济畲族调查报告（景宁畲族自治县卷）[M]. 北京：中国社会科学出版社，2015：157-158.

了畲乡发展的轨迹，表达了每位畲乡人的自豪感和共创美好未来的信心，巩固了家庭场域、社区场域以及学校场域的文化传承教育功能。

第五，畲乡经济进一步发展。景宁属于典型的山区，素有"九山半水半分田"之说。特殊的地理环境，加之早期交通闭塞，形成了以农业、林业、畜牧业、淡水养殖业、水利为主的传统经济结构，尤其是在 21 世纪之前，景宁的农业在经济生活中占据主导地位，农业生产技术、经营方式落后，工业基本空白，商业发展滞后。21 世纪以来，景宁的经济发展迎来了诸多有利形势和机遇，在党中央、国务院和上级政府部门的关心下，景宁充分发挥民族自治政策优势，立足生态优势，突出民族特色，借助畲族传统节庆活动的开展，利用畲族传统文化的文化价值，景宁县全力开发了乡村风情旅游业，充分发挥民族村的民族旅游资源优势，把民族文化旅游业作为新的经济增长点加以培育。随着民族文化旅游项目的创建，畲族乡村产业结构调整明显，畲族人民的增收步伐加快。围绕畲族古村落建立的"茶叶村""毛竹村""药材村"等特色产业，带动了当地旅游经济的发展。据统计，近十年，畲族农民人均收入增速高于全县平均水平，肯定了文化对于经济发展的积极作用。

二、多元场域畲族传统文化教育传承的问题审视

传统文化与现代文化的交叉与碰撞，形成了复杂的文化场域。在场力的辐射下，推动传统文化与现代文化同向或逆向而行，最终促成三种具体情形：融合共生、对立冲突和隔离边缘化。① 在少数民族地区，文化的融合与冲突是极为显著的，景宁畲族传统文化面对传统与现代的交融，其文化传承也面临着一定的生存困境。

（一）场域消解：社会变革与西方国家强势文化的长期侵蚀

民族文化传承总是在社会系统中发生，其教育传承方式、传承内容等发生变化，不得不从国际、国内社会大系统中加以分析。自近代以来，西方发达国家惯用文化濡化的策略，以西方社会的文化传统和价值观来影响中国民众的生活习惯。如历史上，西方国家曾派遣了大量传教士到中国乡村布道，后又以科技、文化、民主、人权等包装其内在文化，将西方价值观和文化内涵渗透至我国民众的日常生活，导致我国传统文化和文化生态受到了一定程

---

① 孙杰远，刘远杰. 融合与认同：少数民族文化传承及其路径［J］. 中国民族教育，2012（1）：7.

度的冲击，阻碍了我国优秀传统文化的传承与发展。有学者提出近年来愈演愈烈的中国人"出国热"，在很大程度上是源自西方文化濡化的一个重要结果，而这些出国的人群又以中国社会精英为主体，仅从文化传承主体角度来说，势必带来一定的损失。中国社会自进入现代化进程以来，尤其是改革开放后各方面的快速发展，经济结构、社会形态发生了重大变迁，人们的思想观念、生活方式发生了翻天覆地的变化，推动着传统村落、古老乡集、城市老街等传统社会共同体的空心化与消逝。① 空间的变迁与消失往往意味着文化形态的变迁与消失，它直接与人的生存意义相关联。"与以文字记载的历史不同，空间所承载的文化特性是不可逆的，一旦消失则意味着一种生存方式及其所承载文化传统的消失。"② 因此，传统场域消解的本身是文化实践空间消失和民族传统文化衰退导致的严重后果，进而阻碍了民族传统文化的传承与发展。著者在调研中发现一些传统畲族村寨"空心化"越发严重，畲族"三月三"节庆演化成当地政府旅游开发的载体，在传承过程中，虽然尚存部分传统文化因子，但充斥着更多的现代化气息，在一定程度上较难感受到民族文化的厚重与底蕴，甚至一些传统文化符号被主流文化强行异化，其内涵也发生了相应的变化，这些问题若放任不管必将引起更严重的后果。所以，势必要反思及厘清这种传承方式是否遵循了民族传统文化的创造性转化与创新性发展的规律。

基于"民族文化传承场"是一种"文化精神背景"叠加"特定时空间"和"特定活动群体"而形成的"三位一体"的保障文化传承有序进行的中介实体，"传承场与民族文化保护与传承之间是一种根本的互生关系"③，传统场域的逐步消解意味着民族文化赖以生存、发展的土壤根基遭受破坏，势必要引起政府和社会各界的重视。

（二）场域实践：民族传统文化传承场域的开发利用不充分

在高度分化的社会里，社会世界是由具有相对自主性的社会小世界构成的，这些社会小世界就是具有自身逻辑和必然性的客观关系的空间，而这些

---

① 姚磊. 场域视野下民族传统文化传承的实践逻辑［M］. 北京：人民出版社，2016：256.

② 车玉玲. 空间变迁的文化表达与生存焦虑［J］. 苏州大学学报（哲学社会科学版），2013，34（04）：48-52.

③ 和继全，和晓蓉. 传统节日的文化传承与多元民族宗教和谐功能——以香格里拉白地纳西族传统节日"二月八"为例［J］. 思想战线，2009，35（S1）：4-8.

小世界自身特有的逻辑和必然性也不可化约成支配其他场域运作的那些逻辑和必然性。布迪厄认为，场域是社会世界高度分化了的一个个"社会小世界"，一个"社会小世界"就是一个场域，如权力场域、经济场域、艺术场域、宗教场域等。这就是场域与生俱来的相对独立性，它是不同场域得以存在的依据和相互区分的标志，表现为不同的场域具有不同的逻辑和必然性，即"每一个子场域都具有自身的逻辑、规则和常规"①。从场域的教育类型和空间来看，家庭、社区和学校都是民族文化传承的关键场域，但是文化传承的效果如何还是要看场域的利用程度。

文化是社会构成的重要参数，同时也是人类社会化的重要中介。任何民族成员的社会心理、习惯、性格、行为总是与一定的民族文化环境密切相关。② 家庭、社区和学校都是重要的文化传承场域。家庭既是生产组织体，也是一个人成长的栖息地，更为重要的是儿童接受文化熏陶，完成社会化过程的主要场所。而学校教育在文化传承中也发挥着较大作用，能够以制度化的方式高效传承民族文化，同时，由于政策的引领与监督，民族文化传承过程中逐步有了规范化的文本传承。可以说，家庭、学校是民族文化传承的小环境，而民族地区或民族社区是民族文化传承的大环境，这三种教育传承方式相辅相成，共同构成了民族文化传承的社会环境。没有民族文化传承的社会环境的支持，民族文化的教育传承则无从说起。当前，在某种程度上，景宁畲族自治县的畲族传统文化传承呈现出同质化倾向，不同畲族村寨所举办的活动大同小异，每年举办的节庆活动不论是参与人员还是活动形式较为老套，缺乏整合与创新。村委会、文化活动中心、民间传承人及相关机构等对民族文化传承的重要作用认识还不够，导致不同文化场域的现实价值未能充分体现。当地政府、村民小组等组织的畲族文化活动也常因领导的更替，以及缺少制度上的保障而使畲族文化传承的可持续性、规范性受到影响。而在家庭中，当地一些少数民族同胞尽管对本民族的文化有所了解，如本民族的服饰、传统节庆等，但是对本民族的发展历史、传统技艺、心理特征以及如何传承等认识不够，甚至少数畲族长辈和家长对本民族的文化是否要传承给后人，抱着无所谓的态度，一定程度上影响了畲族传统文化教育传承的效果。

另外，就学校场域而言，虽然国家出台了相关政策要求少数民族文化实

---

① 皮埃尔·布迪厄，华康德. 实践与反思——反思社会学导引［M］. 李猛，李康，译，北京：中央编译出版社，1998：142.

② 林耀华. 民族学通论［M］. 北京：中央民族大学出版社，1997：403.

行"三进"，即进学校、进教材、进课堂，但是却没有制定相应的评价制度和考核机制。一些学校的校本课程和地方课程，要么这些课程流于形式，且体育、文化艺术类课程比例偏低。有些学校虽然开设了地方课程，但是课程只是从表面上进了学校和教材，并没有真正进入课堂、融入教学，只是把这些校本教材、地方教材发放给学生，至于后续的学习则缺少过程性和结果性的评价与改进。这种政策与评价机制的脱节，导致学校教育中的民族文化传承成为摆设。虽然有的学校重视民族文化的多样性及教育，但却把这类民族文化课程归为辅助性的或第二课堂的选修课。对于学生而言，因为学校考试的标准并没有把少数民族文化纳入进去，所以他们通常不会主动选择一些与考试"无关"的课程，因为这会挤占他们用于学校课程学习的时间和精力，长此以往，学习民族传统文化的主动性也逐渐降低。可见，家庭教育主体意识的缺失、社区组织机构的动力不足以及学校升学压力等外部因素的影响，导致家庭场域、社区场域和学校场域存在开发利用不够、使用效能偏低等传承困境。

（三）传承现状：民族传统文化传承内容与方式流于形式

民族文化传承的教育方式多种多样，包括家庭教育、社区教育和学校教育等几乎所有的教育形式。其中，习俗、礼仪等可以通过家庭教育和社会教育进行传承，但是相关的知识体系，则有赖于学校的系统教育。尽管学校教育的主流意识形态倾向和城市化倾向在一定程度上可能对民族传统文化的传承与发展带来不利影响，但较之家庭教育和社区教育而言，学校教育在办学条件和文化资源等方面都具有一定的优越性，它具有筛选、传播、整合与创新民族传统文化的功能与特点，依然是传承和发展民族传统文化的有效途径。值得关注的是，著者在调研中发现，一些畲族村寨存在留守儿童和空巢老人增多的现象，导致主流文化教育和畲族传统文化的教育传承转移至学校教育场域之中。学校教育虽然具有系统性的优势，但是由于在升学的指挥棒下，不得不以主流文化和考试大纲为教学方向，所以不论是课程的设置还是教材的编写以及校园活动的开展，都不自觉地以主流知识为主。虽然有些学校开设了双语课程，但是由于畲族教师的匮乏，加之畲族没有本民族的文字，教材的编写也成了一大难题，教学活动的开展流于形式。学校里看似举行了一些具有民族特色的活动，但是仅仅局限在唱民歌、穿戴民族服饰，以及民俗节庆期间才开展的个别活动。大多数民族社区已经出现了本民族文化传承的代际"断裂"现象，有些少数民族学生表示其在学校接受教育的年限越长，关于本民族的历史与文化被遗忘或丢失的也越来越多。学生既没有掌握好本民族的语言，又难以说一口流利的普通话，多重问题交织在一起长期得不到有效解决，影响了当地少数民族学生的学习积极性和对本民族文化的敬畏之情。

虽然当地畲族村寨定期会举行各式各样的民族文化活动，但是由于活动的开展均由地方政府和村民小组主管，自上而下的管理模式削减了村民举办活动的主动性和积极性。政府部门考核需要通过民俗活动来打造旅游村寨、文化祠堂等，一定程度上改变了少数民族群众的文化心理，甚至个别村民认为借用他们的文化资源应当付费，邀请他们举办活动也应给予相应的报酬，导致当地村民举办活动的目的和价值观发生了极大的变化。不得不说，这样的文化活动模式，极大地损害了少数民族族群的文化心理和文化自觉意识。此外，经过这几年的调查发现，不论是政府牵头组织的活动，还是企业承包的文艺晚会，或是当地村民小组自发开展的文化活动，几乎都集中于民族歌舞、山歌对唱、传统服饰和体育、传统美食等外显性文化活动的展演层面，对于民族历史、民族英雄人物、民族产业发展以及民族团结活动的关注却比较少，忽视了更为深层次的民族意识、民族心理、价值取向、民族情感以及民族道理利益等层面的相对稳定的内在表现形式的文化传承。

（四）教育互动：家庭、社区和学校间的文化传承相互脱节

从文化传承的角度来看，家庭教育本身含有独特的继承性和天然的连续性，家庭教育可以促进民族文化得以有效传递和保存，并使之进一步发展。家庭教育是融于家庭生活中、自然而然进行的教育，所以家庭教育在文化传承方面具有天然的优势，它能使民族文化在家庭教育的传承过程中具有学校教育及其他教育形式所不具备的较好的稳定性、自然性、连续性和持久性。事实上，许多文化事象的传承就是依靠家庭成员的自我传习来实现的，如一些家传绝学、家族宗谱仪式。良好的家庭教育熏陶能使个体所习得的民族文化知识更加深入和内化，并使其在日常生活中自动转化为生活习惯，得到较好的传承和延续。

社区教育是社会教育的重要组成部分，社区成员绝大多数来自当地，掌握一定的民族文化知识和技能，可以弥补传统文化师资在传承民族文化活动中的不足。本研究以小型社区为例，所以更能聚焦，故概括为社区教育较为贴切。社区教育的形式多样，如村民小组例会、文化活动中心的实践活动、民俗节庆活动等，景宁畲族自治县的社区教育充分体现在各个畲族村寨的日

常活动中，社区教育相比家庭教育，在教育主体、教育内容和教育手段方面均呈现出了差异性特征，更具规模化，且不断正规化。学校教育，是一种有目的、有计划、有组织的，使受教育者发生预期变化的、导人向善的活动。三种教育的教育目的、教育内容、教育方式等虽各不相同，但是其在文化传承中的作用和最终目的却是一致的。

在民族文化传承活动过程中，家庭教育是民族文化教育传承的有机组成部分，是社区教育和学校教育的起点和基础。社区教育是主体，社区则是民族文化教育传承活动的延伸，三者理应构成民族文化教育传承活动的稳固关系。然而，调研中，著者发现景宁畲族自治县的家庭教育、社区教育和学校教育在促进民族文化传承方面存在相互脱节，衔接不畅的问题。

首先，家庭教育与学校教育配合欠缺。学校教育不是万能的，但是绝大多数家长完全把孩子交给学校，对学校教育给予了过度的期待。家长希望老师能在各个方面给予孩子正确的引导，而对自己的责任和义务却很少提及。受升学压力的影响，学校和家长普遍重视应试教育，学校开设民族文化课程及相关实践活动较少，忽视了民族文化传承及其教育价值；学校教育传授的主要内容是主流文化，对少数民族文化的教育和弘扬相对较少。虽然国家规定，凡年满六周岁的儿童都必须接受九年义务教育，少数民族的学龄儿童也应接受义务教育，学习科学文化知识，但是调研中我们了解到，部分少数民族家长的教育意识不够，对于孩子的学习抱有顺其自然的态度，更别提配合学校的教育和民族文化活动了。其次，学校教育和社区教育联系不够紧密。学校教育作为有组织、有目的的制度化的教育活动，对民族传统文化的传承有着至关重要的作用，但是学校教育中关于民族传统文化的传承与主流文化的绝对优势相比，显得"力不从心"。加之在应试教育和升学压力的影响下，一些学校开设传统文化的课程和民俗活动少之甚少，且很少配有专业的老师任教，政策层面的支持和督导也难以促进民族传统文化活动的深入开展。如果仅依靠学校教育，不将学校教育和社区教育紧密结合起来，这些民族传统文化将被逐渐淡化甚至出现"文化断层"。所以，必须加强家庭教育、社区教育和学校教育之间的互动，促进民族传统文化的有效传承。

三、畲族传统文化教育传承方式融合的应然旨归

少数民族文化传承场域的复杂交织态势彰显了民族文化认同和多元文化融合的历史使命和时代紧迫感。在多元文化交叉碰撞的背景下，文化的延续体现在文化的交融过程中，通过传承文化以达到文化的融合创新发展。在此

过程中，找到合适的文化传承方式显得尤为关键和重要。① 同时，为了促进民族传统文化教育传承方式的融合，还需要遵循教育发展、文化传承以及民族发展的基本规律。

（一）回归教育发展的本质功能

教育与文化的关系是较为复杂的，至今学者们对此也未形成统一的答案，但普遍认为教育与文化是相辅相成的关系。如文化变迁涉及文化整体和结构上的变革，教育是社会文化环境中的一个子系统，社会文化的变革要求教育也要做出相应的变革，文化变迁势必会对教育的各个方面产生或多或少的影响，对教育和教学提出新的要求，这体现了教育的文化适应性。另外，教育具有文化选择的功能。社会文化的潜在要素，经由教育传授系统化、概念化的知识后才能为社会群体所掌握，进而构成文化。文化的形成和发展依赖于教育，教育对文化变迁具有积极的能动作用。教育本身具有很强的文化性。"不同文化背景下的教育，具有不同的文化意蕴、价值内涵和价值追求。这种文化意蕴在历史上不断地被阐释，不断地在教育过程中被实现，从而使得教育事业与整个民族文化的发展紧密结合起来。"② 所以，教育本身就具有一定的文化功能。

教育的本质问题可以说是一个哲学问题，综合而言，学界对教育本质的理解可以概括为以下几点：从社会学的视角看，教育是一种活动，即传递社会生活经验并培养人的社会活动；教育是一种社会现象，即培养人的一种社会现象，是传递生产经验和社会生活经验的必要手段。从文化学的视角看，教育是人类的一种特殊的文化活动；教育是一种文化过程，是一种重要的文化现象。按照教育人类学的观点，教育具有三个本质的特征：第一个本质特征是教育不能脱离人类的社会实践；第二个本质特征是教育必须符合人类发展的需要；第三个本质特征是教育必须与文化的性质、内容和发展水平相一致。③ 马克思关于人的全面发展的学说指明了人的发展的全面性、和谐性、自由性、充分性四个方面的重要特征。而教育人类学视角下的人的全面发展观，强调通过多元文化教育使不同民族的人获得文化性格及其智力、体力和文化

①　王军. 少数民族非物质文化遗产的教育传承——基于对云南彝族烟盒舞等的调查 [D]. 北京：中央民族大学，2009.
②　石中英. 教育的文化性格 [M]. 太原：山西教育出版社，1999：131.
③　赵建梅. 培养双语双文化人：新疆少数民族双语教育的人类学研究 [D]. 上海：华东师范大学，2011.

整合能力的充分、和谐的发展。应该是立足"人本"和"族本"，并整合各民族优秀传统文化而获得的发展，而不是丢掉文化传承的"跨越式发展"，如果忽视了本民族文化的根基，人则无法实现马克思所指的全面、自由、充分的发展。① 少数民族传统文化的教育传承需要坚持马克思关于人的全面发展观，保留和塑造少数民族的文化性格，弘扬和传承少数民族的传统文化，保护其民族语言、历史文化和民族价值观念的长远发展，而不是以主流文化或外来文化取而代之，现代化和社会化并不是民族传统文化发展、变异和创新的对立面，所以不能用统一的教育方式将少数民族族群教化为统一规格和意识形态的群体，否则马克思所倡导的人的全面发展则无从谈起。

除了保存和发展少数民族的文化性格之外，还要遵从教育心理学关于教育与人的身心发展的规律。家庭教育、社区教育和学校教育必须遵循教育的规律，符合人的全面发展，根据不同年龄阶段人的特点以及不同文化场域的教育规律，从教育内容、教育形式、教育手段等层面，由浅入深、由易到难、由个体到群体，按照人的发展规律和少数民族族群的发展特征，组织民族传统文化的教育活动，不能一味地采取自上而下的行政管理手段或以获取经济效益为主要目的等途径去规训、引导少数民族个体和群体的文化传承活动。民族文化自信与自觉是少数民族传统文化传承与发展的落脚点和归宿，教育只是途径，而不是最终目的，促进中华民族个体和族群的全面发展才是教育的最终归宿。

（二）尊重少数民族传统文化及其发展规律

任何民族都有自身的文化特色与心理。著名文化人类学家格尔茨在讨论"地方性"知识的内涵时，曾做过这样的解释，"地方在此处不只是指空间、时间、阶级和各种问题，而且也指特色，即把对所发生的事件的本地认识与对可能发生的事件的本地想象联系在一起。"② "地方性知识"又被称作亲密知识、民族知识、当地知识、在地知识、土著知识等。另外，所谓"地方性知识"的"地方性"不仅是指特定的地域意义上的，还涉及知识在它生成与使用中所带有的情境，包括研究对象的价值观对该知识的理解、适用的领域。绝对分隔的地方性知识是不存在的。格尔茨强调知识的"地方性"，知识与当

---

① 普丽春. 少数民族非物质文化遗产教育传承研究——以云南省为例 ［M］. 北京：民族出版社，2010：170-171.

② GEERTZ C. The Integrative Revolution：Primordial Sentiments and Civil Politics in the New States ［M］//GEERTZ C. *Old Societies and New States*. New York：Free Press，1963：36.

地人、生存条件或文化情境、人类行为和世界观等有着密切关系。我们其实都是持不同文化的土著，每一个不与我们直接一样的人都是异己、外来的。①格尔兹用"深描"意义的结构，试图呈现一部"思想民族志"，重在理解他人的理解，是"局内观"，而不是"局外观"，是"解释的解释""概念的概念""符号的符号"。② 地方性知识的重要性在于其作为民族文化的一部分，因为没有任何文化体系或语言系统能够完全涵盖"真理"。只有通过学习和理解各类地方性知识，我们才能发现不同文化之间的差异，理解自我文化和他文化的特质，通过遵循"己所不欲，勿施于人"和"彼所不欲，勿施于人"的哲理，我们可以不断建立"重叠的共识"。另外，格尔茨在1977年哥伦比亚大学的特里林纪念讲座上曾强调，"所有人类生活的神圣性和破坏性以及男女平等与阶级之间、种族之间及辈分之间的平等"③ 等相关理念，这与地方性知识的价值取向是高度一致的。地方性知识的深刻内涵是"拥有美德的群体和个人，包容他者的群体和个人，是最有尊严的群体和个人"。所以，地方性知识看似是民族志描述的成果，其实深刻地体现了对他人、其他民族或者他者文化的阐释与理解，用平等的眼光看待其他文化是人类学研究的基本素养。所以，人们应该用平等的眼光去看待民族传统文化，在人们了解不够深刻的情况下更不应该妄加论断，而应尊重其文化及发展规律。

　　文化是民族的标志，它必须从根本上适应民族发展的需要。文化的发展既有自身的一般规律，又受到特定环境因素的影响而导致原有文化内容的改变。民族文化发展的趋势是消失—保存—创新。这三种趋势贯穿于民族传统文化传承的各个阶段。其一，文化消失。每一种文化都存在于其特定的生态系统中。随着生产力的提升和自然环境在人类活动中的变化，社会环境也发生了一系列改变。人们的知识积累、技能提高以及价值观、文化观念和思考方式的转变，会使得一些不再适应人类社会生活需求的文化现象自然淡出人们的生活，如畲族的"传师学师"仪式正在逐渐消失。其二，文化保存与变异。恩斯特·卡西尔在其著作《人论》中借助"符号"概念提出了对文化的认识：所谓"人类文化的世界"就是人发明、运用各种符号所创造的一个"符号的宇宙"，"语言、神话、艺术和宗教是这个符号宇宙的各部分，它们是

　　① 克利福德·吉尔茨. 地方性知识——阐释人类学论文集［M］. 王海龙，张家瑄，译.
　　　 北京：中央编译出版社，2000：200-204.
　　② 克利福德·格尔茨. 地方知识［M］. 杨德睿，译. 北京：商务印书馆，2016：1.
　　③ GEERTZ C. *Life Among the Anthros and Other Essays*［M］. Princeton：Princeton University
　　　 Press，2012：52.

织成符号之网的不同丝线，是人类经验的交织之网"①。事实上，文化既是一种人类生活方式的客观事实，也是一种主体的意识形态和创造性的符号体系，更是一种变动不居的存在形式。② 人与文化的关系具有双向性，即一方面人创造了文化，另一方面，人又是在文化的熏陶中成长的，在文化的熏陶中掌握了社会规范、学会了对社会与文化的适应。如此可以认为，文化的本质即符号，而人的生成与发展实际上是人与文化的双向互动过程，是适应性与创造性的和谐统一。其三，文化创新。创新是文化真正的生命力所在。文化的创新是在传统的基础上，对传统文化事象进行不断的扬弃和创造性重组。而文化的创造是根据民族自身的需要而出现的，充分反映了民族意愿、心理和生活习性等。文化创新的实现途径是对文化的选择，对传统文化的筛选和对现代文化的吸收。③ 所以，文化及其发展有其自身的规律与实践逻辑，尊重其发展规律是促进民族文化传承的基本要求。

（三）遵照社会发展与民族文化传承的实践逻辑

传统性和现代性是民族文化的两个基本特征，"传统性体现了一个民族文化自身发展的特殊性，代表一定民族文化的传承和积淀，表现为该民族的民族精神和文化类型；现代性则体现了人类文化在一定历史阶段的一些共同特征，表现为人类文化发展阶段的标志和特定文化类型所展现的时代风貌与精神"④。对此，习近平总书记曾提出"按照时代的新进步新发展，对中华优秀传统文化的内涵加以补充、拓展、完善，增强其影响力和感召力"⑤。由于文化是动态的，处于不断的发展与变化之中。"从民族文化的远景来看，过分强调传统文化的保留，而否定传统文化动态存在的客观规律，即消极的文化保护观念，是不足取的。"⑥ 所以，在少数民族传统文化的教育传承过程中，文化的选择与创新是永恒的主题。

---

① 恩斯特·卡西尔. 人论 [M]. 甘阳，译. 北京：西苑出版社，2003：44.
② 徐莉. 民族村落中的教师——文化场视域下教师发展的个案研究 [D]. 重庆：西南大学，2007.
③ 秦中应. 当代湘西苗族传统文化的教育传承研究——以湘西州凤凰县苗族为例 [D]. 北京：中央民族大学，2011.
④ 赵世林. 云南少数民族的文化产业与文化传承机制研究 [M]. 北京：民族出版社，2010：26.
⑤ 中共中央宣传部. 习近平总书记系列讲话读本 [M]. 北京：人民出版社，2016：203.
⑥ 马平. 全球化格局下的民族文化多元化发展趋势 [J]. 青海民族研究（社会科学版），2005（1）：36-38.

　　民族传统文化的教育传承手段和方式是多种多样的。从本研究来看，畲族传统文化基因和文化事象，在不同历史阶段和不同教育活动中有所不同，体现在不同文化发展阶段的文化传承场域、传承主体、传承内容以及传承手段等方面的变化。民族传统文化的教育传承归根结底是人与文化、教育的内在联系与互动关系，人作为"符号性的动物"生活在符号的世界里，发明、发现、创新并使用着文化符号，具有不同文化传统的社会群体在相互接触交往的过程中还会发生文化符号的变异和涵化。关于涵化，著者曾听取了中央民族大学滕星教授的专题讲座，他提出涵化指两个或多个独立的文化体系相互接触所产生的文化变迁，涵化的结果通常表现为文化同化（A+B＝A/B）、文化融合（A+B＝C）或多元文化（A+B＝Ab/Ba）等形态。① 教育是伴随着人类社会的出现而产生的，且教育作为文化传承的重要方式，在文化传承过程中发挥着积淀、选择、传递和创新等中介作用；同时，人具有可教性，通过教育可以促进人的自我建构与全面发展。

　　另外，民族传统文化的教育传承体现了不同文化场域的教育意义的生成和文化功能的变迁。教育学视角下，民族传统文化的教育传承是由自然自发的教育传承发展为由政府直接干预的教育传承，再到文化自觉意义层面的更高水平、更为正规化的教育传承，少数民族传统文化既是一种文化符号，又是人、文化、教育发生作用的要素和媒介。不管是何种民族传统文化，在社会发展和历史变迁的过程中，都要遵循社会发展与文化传承联动的实践逻辑，与此同时，随着文化传承场域、传承主体、传承内容和传承方式等的双向互动，民族传统文化的教育传承通常会依照非形式化教育—形式化教育—正规化（乃至制度化）② 教育的发展规律，实现教育形态③的更新。再者，民族传统文化的教育传承通常离不开各部分教育要素的协同与配合，不同文化传承场域的民族文化传承并不是相互隔离的，而是相互联系、相互嵌入、不断共存的发展态势，民族传统文化的教育传承只有在遵循文化发展规律和实践逻辑的基础上才能得以传承和发展。

---

① 来源于滕星教授在中南民族大学教育学院的讲座内容。

② 当前，景宁畲族传统文化的社区教育传承不断正规化，但还未实现完全意义上的制度化教育，随着社区教育的发展与完善，从教育的发展规律而言，社区教育或许将走向更加规范化、制度化的发展模式。

③ 教育形态是指由教育者、学习者、教育内容和教育手段等基本要素构成的教育系统在不同时空背景下的变化形式。项贤明，冯建军，柳海民，等．教育学原理［M］．北京：高等教育出版社，2019：53.

（四）遵循"中华民族多元一体"格局与发展机制

我国是一个多民族的国家，每个民族由于自身的传统和所生活的地域差异都有着自己的文化，在历史发展过程中相互交融形成了中华文化多元一体的格局。我国著名社会学家费孝通先生提出"中华民族多元一体格局"①，并于 1990 年提出了"各美其美，美人之美，美美与共，天下大同"的观点。习近平总书记也曾多次强调："中华民族多元一体格局，一体包含多元，多元组成一体，一体离不开多元，多元也离不开一体，一体是主线和方向，多元是要素和动力，两者辩证统一。"②"多元"是指各民族在起源、形成与发展的历史过程中，有其自身的特点，相互区别，表现出多样性的特点。正因各民族文化的差异性，才促使了民族文化多元性的形成。"一体"则是指中华民族这一国族，体现了我国民族文化的整体性与一致性。③民族文化振兴是民族地区乡村振兴的内在要求，民族文化教育传承则是推动民族地区乡村振兴的有效路径。

民族传统文化的教育传承的目的是培养具有"中华民族多元一体"意识的社会主义建设者和接班人。"中华文化多元一体"是中华民族多元一体的具体体现，也是树立中华民族共同体意识的精神枢纽。中华民族文化教育传承不仅要弘扬"各美其美"的民族文化，还要培养"美人之美"的能力，更要培养"美美与共，天下大同"的中华民族共同体意识。乡村振兴背景下，民族文化教育传承是夯实乡村文化基底、培育民族自觉与自信的重要方式，在"中华民族多元一体"格局理论指导下，甄选优秀的民族文化，实现有效传承与供给，为乡村振兴提供持续的精神源泉和内生动力，推动乡村的"内生型"发展。④

---

① 1988 年，费孝通先生在香港中文大学参加学术会议期间，发表了其在国际人类学、民族学、社会学界引起巨大反响的著名论文《中华民族的多元一体格局》。在文章发表之后 20 年的时间里，学术界对费孝通先生提出的这一理论做了多次学术探讨，尽管探讨和研究总是分歧与共识并行，但是它们都促使这一具有结构论特点的理论体系日臻完善。

② 中央民族工作会议暨国务院第六次全国民族团结进步表彰大会举行［EB/OL］.［2014-09-29］. https: //www. gov. cn/xinwen/2014-09/29/content_ 2758816. htm.

③ 王成，宋清员. 多元一体中华民族的生成逻辑及其现代启示——基于民族共同体建构的视角［J］. 南开学报（哲学社会科学版），2019（02）：46-54.

④ 袁凤琴，徐莱. 乡村振兴战略推进中的民族文化教育传承：价值体现及其实践路径［J］. 贵州民族研究，2020，41（09）：190-194.

概言之，民族传统文化的教育传承必须要坚持"中华民族多元一体"格局理论的指导，将我国少数民族政策落到实处。景宁畲族自治县始终坚持民族团结，牢固树立"中华民族多元一体格局"意识，积极践行习近平总书记曾对景宁做出的"紧跟时代步伐""走在全国民族自治县前列"等指示。2019 年，景宁畲族自治县县委还荣获"全国民族团结进步模范集体"称号，习近平总书记亲自为景宁颁奖。① 景宁畲族自治县的传统文化活动只有遵循"中华民族多元一体"格局理论与发展机制，才能获得更有生命力和说服力的发展。

任何民族文化议题的研究都离不开"铸牢中华民族共同体意识"这一基本前提，在乡村振兴背景下，浙江率先成为建设共同富裕示范区的"探路先锋"，引领推进高质量发展建设共同富裕示范区。著者深入浙江畲族文化传承田野点进行考察与探究，试图进一步丰富共同富裕的思想内涵和政策体系，提出实现民族传统文化创新发展的具体路径，为逐步实现全体人民共同富裕提供可靠的经验借鉴。同时，本研究提出的系列创新性传承策略也是积极践行习近平总书记民族文化发展观和"中华民族多元一体格局机制"的重要体现。

四、民族传统文化创新发展的应然追求与理性反思

文化传承是人类文化的内在属性，是对人类进行教育和再教育的过程。文化的传承与发展离不开教育，教育是传承和传播文化的主要机制和途径，它不仅发生在正式的学校教育体制内，还存在于非正式教育活动中。教育作为一种文化现象和文化过程，在特定的社会文化背景中通过正式的和非正式的方式和途径加以持续。畲族传统文化在家庭教育、社区教育以及学校教育场域中获得了相应的发展，但是为了更好地实现民族传统文化与多元文化教育的协同共生发展，本研究进行了深入反思，认为可从以下几方面加以关注和完善。

第一，回归与反思教育的本质，关注文化主体需求和正确的价值观导向之间的关系。教育的本质是一种培养人的活动，同时，教育最核心也是最基本的作用是"导人向善"。文化传承的过程也是教育的过程，人们用文化来解释关系到他们切身利益的问题，为了生存，首先，"一种文化必须满足在其文

---

① 省委民族工作会议典型发言景宁畲族自治县：争当全国民族地区共同富裕示范表率 [EB/OL]. [2021-09-17]. https：//www. thepaper. cn/newsDetail_ forward_ 14558806.

化法则下生活着的人们的基本需要，为一个社会的成员提供有序的生活方式；其次，为达到这一目的，一种文化一定要寻找到个人利益与社会需要之间的平衡"①。在少数民族社区教育发展过程中，一定要以少数民族的需求和社会发展的平衡为起点。畲族传统文化的主体首先是畲族民众，如何传承、保护畲族传统文化，需要考虑畲族民众的需求与心理接受水平。市场经济充斥下的文化传承，旅游经济不知不觉占了主导，畲族传统文化的内涵与价值逐渐发生了异变，这是需要谨慎对待和反思的问题。促进经济的全面发展固然可以提升少数民族社区的物质生活水平，但是，错误的价值观导向会影响传统文化的精神内核。当前，一些民族社区一味地消费本民族的文化，片面追求经济效益，损害了文化学习者对少数民族文化的整体认知。从这一层面而言，不仅没有促进少数民族传统文化的传承与发展，反而树立了一种负面的价值观导向，使得少数民族社区教育借助文化载体专搞创收，文化成为随处可见的消费品，极大地损害了文化主体的精神需求。所以，少数民族社区教育在传承民族文化的过程中，务必要树立正确的价值观导向，围绕教育与文化以及人的和谐发展这一目标以及教育的本质目的，处理好文化主体的需求和正确的价值观导向之间的关系。

第二，遵循文化发展的实践逻辑，将民族文化的传统性与现代性相结合。传统性和现代性是民族文化的两个基本特征，传统性表现为该民族的民族精神和文化类型，而现代性则表现为人类文化发展阶段的标志和特定文化类型所展现的时代风貌与精神。对待中华优秀传统文化的传承发展，需要将传统性与现代性相结合。因为在民族传统文化的教育传承过程中，文化的选择与创新是永恒的主题。随着社会政治、经济、科技以及教育的发展，文化传承方式也会发生变化，如景宁畲族"三月三"节庆在原生态时期的传承方式主要是口耳相传、行为示范，而当下畲族传统文化的社区教育传承方式则更加多元和现代，融合了文化场馆、文字教材、大型文艺会演、非遗传承人工作室、节日庆典仪式、电台专栏、网络直播等现代化传承方式，足以凸显少数民族传统文化传承方式的发展变化。未来，少数民族传统文化的教育传承方式将更加现代化、多元化。当然，由于不同地区、不同民族的经济、文化、教育等方面发展水平存在差异，那么，其教育传承方式亦有所差异，对于经济较为发达的浙江省少数民族自治县而言，现代化的传承方式能够起到较好的效果，这与当地民众的心理接受水平和综合素质是密不可分的。其他少数

---

① 周大鸣，秦红增．文化人类学概论［M］．广州：中山大学出版社，2009：4.

民族的文化传承在借鉴景宁文化传承模式时，要结合自身的实际，不能照搬照抄，应将本民族文化的传统性与现代性相结合，采用适合本民族发展的教育传承方式。

随着科学技术的进步与迭代，民族文化的传承方式也应实现现代化更迭。传统的民族文化传承方式具有活态性特点，但随着老一辈传承人逐渐减少，民族文化传承面临断层甚至后继无人的困境。据统计，3068 名国家级代表性传承人中，70 岁以上的占 50% 多。老一辈传承人的坚守难度大，一定程度上造成传承链条的断层。数字化传承能够跨越时间和空间界限，通过数字化技术记录、保存传统技艺，从而推动民族传统文化的保护与传承。数字化传承利用数字化技术将民族传统文化与现代科技相结合，不仅可以将民族传统文化的声音、图像、文字等信息转化为数字数据，存储在云端或其他设备中，实现长期保存和安全备份；同时，可以将其以多媒体、虚拟现实、增强现实等方式呈现给大众，提升视觉效果及其互动性，增强民族传统文化传承的吸引力与感染力。具体而言，相关研究部门可以通过运用区块链、5G、云计算、AI 等前沿技术，以及数字空间建模、虚拟现实、增强现实、动态捕捉等手段[1]，对民族传统文化进行全方位、多维度、高精度的数字化呈现，助力文化传承跨越时空限制，实现更广泛的传播、传承与发展。此外，随着全球化进程的加快，少数民族地区文化传承教育的发展要有世界格局和国际视野，同时更要立足本土，处理好动态创新与传统继承的关系，并在这一理念的指导下学习其他多民族国家文化传承发展的模式，吸收其中有益的经验，为本民族文化传承方式的发展注入新鲜血液。

第三，正视节庆文化活动的规范化与正规化，将社区自主发展与政府统筹管理相结合。"在多民族国家，国家在多元文化的社会建构中应该发挥什么样的作用以及如何发挥作用，是存在争议的。"[2] 随着少数民族节庆文化活动的正规化与规范化发展，政府参与其中统筹管理的力量不断增强。然而，少数民族教育具有特殊性和民族性特征，与其他地区的教育不能一概而论，在少数民族教育发展过程中，要处理好家庭、村寨、社区自主发展与政府统筹管理的关系。不容置辩，政府的统筹管理能够在政策、人力、物力等方面给予引导和支持，可以更好地整合社区教育资源，制定科学的少数民族的教育

① 人民网．数字化共享 让非遗焕发新光彩 [EB/OL]．[2022-08-16]．http：//bj. people. com. cn/n2/2022/0816/c82846-40083162. html.

② 娜木罕．建构主义视野下的民族传统文化教育 [J]．云南民族大学学报（哲学社会科学版），2009（3）：149-153.

目标和教育方式，尤其对于教育水平欠发达的地区，更需要政府的介入与帮助，引领时代步伐、带动地方各种类型教育的发展。但是，少数民族教育具有特殊性，由于文化背景和文化心理特征的差异，少数民族社区尤其是乡村社区，人们长期生活在具有自身逻辑规律的文化圈内，有着自发的教育组织、社区团体和活动规则，如果政府强制性或者过多地干预，反而会打击少数民族群众的积极性，甚至会触发他们的负面情绪，从而阻碍民族地区和少数民族教育的开展，认同并尊重少数民族现有的教育活动与民俗文化，是实施少数民族教育的基础工作。所以，不仅要从政策、资金等方面鼓励和支持少数民族家庭、社区、村寨、学校内开展传统文化活动，还要发挥家庭、社区内较有声望的族老、精英和贤达人士的积极带头作用，引导并促进少数民族教育的发展。总之，发展少数民族家庭教育、社区教育乃至学校教育，要调动当地民众的自主性和积极性，综合考虑少数民族地区的特殊性，努力走出适合自身发展的民族教育发展之路，即主张将政府的统筹管理与自主发展相结合，实现二者之间的互动与平衡，在不同传统文化活动中采取多种管理方式以推进少数民族教育的发展，如此才能为少数民族传统文化的教育传承奠定根基。

第四，聚焦文化传承中的矛盾因素和事实，发挥社区教育与家庭教育、学校教育之间的联动关系。从教育场域和教育大系统来看，传统文化的传承场域通常包含了社区、家庭以及学校等教育场域。由于少数民族传统文化具有民族性、生活性、群众性等特点，最初是在村寨社区中自发传承，社区教育具有天然的传承优势，所以，文化传承主体更倾向于在社区场域内进行本民族的文化传承。随着社会的全面进步与发展，少数民族传统文化的教育传承不仅发生在社区教育中，同时，家庭教育和学校教育中的传承亦是必不可少的，这就需要人们厘清少数民族社区教育与家庭教育、学校教育的关系。首先，少数民族社区多以村寨的形式存在，村寨是由家庭组成的，村寨内举办的各种文化活动需要家庭成员的广泛参与，家庭教育为社区教育奠定了基础，尤其是关于少数民族历史文化的教育，最初是在家庭中经过长辈的口耳相传所获得的。其次，一些少数民族社区早期具有宗族特征，具有权威的家庭和族人在社区中起着主导作用，掌管本民族社区内的重要活动。所以，在少数民族文化传承方面，家庭教育与社区教育同样具有不可忽视的作用。最后，学校教育作为正规化教育的场所，具有系统传授少数民族文化的优势，通过编写和设置校本教材与校本课程、地方课程等，并在其他显性和隐性课程与活动中融入少数民族传统文化，以学生感兴趣的教学方式进行传承，能够较好地传承少数民族传统文化。从这一层面而言，学校教育在传承少数民族传统文化方面依然起着相应的作用。事实上，单独依靠家庭教育或学校教育来传承少数民族传统文化是不现实的，现实社会背景下，由于家庭教育主体的缺失，升学指挥棒下的学校教育的心有余而力不足，社区教育成为联动家庭教育和学校教育的重要桥梁。所以，有必要将社区教育与家庭教育和学校教育相融合，形成"三位一体"的教育传承体制，发挥文化传承的协同作用，实现社区教育、家庭教育和学校教育的"一体两翼"的综合作用。

第六章

共同富裕视域下畲族传统文化创新发展的机制构建

共同富裕是社会主义的本质要求，是中国式现代化的重要特征。习近平总书记多次强调推动共同富裕，要把精神文明建设放到更加重要的位置，提升群众文化自信与文化认同。党的十九大提出了实施乡村振兴战略，要求继承创新优秀传统文化，把保护传承与开发利用结合起来。2021年6月10日，《中共中央　国务院关于支持浙江高质量发展建设共同富裕示范区的意见》正式发布，强调要引领浙江牢牢抓住民族优秀传统文化，加强对文化内涵的研究阐释，培育具有新时代特征和浙江印记的精神文化，从而推进共同富裕目标的实现。浙江省景宁畲族自治县作为全国唯一的畲族自治县，其传统文化的创造性转化与创新性发展是巩固民族地区乡村振兴、维护民族团结的重要环节，关系着浙江文化强省的建成与共同富裕目标的实现。

一、传承与发展民族传统文化的现代意蕴

少数民族传统文化是中华文明的宝贵财富，是中华民族传统文化的重要组成部分，传承和发展少数民族传统文化是人类社会发展的需要，是联系传统文化与现代文明的有效桥梁，更是维护民族团结与国家统一的重要法宝。党的二十大报告强调"坚持创造性转化、创新性发展，以社会主义核心价值观为引领，发展社会主义先进文化，弘扬革命文化，传承中华优秀传统文化，满足人民日益增长的精神文化需求"[①]。少数民族传统文化具有民族性、本土性、多样性等特征，其产生于原始的家庭和社区活动，运用多元教育手段传承和保护少数民族传统文化，对于继承和弘扬中华民族优秀文化，促进少数民族可持续发展以及维护民族团结、社会稳定具有十分重要的战略意义。

---

① 习近平. 高举中国特色社会主义伟大旗帜 为全面建设社会主义现代化国家而团结奋斗——在中国共产党第二十次全国代表大会上的报告［EB/OL］.［2022-10-25］. https://www.gov.cn/xinwen/2022-10/25/content_5721685.htm.

（一）促进少数民族地区可持续发展

少数民族传统文化的传承发展是精神文明建设的重要环节，传承与弘扬少数民族传统文化具有铭记民族历史、凝聚内驱力、教育内化、强化认同等作用。少数民族传统文化资源较为丰富，历史上各个时期，各民族多姿多彩的传统风俗、礼仪、饮食、服饰等构成了独具魅力的人文风景。少数民族传统文化具有丰富的价值与功能，通过多元场域的文化传承可充分发挥少数民族传统文化的资源优势，合理的开发利用有助于发挥文化生产力的效能，提升民族传统文化的经济效益、文化效益和社会效益，从而推动少数民族地区的可持续发展。此外，少数民族传统文化是各少数民族的精神瑰宝和民族根基，能有效助力少数民族稳固发展，推进共同富裕目标的实现。

（二）维护民族团结与社会稳定

任何一个族群或民族对本民族的文化都是极为敬重的，对本民族文化的自我认同是少数民族得以延续和发展的基础，少数民族传统文化的教育传承具有维护民族团结与社会和谐稳定的重要作用。少数民族人民对本民族的文化有着深厚的感情，然而随着全球化、信息化进程的加快以及主流文化带来的强势冲击，少数民族传统文化正在濒临消亡，需要通过多种途径加以保护和传承，从文化心态和认同意识方面维护民族情感和民族关系。如通过教育手段赋能少数民族文化传承与发展，"进而有力地驳斥国外的反华言论，反击国外反华势力对我国民族政策的诬蔑"①。借助多元文化场域传承少数民族传统文化，发展民族地区的旅游业和文化产业，实现少数民族传统文化的多元价值，有利于增强各民族间的交流交往交融，促进文化理解与认同，从而有助于巩固民族团结与社会稳定。

（三）提升精神文明和国际声誉

首先，通过多元文化场域的教育传承和发展少数民族传统文化，帮助少数民族群众从中获得多方智慧和力量，不断提升其综合素质。当今世界是一个全球化、信息化的时代，也处于思想观念不断更新的阶段，为了与全球经济发展的国际化相适应，各民族的文化素质和精神生活水平也亟待提高。传承少数民族传统文化，发展少数民族家庭教育、社区教育和学校教育，通过

---

① 普丽春.西南少数民族文化传承与教育研究［M］.北京：民族出版社，2016：67.

建立一种超越种族与地域差异的文化观和历史观，增强不同民族、不同文化之间的交流交往交融，努力实现少数民族的美好生活愿景，提高少数民族族群的素质，进而推动"人类命运共同体"的构建。

其次，传承与发展少数民族传统文化，有利于我国国际地位的提升。对少数民族传统文化的传承与保护，是衡量一个国家和民族文明程度的重要标志。联合国教科文组织的主要任务是增强国家间的理解，而"传承和发展少数民族传统文化能够提高国家间的理解"①。我国少数民族传统文化蕴含着中华民族的生命力、创造力和凝聚力，是维护国家统一、民族团结以及提升国际地位的重要力量。习近平总书记在多次讲话中强调民族传统文化的积极作用，要不断推进优秀传统文化的教育传承与发展。所以，新时代背景下，更应充分发挥多元文化场域教育传承少数民族传统文化的积极作用，促进我国国际地位和影响力的提升。

二、共同富裕与民族文化传承的深层关系

党的二十大提出了中国式现代化的本质要求，其中包括"丰富人民精神世界，实现全体人民共同富裕"，"传承中华优秀传统文化，满足人民日益增长的精神文化需求"是实现共同富裕的重要路径。共同富裕是社会主义的本质要求，是全体人民的富裕，不是少数人的富裕；是人民群众物质生活和精神生活双富裕，不是仅仅物质上富裕而精神上空虚。共同富裕包含了物质生活和精神生活两个方面，二者缺一不可。一方面要注重物质生活水平的不断提高，实现幼有所育、学有所教、劳有所得、病有所医、老有所养、住有所居、弱有所扶；另一方面应强化社会主义核心价值观引领，不断满足人民群众的精神文化需求，为中华民族不断前进提供坚强的思想保证、强大的精神力量、丰润的道德滋养。②习近平总书记多次强调坚持两手抓，要"富口袋"，更要"富脑袋"。物质条件富裕和精神文化富有是共同富裕的两个方面，两者相互辅助互相促进。推进共同富裕，必须坚持物质文明、精神文明两手抓，在持续提高群众收入水平、改善群众物质生活的同时，把精神文明建设放到更加重要的位置，丰富群众文化生活、培养群众文化自信、提高群众文化认

---

① ROGERS K O. Archeology：Law and the Cultural Heritage，Volume 1：Discovery and Excavation. Lyndel V. Prott and P. F. O'Keefe［J］. *American Anthropologist*，2010，87（2）：452-453.

② 刘东超. 精神生活共同富裕是共同富裕的重要内容［J］. 党建，2022，410（02）：35-37.

同，满足人民美好精神文化生活新期待，构筑全体人民共建共享的美好精神家园。

"乡村要振兴，文化必先行。"党的十九大提出实施乡村振兴战略。《中共中央 国务院关于全面推进乡村振兴加快农业农村现代化的意见》提出，深入挖掘、继承创新优秀传统乡土文化，把保护传承和开发利用结合起来，赋予精神文化的时代内涵。2021 年 5 月，《中共中央 国务院关于支持浙江高质量发展建设共同富裕示范区的意见》正式发布，标志着浙江率先成为建设共同富裕示范区的"探路先锋"，支持浙江用特色文化引领推进高质量发展，建设共同富裕示范区离不开先进文化的引领。通过精神文化先行先试，进一步丰富共同富裕的思想内涵和政策体系，为逐步实现全体人民共同富裕蹚出新路子、提供好经验。"文化兴国运兴，文化强民族强。"中华民族具有 5000 多年连绵不断的文明历史，创造了博大精深的中华文化，为人类文明进步做出了不可磨灭的贡献。浙江牢牢抓住中华历史文化，加强对文化内涵的研究阐释，在文旅融合、市场开发、文化展示中厚植文化软实力，培育与其相匹配的、具有新时代特征和浙江印记的共同富裕精神文化，着力建设以践行共同富裕价值理念、塑造共同富裕的文化品牌，更好地推动精神文化价值融入人民大众生活，深入人心、绵延传承、走向未来。

随着人民生活水平的逐步提高、综合国力水平和地位的日渐提升，政治上提倡"和谐"社会的建构；同时，国际社会中不同民族也在强调自身的文化传承，在国际国内背景的大势影响下，传统文化的传承研究逐步彰显了其重要意义。自景宁畲族自治县设立以来，景宁县认真贯彻落实民族区域自治法及相关政策条例，着力推进自治县立法工作，制定了景宁畲族自治县第一部自治条例和两部单行条例，为进一步做好自治县各项工作提供了法律保障。随着自治条例的深入贯彻落实，民族区域自治制度逐渐转化为促进自治县繁荣发展的强大动力。2008 年以来，浙江省委、省政府出台了《关于扶持景宁畲族自治县加快发展的若干意见》等系列加快畲族经济社会发展的政策。这些政策的实施，对景宁畲族自治县的发展起到了重要作用。其中，畲族传统文化的传承与发展得到了《景宁畲族自治县民族民间文化保护条例》等政策的全力支持。2009 年以来，国家民委开展少数民族特色村寨保护与发展试点工作，景宁结合实际，围绕"美丽乡村·美丽畲寨"的主题，深入开展特色民族村寨的创建工作，打造一批畲族传统文化古村落。受国家政策的引导和支持，景宁畲族村寨的组织建设和教育文化建设也稳步跟进，畲族村寨纷纷建立了社区文化活动中心、传统文化教育传承馆、非遗文化工作室等，用于推动畲族乡村的教育和传统文化的发展。此外，随着社会主义新农村以及城镇化建设进程的推进，畲族村落的传统建筑、民俗节庆和传统文化事象逐渐被列入有计划的改造中，畲族乡村社会发生了翻天覆地的变化，广大畲族民众长期积淀的社会资本和文化资本随之发生了相应的变迁。这意味着文化资本发生了转向，畲族传统文化教育传承的主导权逐渐被政府替代，并以更加系统和正规的方式进行传承和再生产，实际是对文化资源的深度整合与利用。

习近平总书记多次强调中华优秀传统文化在实现中华民族伟大复兴过程中不可或缺的地位和作用。党的二十大报告再次强调了传承与发展优秀传统文化的重要意义。建设新时代中国特色社会主义需要传承中华优秀传统文化，中华优秀传统文化的基本精神是我们在当今立足世界民族之林的坚实根基，是有着几千年厚重历史的中华传统文化与时俱进、创新发展的不竭内生动力和源泉。畲族优秀传统文化作为中华传统文化的重要组成部分，是畲族人民智慧的象征和宝贵的精神财富。保护与传承畲族传统文化是坚定文化自信、建设社会主义文化强国的重要举措，不仅有利于维护畲族文化多样性、促进多民族文化交流、交往、交融与创新，也有利于巩固中华多民族的文化认同、民族团结进步与文化自信自强。国家权力以政策为导向在民族文化传承发展过程中发挥了"强劲推手"和"完美设计师"的作用。① 国家以相关政策的制定、实施以及现代化"秩序建构"的引领与规制，使得"政治现代化先行"② 渗透到民众的日常生活中，引导畲族传统文化的教育传承，同时推动当地社会经济、文化等方面的发展，使得民众在享受多重受益中感受和认可国家的主导力量。

近年来，随着文化、旅游产业的全面发展，景宁畲族当地的市场经济效益显著提升，不少民众纷纷借助"文化发展，经济唱戏"的平台，踏上了致富之路。面对产业经济的转型和发展水平的提升，景宁畲族的教育模式也发生了改变。原生的家庭教育和自发的无组织的社区教育逐渐发展为有组织、有目的、有计划的现代社区教育和学校教育。景宁畲族传统文化的教育传承在不同的经济背景下，呈现出完全不同的特点，尤其是当前社区教育传承方式的现代化、多元化无不受经济发展水平的影响。不可否认，经济环境的改变，促进了教育与科技水平的提升，从而带动了当地社区教育的快速发展。

---

① 姚磊. 场域视野下民族传统文化传承的实践逻辑［M］. 北京：人民出版社，2016：275.

② 尹丹萍. 当代土家族女性婚姻变迁［M］. 北京：社会科学出版社，2009：20-21.

不仅如此，经济水平的提升还有助于教育观念的更新，对于人的发展有着不可忽视的作用。此外，随着各项民族政策的制定与实施，畲族与其他民族的交流、交往进一步增强，同时畲族与汉族的文化交流保持着良好的文化传统，经过长期的调适与文化融合，畲族人民的生活态度、生活方式、生活秩序和生产方式等与汉族形成了高度的默契，彼此理解、认同其他民族的传统文化。如今，景宁畲族聚居区已经形成了和睦相处、和衷共济、和谐发展的良好氛围，这也是精神层面富裕的表现。所以说，文化传承与共同富裕是相互联系、相互支撑的关系。

新时代背景下，创造性转化和创新性发展民族优秀传统文化是实现现代转型、推进共同富裕的根本路径。为促进畲族传统文化的创新发展，需合理利用民族优秀传统文化，将其创造性融入新时代生产生活，在多元场域中推动畲族传统文化的转化再造与发展创新；以服务现实实践为要旨，依托政策背景对畲族传统文化进行创造性重构，赋予新时代内涵使之与当代社会接轨。① 同时根据时代特点和要求，充分利用先进教育传承方式为畲族传统文化赋形赋能，推动畲族优秀传统文化的创新发展，助力共同富裕目标的实现。

三、畲族传统文化创新发展的动力诠释

文化是人类的社会成果，也是人类共享的资源。文化的形成是一个动态的历史过程，随着历史的推进，文化必然是变化发展的。关于文化变迁原因的论点，自古以来都是仁者见仁智者见智，虽然没有统一的观点和答案，但是并不妨碍我们分析民族传统文化传承变迁的动力机制。人是文化的主体，也是文化传承的载体，那么文化的变迁势必与人的发展密不可分，人类社会的进步、人类发展的需要以及由此带来的自然环境、社会环境和人文环境等的变化都自然而然成为文化变迁的影响因素。

文化的发展通常不是一帆风顺的，文化的变迁及其变迁的动力来自事物的历史性发展。而事物发展的动力因素可以分为内在动力与外在动力，内在动力和外在动力的共同作用成为事物发展动力机制的一种普遍范式。文化人类学研究的一个重要领域就是文化的变迁，学界普遍认为文化变迁是一个渐进的过程，导致变迁的主要原因可以概括为两方面：一是内在动力，"因社会自身内部的发展变化而出现，通常是源自进化、发明和发现"；二是外生动

---

① 王丽霞. 中华优秀传统文化创造性转化和创新性发展路径探析［J］. 山东社会科学，2021，315（11）：85-92.

力，"由两个不同社会之间的接触而引起的，通常指借用、传播"① 与涵化。

从不同的视角对文化变迁的原因进行解释兴许还是有所差异的，本研究试图将传统文化的教育传承发展视为一个系统的运作来加以分析。系统动力学（System Dynamics）是一门可用于分析社会、经济、生态和生物等一类复杂大系统问题的学科。系统动力学理论最早是由美国麻省理工学院福瑞斯特教授（J. W. Forrester）于 1956 年提出，旨在分析生产管理及库存管理等企业问题的系统仿真方法。系统动力学理论的基本观点表明了其系统、辩证的特征，强调系统、整体的观点和联系、发展、运动的观点。总结概括，系统动力学从系统的角度出发，研究系统内部各个要素以及各要素之间相互作用、相互影响的整体关系。② 根据系统动力学的原理，一个完整的系统往往被分为需求系统、中介系统、引力系统和（环境）支持系统。基于此，研究将民族传统文化创新发展的动力系统分为基于人与社会发展需要的需求子系统，以教育作为媒介的中介子系统，文化变迁所具有的内在逻辑和实践规律构成的引力子系统，以及政治制度、经济、科技、传播媒介等要素构成的环境支持系统（详见图 6.1），这四个子系统共同构成了传统文化教育传承的动力机制。

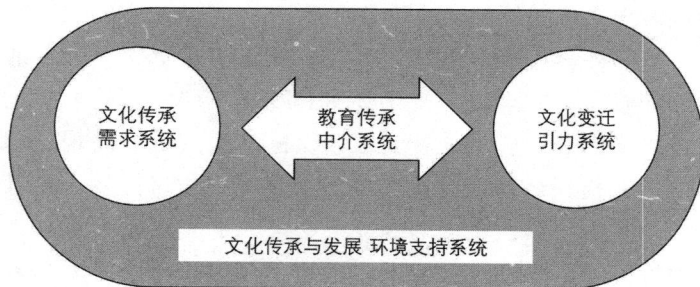

图 6.1　畲族传统文化创新发展的动力系统

（一）需求系统：人与社会发展的需要

人类任何有意义的活动总是以一定的设计作为起点和归宿，目的性是人类实践活动的一个根本特性。正如心理学家彼得罗夫斯基（Petrovskiǐ, Artur Vladimirovich）所说："任何生命机体的积极性归根到底都是由它的需要引起

---

① 滕星. 教育人类学通论［M］. 北京：商务印书馆. 2017：228.
② 许国志. 系统科学［M］. 上海：上海科技教育出版社，2000：523.

的，并且指向于满足这些需要。"① 列宁（Lenin）在论述人们活动目的的主观性和客观性的关系时也明确指出："事实上，人的目的是客观世界所产生的，是以它为前提的——认定它是现存的、实有的。"② 人的实践活动的目的，作为一种在观念中对象性地存在着的主观愿望或理想，必须向客观现实转化。此外，著名心理学家马斯洛（Maslaw）关于人的需要层次理论③也证实了这一点。人作为个体需要发展，同时作为群体中的人和作为国家中的个体也有着生存与发展的需要，传承和弘扬民族传统文化是实现人的发展需要的活动，对应着人的尊重需要与自我实现的需要等。畲族作为少数民族，发展和弘扬畲族传统文化是实现少数民族的尊重需要和自我实现需要的体现，更是维护国家统一和民族团结需要的重要体现，所以说，景宁畲族传统文化的教育传承是满足畲族人民作为个体和群体发展的活动，同时也是促进社会和谐发展和民族团结进步的多重需要的实践活动。

畲族传统文化教育活动通过早期的生产生活实践得以传承，起初是为了满足当时的生存需要，早期的活动内容主要是畲族人民的生存技艺和生产知识，为了延续后代和族群发展，通过多种形式的教育活动传承生产生活所必需的技能与知识，这不仅是个人自身的生活需要，同时也是畲族村寨和族群这一小型社会（社区）发展的需要。随着社会的发展，人们的物质生活需要基本得到满足，精神层面的需要逐渐受到人们的关注。于是，有了对山歌、跳畲舞以及其他带有特定内涵的仪式活动，人们自发利用闲暇时间，通过这些活动来丰富自己的生活，从而实现精神层面的需要。改革开放后，随着经济的大力发展以及景宁畲族自治县的设立，景宁畲族迎来了发展的黄金时期，各项优惠政策的颁布与实施，大量资金与政策的投入与支持，使得畲族人民的生活发生了翻天覆地的变化。畲族传统文化的传承和弘扬受到了前所未有的重视，畲族人民的民族自信心和自豪感溢于言表。畲族传统节庆是畲族人民的传统节日，也是当地汉族和其他少数民族共度的重要节日，还是联络民族感情和海峡两岸交流交往的重要媒介，极大地促进了民族团结和民族繁荣。例如，畲族"三月三"节庆已成为景宁畲族自治县对外交流的文化名片，对于当地经济的发展起到了巨大的推动作用，同时也带动了当地各行各业的发

---

① 彼得罗夫斯基. 普通心理学［M］. 朱智贤，等译. 北京：人民教育出版社，1981：168.
② 柳海民. 教育原理［M］. 长春：东北师范大学出版社，2007：270.
③ 马斯洛的人本主义心理学思想，主要载于他1954年出版的《动机与个性》一书。他在书中将动机分为5层：生理需求、安全需求、爱与归属的需求、尊重需求、自我实现的需求。

展，成为地方社会发展的文化要素。

景宁畲族人民不仅对畲族传统文化有着清晰的认知，同时对其他民族的多元文化也抱有一定的包容和理解的态度，畲族人民积极参与开展当地各项文化活动，吸取其他民族优秀传统文化的长处弥补自身的短板，对于本民族文化的传承与发展有着更为迫切的发展愿景，希望能够将本民族的传统文化发扬光大。从这一层面而言，景宁畲族人民的"文化自觉"意识已逐渐觉醒，这也是作为族群发展在精神需要层面的进一步深化。不论是源于自我（包括个体与群体）发展的需要，还是社会发展的需要，传承和弘扬畲族传统文化无疑成了个人和社会发展的共同需求，这恰恰是畲族传统文化能够得以传承和发展的内在动力，构成了文化传承的需求系统。

（二）引力系统：文化变迁的内在逻辑

引力系统是促进整个系统运作发展的重要动力，它具有自身的内在逻辑，正如文化变迁具有其自身的内在逻辑和实践规律一样。"文化变迁是人类社会发展特定的时空背景下，文化特质、文化丛以及文化模式等文化的结构所发生的从形态到内涵的转变，并且在这一转变过程中，旧有的文化形态不断地与新的文化形态发生碰撞、冲突，最终达到文化的融合发展。"[1] 所以说，"所有文化，即使是最简单的文化，都处在持续变化之中"[2]。关于文化变迁的原因，文化传播论认为文化的发展与变迁主要来自两方面的原因，即传播与发现、发明、创新。"发现和发明是一切文化变迁的根本源泉，它们可以在一个社会的内部产生也可以在外部产生。但是，发现和发明却不一定就会导致变迁，如果人们对某项发展或发明不加理睬，那就不会引起文化变迁。只有当社会接受了发明或发现并且有规律地加以运用时才谈得上文化变迁。""一个社会的新文化要素的源泉也可能是另一个社会。一个群体向另一个社会借取文化要素并把它们融合进自己的文化之中的过程就是传播。"[3] 文化永远是动态的存在，从横向上看，它表现为文化的扩散与传播；从纵向上看，它表现为文化的积累与演进。扩散和累积作为文化的"自然"属性，与文化传

---

① 曲凯音. 乡土文化变迁与文化生态建设——民族地区五村落实证调查 [M]. 北京：人民出版社，2017：60.

② LINTON R. The Tree of Culture [J]. *Transactions of the New York Academy of Sciences*, 1949, 11 (5)：171.

③ C. 恩伯，M. 恩伯. 文化的变异——现代文化人类学通论 [M]. 杜彬彬，译. 沈阳：辽宁人民出版社，1988：532-540.

播演进的"社会"特性相结合，构成了人类文化发展的历史系统，并为文化的发展进化注入活力。文化的扩散传播与累积演进，推动了人类社会的进步。其中需要加以说明的是，"选择性是文化传播中固有的特性，社会对新的文化的相容性、传播者的主观能动性、文化本身的类型和形式等都决定着文化要素是被接受还是被拒绝。选择的过程，在一定程度上也就是重新诠释与调和的过程"①。

文化及其传承方式的变迁，另一个重要的途径便是涵化。涵化可以理解为由不同文化的个人组成的群体，由于长久的接触，两者相互适应、借用，结果造成一方或双方原有的文化模式方式发生了大规模的文化变迁。一般来说，涵化是文化输入必须经过的一个阶段。景宁畲族在与当地汉族和其他少数民族长期的交流交往中发生了涵化，虽然畲族文化与汉族文化仍保留各自的独立性，但在一些方面开始建立了稳定的联系，这是涵化的一种情形。在涵化过程中，教育是必不可少的一个手段，这一方面是由教育与文化的密切关系所决定的，另一方面是由教育自身的特点所决定的。虽然我们不能简单地说教育就是文化传递、传输的过程，但是不可否认，教育始终是与文化联系在一起的。它所达到的任何目的，在一定程度上都是以文化为中介的，离不开文化这个中介载体。

此外，文化变迁中还有自我调适，文化调适对文化变迁具有重要的作用。畲族"三月三"节庆是畲族传统文化各个要素的高度整合，任何一个部分的改变都会带动其他文化要素和文化基因的改变，各个部分对已经变化的调适带动了畲族传统文化整体的进化，但"调适并不是立刻发生的，而是隔一段时间之后才出现的，这就是文化滞后"②。正是由于文化传承与变迁有着自身的客观规律和内在逻辑，因此才能在外生动力的影响下得以持续发展。从这一层面而言，文化变迁的实践规律构成了畲族传统文化教育传承与创新发展的引力系统。当然，文化变迁的内在逻辑所构成的引力系统与其他子系统是相互联系、不可分割的，甚至是有交叉的复合关系的。

（三）中介系统：教育全面推进与发展

教育，就其广义而言，应该囊括人类的一切教育实践活动。具体来说，

① 郑金洲. 教育文化学［M］. 北京：人民教育出版社，2011：102.
② 李富强，等. 村落的视角：壮族社会文化变迁的个案研究［M］. 北京：民族出版社，2013：329.

人类的教育实践活动应该包括传承人类文化、创造科学知识、提高人类素质以增强人类顺应环境和改造环境的能力等活动。可以说自有人类社会以来，就有教育存在，不同文化背景下的教育，具有不同的文化意蕴、价值内涵和价值追求。这种文化意蕴在历史上不断被阐释，不断地在教育过程中被实现，从而使得教育事业与整个民族文化的发展紧密结合起来。教育伴随着人类社会的出现而产生，而且教育作为文化传承的重要方式，在文化传承过程中发挥着积淀、选择、传递和创新等中介作用；同时，人又具有可教性，通过教育可以促进人的自我建构与全面发展。

教育不仅是培养人的活动，还是一个文化过程、一种文化现象。中介系统是联络需求系统与引力系统的中间环节，教育是联系人与文化的最密切的活动，教育的主体与内容充分体现了人与文化的关系，从而构成了促进人和文化发展的中介系统。从广义上讲，教育是伴随人类社会的发展而产生的，教育与人类相生相伴。教育是人类生存与社会进步所必需的，也是个体适应社会生活所必需的，特定的教育类型总是与特定的社会条件相依存。历史上的畲族长期受封建势力的压迫，鲜有接受学校教育的权利，直到清末民初，畲族才有了私塾教育、夜校和学校教育，大多数时候的教育，畲族人民只能利用民俗活动传承本民族的传统知识与文化。"教育在一定程度上是民族文化传承的产物，同时是民族文化传承的一个动因。"① 教育作为文化与知识的传承途径，具有一定的文化功能。首先，教育具有文化生成和积淀功能；其次，教育还具有文化传递功能、文化选择功能以及文化创造功能。教育无疑成为联系人与文化的重要媒介。畲族传统文化的传承得益于教育的发展，同时畲族传统文化也反过来推动了教育的发展。景宁畲族自治县设立后，政府部门对于少数民族的传统文化和教育给予了高度的关注和支持，多次拨付专项资金用于畲族社区教育和学校教育的建设与发展。部分畲族村寨搬迁至交通便利、生活便捷的城镇郊区，村里还逐步建立了图书馆、文化馆、文化活动中心等场所，并定期组织社区文化活动和科教知识培训，有效地提升了畲族村民的综合素质。在现代化的教育模式引领下，社区教育履行着文化传承和知识培训的职责，社区中开展的形式化与非形式化的教育活动，是畲族个体与群体的文化适应、知识掌握、道德养成以及情感、审美教育等方面发展的重要途径。其中，畲族传统文化的传承与发展在很大程度上得益于社区教育与学校教育的推进与发展。

---

① 刁培萼. 教育文化学［M］. 南京：江苏教育出版社，1992：268.

另外，教育系统之内，教育者和教育内容因素的变化也促进了畲族传统文化的教育传承。首先，教育者作为具有不同思想认识、情感态度、志趣爱好的主体，其对教育变迁的影响主要通过自身对传统与现代文化内涵的理解，平衡教育者与学习者之间的关系，实现教育内容的传播与转化，从而促进教育功能的发挥。从古至今，教育者的基本素养和知识储备、开展活动的技能等均得以提升，在传统文化的教育传承方面能够发挥更大的作用。其次，家庭场域、社区场域以及学校场域中的教育内容均将畲族传统文化融入其中，体现了与时俱进的特征，融合了新时代的文化元素，更具生命力。最后，教育环境、教育基础设施设备等方面的进步与完善，推动了畲族传统文化的教育传承与发展。教育系统内的这些因素作为一种潜在的教育软环境或教育要素，影响和制约着文化变迁与教育传承的实际进程。

（四）支持系统：文化发展的外部环境

环境支持系统简称支持系统，即传统文化教育传承的大环境，作为文化传承与变迁进程中不可缺少的外生动力，其主要由社会政治、经济、科技、大众媒介、文化交流等要素构成，文化发展的外部环境是保障和支持文化传承与发展的外在动力。

第一，政治制度和国家政策的引领。全球化和国家现代化是推动少数民族文化变迁的重要力量。"在现代政府扮演重要角色的国家里，政府针对具有特殊演进历史和传统文化的少数民族和地区的制度性安排和民族政策，对于少数民族社会发展、文化变迁具有广泛深入（刻）的影响。"[1] 全球化背景下，"国家将起到普遍化力量的作用"[2]，事实上，景宁畲族传统文化的传承保护、创新发展与国家力量的渗透有着不可分割的联系。新中国成立后，推行的"行政下乡"策略，打破了畲族的家族、族群界限，使得国家规则介入了乡村社会自身的各种秩序。进入 21 世纪，随着人民生活水平的不断提高、综合国力水平和地位的日渐提升，政治上开始提倡"和谐"社会的建构；同时，国际社会中不同民族也在强调自身的文化传承，在国际国内背景的大势影响下，传统文化的传承研究日益突出，景宁畲族乡村社会原本自发性的文化系统也逐渐被打破，代之以国家权力主导的社会文化网络，国家政权全面深入影响着畲族人民的日常生活。

---

① 何群．环境与小民族生存［M］．北京：社会科学文献出版社，2006：433.

② 齐格蒙特·鲍曼．现代性与矛盾性［M］．邵迎生，译．北京：商务印书馆，2003：193.

在畲族传统文化的教育传承过程中，虽然避免不了文化变迁自身规律的牵引，但是国家权力发挥了"强劲推手"和"完美设计师"的作用。① 国家以相关政策的制定、实施以及现代化"秩序建构"的引领与规制，使得"政治现代化先行"② 渗透到民众的日常生活中，引导畲族传统文化的家庭教育、社区教育以及学校教育传承。近年来，乡村振兴战略、"八八战略"、共同富裕战略的制定有力地推动了当地社会经济、文化等方面的发展，使得民众在多重受益中感受和认可国家的主导力量。

第二，经济环境的改善。"马克思主义认为，一定的教育是由一定的生产关系决定的，但归根结底决定于生产力的发展，即教育目的、教育内容、教育结构等，看起来是一定社会政治经济的直接反映，但从根本上说无不受到生产力的制约。"③ 教育是培养人的活动，家庭教育、社区教育以及学校教育亦是如此。由于一定的政治经济总是建立在一定的生产力发展水平之上，所以景宁畲族传统文化的教育传承内容与方式必然受到生产力发展水平的影响与制约。

在漫长的历史长河中，景宁畲族的生产长期依赖于传统的农耕和狩猎方式。经历屡次迁徙后定居在景宁的山区，尤其是改革开放前，景宁畲族人民过着极为艰苦的生活。1985 年，景宁畲族自治县被列为全国、全省重点扶持的贫困县，浙江省民政厅每年都拨付专项资金对老区进行扶持。进入 21 世纪以来，景宁畲族自治县的经济发展迎来了诸多有利形势和机遇。在党中央、国务院和上级党委、政府的关爱下，景宁充分发挥民族自治政策优势，特别是抓住了 2008 年浙江省委、省政府专门出台的扶持景宁发展的"53 号文件"的发展机遇，景宁县立足生态优势，突出民族特色，狠抓产业发展，县域经济通过"十五""十一五"的补课，趁势而上，至"十二五"实现了跨越式发展，基本实现了县域经济在全国 120 个少数民族自治县中位居前十的目标。这一时期，景宁畲族自治县的经济总量显著提升，仅 2013 年全县生产总值高达 38.7 亿元，比 2000 年的 8.3 亿元增长了 3.7 倍，农业、工业、现代服务业等行业经济稳步发展。农民增收是新农村建设的首要目标和任务，也是解决农村经济发展问题的核心。下山脱贫建设工作启动后，景宁认真实施《景宁畲族自治县下山移民规划（2008—2012 年）》，切实加强对农民异地转移工

---

① 姚磊. 场域视野下民族传统文化传承的实践逻辑［M］. 北京：人民出版社，2016：275.

② 尹丹萍. 当代土家族女性婚姻变迁［M］. 北京：社会科学出版社，2009：20-21.

③ 柳海民. 教育原理［M］. 长春：东北师范大学出版社，2007：154.

作的指导，共计投入各类资金 4.3 亿元用于搬迁，实现了万人脱贫，推进了新型城镇化建设。① 随着景宁畲族自治县新农村建设项目和乡村振兴战略的实施，当地经济发展水平得到了大幅提升。近年来，随着文化、旅游产业的全面发展，当地的市场经济效益显著提升，不少民众纷纷借助"文化发展·经济唱戏"的平台，踏上了致富之路。不可否认，经济环境的改变，促进了教育与科技水平的提升，从而带动了当地文化与教育事业的快速发展。不仅如此，经济水平的提升还有助于教育观念的更新，对于人的发展以及传统文化的传承发展有着不可忽视的作用。

第三，大众传播媒介的更新。经济的发展可以促进科技的进步，科技的发展必然带来大众传播媒介的更新换代。改革开放以来，浙江作为信息化发展较快的省份，其大众传播媒介使用与更新的规模迅速扩大。传播媒介，简单地说"就是传递大规模信息的载体，是通讯社、报纸、杂志、书籍、广播、电视、电影、互联网等的总称"②。目前，浙江已形成了"以报纸、杂志、广播、电视、互联网为主体，技术比较先进，多层次、多渠道、多手段，基本覆盖全省城乡并面向全国和世界的，拥有众多的观众、听众和读者的传播网络"③，景宁畲族自治县随之也进入了大众传播的新时代。在此背景下，畲族传统文化的教育传承方式也得以扩展和创新，即由早期的口头传承、行为示范发展为多元化的大众媒体传承，传承方式更为灵活与生动，吸引了越来越多的民众关注畲族传统文化。自 2007 年以来，每年的畲族"三月三"节庆期间，县政府按照惯例都会邀请中央、省、市主流媒体记者连线景宁，集中报道节庆盛况，多角度宣传景宁的风土人情、经济建设和社会发展。2010 年的节庆活动期间，中央、省、市等 28 家国内主流媒体云集畲乡，刊发原创报道 140 余条；2012 年节庆期间，37 家主流媒体集中采访报道，刊发原创报道 170 余条。值得一提的是，2014 年国家民委主管、中国民族报社主办的《中国民族报》头版头条刊登了景宁畲族"三月三"节庆活动，进一步提高了畲乡景宁的知名度。其次，景宁畲族自治县相关部门通过网页、微博、论坛等新媒介开展网络宣传活动，建立并开通了"中国畲乡三月三"专题网页和官方微博，权威发布节庆筹备和活动亮点等信息，掀起了"中国畲乡三月三"网上宣传热潮。此外，从 2012 年起，景宁推出了畲族"三月三"节庆网上共

---

① 　数据来源于景宁畲族档案馆。

② 　李彬．传播学引论 [M]．北京：新华出版社，2003：181.

③ 　陈立旭．从传统到现代——浙江模式的文化社会学阐释 [M]．北京：中国社会科学出版社，2007：387.

庆活动，"融入微博互动、动漫体验、网络视频直播等新元素，通过网络欢度畲族传统节日，在娱乐和游戏中认识景宁、了解畲族传统文化"①。如前文所述，2023 年中国畲乡"三月三"活动依然采取了线上线下相结合的举办模式。与往届相比，2023 年的活动设置在保持原汁原味原生态的同时，更加注重"沉浸体验"，设置了"畲汉融合乐满城"民族同心祈福典礼、"畲汉融合乐满城"民族文化沉浸式展演、"畲风健体强心魄"第十三届民族体育嘉年华暨"封王"大赛等系列活动，并且在 2023 年开幕式晚会和第十三届中国畲族民歌节中都融入了数字科技与时尚元素的"潮展示"，实现传统与现代激烈碰撞，带来了一场别具特色的视听盛宴。② 大众传播媒介的广泛运用，使得畲族"三月三"节庆文化在全国甚至全世界广为人知，形成了线上和线下联动的良好格局，有效推进了畲族传统文化的传承与发展。

第四，生态环境的双向影响。生态环境作为环境支持系统的一个基本要素，是常被人们忽略的影响因素。随着社会的发展，追求文化环境发展的同时，对于生态环境造成的负面影响逐渐成为制约文化环境发展的关键因素。21 世纪以来，景宁出台了全面建设社会主义新农村的实施意见，帮助当地畲族村民脱贫致富。景宁县委、县政府结合景宁的自然环境和实际情况，大力发展生态精品高效农业，制定了"近期茶叶、中期毛竹、远期香榧"的农业主导产业发展战略，确定了茶叶、食用菌、山地蔬菜、生态养殖、中药材等为主的农业产业。随着"小康畲乡"进程的推进，景宁县政府出台了发展农家乐乡村休闲旅游综合体等方案，为农家乐发展提供资金、措施、土地等政策保障，大力实施农家乐休闲旅游发展项目。然而，旅游经济的发展不可避免地会产生环境问题，随即景宁县政府深入实施了多项惠民工程，着力改善农村生产生活环境，着力在道路硬化、污水处理、垃圾收集、村庄绿化等方面下功夫，通过实施畲族乡村环境整治工程，改善农村卫生环境，有效地保护了当地的自然生态环境。2011 年，景宁荣获"省级生态县"荣誉后，努力向"国家级生态县"迈进，并于 2015 年 5 月通过了国家级生态县创建技术评估，走出了一条具有"畲乡特色"的生态文明发展之路。近年来，绿水青山就是金山银山的环保理念深入当地，得到了积极落实。

景宁畲族自治县在城镇化建设过程中，一方面不断推动城市发展、提高

---

① 陈建樾. 中国民族地区经济社会调查报告 [M]. 北京：中国社会科学出版社，2015：158.

② 人民融媒体. 浙江景宁：2023 中国畲乡"三月三"开幕 [EB/OL]. [2023-04-22]. https：//baijiahao. baidu. com/s？id＝1763837782519471693&wfr＝spider&for＝pc.

了人民生活水平；另一方面也不可避免地加速了传统民族文化的消亡与变迁，传统民族文化保护与乡土传统面临着巨大挑战，这是文化生态环境所面临的困境。由于城镇化建设是一把"双刃剑"，改造自然环境的同时，也影响了当地的文化生态环境。但是，当地人也尤为重视生态环境的保护与建设。据统计，"十三五"期间，生态文明建设成效显著，绿色发展水平稳步提升；生态环境治理常抓不懈，生态环境质量保持优等；生态环境治理能力提升，风险防范水平逐步提高；公众生态意识显著增强，社会参与程度不断提高。[①] 为深入贯彻习近平生态文明思想，立足新发展阶段，贯彻新发展理念，构建新发展格局，坚持系统观念。2023年，景宁畲族自治县相关政府部门制定了《景宁畲族自治县生态环境保护"十四五"规划》《景宁畲族自治县全域土地整治与生态修复项目实施办法（试行）实施细则》，强调加快构建生态保护现代化监管体系，推进生态环境高水平保护，实现生态环境高效能治理，充分发挥生态环境保护对景宁经济社会发展的优化调整和促进作用，奋力推动景宁跨越式高质量发展。

第五，民族间的交流、交往日益密切。"一种文化在交流中能彼此认同，相互借用和吸收，与其内在的价值基础相同和存在着共同的社会心理意识是分不开的，这既是长期交流传承的结果，又是交流和传承的基础。"[②] 历史上畲族迁徙到景宁后主要学习汉族的稻谷生产方式，同周围汉族社会逐渐增加了交流交往，形成共存的文化生态体系。《古田县志》中记载："近则附近居民，各村与民往来交易，亦有承耕民田，能自变易其俗。惟疏远者则相沿旧习如故。"这反映了畲汉两族人民历史上的交流交往。"畲族向汉族学习先进的农耕技术，汉族人民向畲族学习狩猎技术，两大族群同样为了生存和安全需要，互相学习彼此先进的生产和生活方式。"[③] 新中国成立后，随着各项民族政策的制定与实施，畲族与其他民族的交流、交往进一步增强，同时畲族与汉族的文化交流保持着良好的文化传统，经过长期的调适与文化融合，畲族人民的生活态度、生活方式、生活秩序和生产方式等与汉族形成了高度的默契，彼此理解、认同其他民族的传统文化。近年来，景宁畲族自治县的民族团结和民族交流交往交融工作不断取得突破，在"建机制、活文化、兴产

---

① 景宁畲族自治县生态环境保护"十四五"规划 [EB/OL]. [2022-03-07]. http：//www. jingning. gov. cn/art/2022/3/7/art_ 1229631946_ 4888169. html.

② 赵世林. 云南少数民族文化传承论纲 [M]. 昆明：云南民族出版社，2002：147.

③ 施强，谭振华. 族群迁徙与文化传承——浙江畲族迁徙文化研究 [M]. 北京：民族出版社，2014：440.

业、强民生、浓氛围"等领域取得明显成效，获得全国民族团结进步创建示范区、荣膺全国民族团结进步模范集体。"十四五"期间，景宁力求认真贯彻落实习近平总书记在全国民族团结进步表彰大会上的重要讲话精神，全面贯彻落实党的民族政策，牢牢把握"共同团结奋斗、共同繁荣发展"民族工作主题，着力释放政策动力与激发内生潜力相结合、着力体制创新与开放合作相结合、着力构建民族治理体系与平等互助相结合，珍惜荣获的"全国民族团结进步模范集体"荣誉，扭住发展关键，厚植畲族文化、特色产业优势，促进与各民族广泛交流、全面交流、深度交融，实现繁荣发展促团结稳定、团结稳定保繁荣发展的良好局面。① 如今，景宁畲族聚居区已经形成了和睦相处、和衷共济、和谐发展的良好氛围。社会内部各民族间的交流交往具有普适性的社会学意义，同样也具有教育功能，作为社会大系统中民族间的交流交往，必然成为环境支持系统中的一个基本要素。

通过对传统文化教育传承运作系统的分析，不难发现文化传承的需求系统、中介系统、引力系统和环境支持系统是相互联系、密不可分的。教育作为畲族传统文化传承发展的中介系统，在环境支持系统的保障作用下，维系着人与社会发展的需求系统和文化变迁的引力系统之间的内在联系，教育与需求系统及引力系统间有着各自的实践逻辑和作用机制，它们相互联系、相互影响、相互作用，共同构成了畲族传统文化的保护传承与创新发展的动力机制。"文化中若有一个部分发生变迁，必然引起其他相互关联部分的相应变迁，最先改变起着决定性的制约作用。"② 在畲族传统文化的教育传承过程中，当生产方式发生变化，连带着社会关系发生变化，特定社会的文化形态和教育要素均会发生一定的变化。这验证了文化变迁的动力系统中，部分与整体、子系统与整个大系统是牵一发而动全身的关系。

四、共同富裕视域下畲族传统文化创新发展的机制构建

人类学考察关注人、文化与自然三者之间外在的和内部的关系构型，以及这些关系构型所表达出的形式、形态的多样性和复杂性特征，即"一个特定的时空中各文化元素之间相互作用所形成的一个综合场，它是一个文化的

---

① 资料来源于景宁畲族自治县民族团结进步事业"十四五"规划。
② 怀特. 文化科学——人和文明的研究［M］. 曹锦清，等译. 杭州：浙江人民出版社，1988：351.

存在形态，是一个有向心力的、动态的和有机的系统"①。而教育作为一项系统工程，依托教育的文化传承不能将家庭教育、社区教育和学校教育割裂开来，只有三者的有效融合才能形成家庭教育、社区教育和学校教育共生的民族文化传承系统，从而促进民族传统文化的有效传承与创新发展。

党的十九大报告明确提出"文化是一个国家、一个民族的灵魂。文化兴国运兴，文化强民族强。没有高度的文化自信，没有文化的繁荣兴盛，就没有中华民族伟大复兴"②。党的二十大报告再次强调要推进中华民族传统文化的创造性转化与创新性发展，"推进文化自信自强，铸就社会主义文化新辉煌，不断提升国家文化软实力和中华文化影响力"③。民族教育发展的整体观，要求把民族教育的发展视为社会发展有机整体中具有特定功能并相对独立的组成部分。"民族教育发展的整体性既表现在对民族教育内部结构有序性的要求，而且也表现在对社会其他环节协同发展的要求。"④ 为了更好地实现民族传统文化的家庭教育、社区教育与学校教育的协同共生发展，势必要坚持党和政府的引领，不断更新观念，科学认识少数民族传统文化的发展问题，同时，连接生活世界与科学世界的民族文化传承教育，以期构建"三位一体"的民族文化教育传承机制。

（一）国家在场：构筑以政府为核心的文化传承支持系统

政府作为社会结构中权力的象征，拥有最丰厚的经济资本、文化资本、社会资本和符号资本。按照福柯权力空间论的理解，社会交换本质上是资本的交换，只要掌握了权力空间，就掌握了其他的资本，也就将占据主动控制的地位。按照社会交换理论的观点，政府本质上是一种权威结构，政府的利益和价值偏好对社会政治、经济、文化、教育等结构具有决定性的影响。依据布迪厄的"场域"理论，"场域"为关系性的概念，场域"是在各种位置

---

① 孙杰远，徐莉. 人类学视野下的教育自觉 [M]. 桂林：广西师范大学出版社，2007：12.

② 习近平. 决胜全面建设小康社会夺取新时代中国特色社会主义伟大胜利——在中国共产党第十九次全国代表大会上的报告 [R]. 北京：人民出版社，2017-10-18.

③ 习近平. 高举中国特色社会主义伟大旗帜为全面建设社会主义现代化国家而团结奋斗——在中国共产党第二十次全国代表大会上的报告 [EB/OL]. [2022-10-16]. https://www.gov.cn/xinwen/2022-10/25/content_5721685.htm.

④ 谢启晃，孙若穷. 中国民族教育发展战略抉择 [M]. 北京：中央民族学院出版社，1991：384.

之间存在的客观关系的网络（network）或一种构型（configuration）"①。教育是一个场域，在这个场域中，夹杂着政府、社区（含学校）和学校的关系。政府在教育场域中占据主导地位，拥有最多的"资本"。为了促进民族传统文化的可持续发展，政府应充分发挥"资本"优势，以经济资本、文化资本、社会资本和符号资本的运作机制赋予传统文化的教育传承以更多支持。同时，要高度重视经济资本和权力资本支持。权力资本以其权威结构的力量展现，具有极强的强制力，可通过行政手段、意识形态的手段以及赋权的手段，强化家庭、社区、社会及学校教育场域的民族文化传承。与此同时，权力资本的支持，必须辅以经济资本的支撑，才能够顺利推进少数民族文化传承发展。政府作为民族传统文化的管理者和引领者，主要发挥着对民族传统文化发展方向、目标、方针政策上的指导作用，并借助于强大的政府权力和财政资金优势，为民族传统文化传承创新保驾护航。

国家是民族发展的坚实基础和坚强后盾。政府应该发挥国家在场的作用，运用先进的文化思想引领民族传统文化的传承与创新。民族传统文化是人的生活智慧的呈现，人在其中起着十分重要的作用。所以，民族传统文化传承创新的关键是人的意识创新。我国正处于社会转型时期，多元文化并存，学界、政府和社会对于民族传统文化的认知存在多维视角，国家应该在充分认识到社会各阶层对民族传统文化价值观念的基础上，运用社会主义核心价值体系和价值观去指导少数民族传统文化创新发展，充分发挥国家力量的同时，用老百姓喜闻乐见的传播方式和形式，让这些先进思想融入广大民众的心坎里，进而在文化创新中发挥思想引领的积极作用。② 此外，要充分发挥政府对于文化传承创新工作的协调管理职能。少数民族传统文化的教育传承与创新是一项系统工程，需要政府在履行管理职能时，合理处理好文化传承创新中的多重关系。同时，还需要利用政策和资金支持推进民族传统文化的可持续发展。

2014 年，教育部印发了《完善中华优秀传统文化教育指导纲要》；2017年，中共中央办公厅、国务院办公厅印发了《关于实施中华优秀传统文化传承发展工程的意见》等政策文件。同时，习近平同志多次强调中华优秀传统

---

① 皮埃尔·布迪厄，华康德. 实践与反思——反思社会学导引［M］. 李猛，李康，译. 北京：中央编译出版社，1998：133-134.
② 李银兵. 民族传统节日社会功能研究——文化创新的视角［M］. 北京：人民出版社，2020：161.

文化对于实现中华民族伟大复兴和构建"人类命运共同体"的重要意义。这些都说明了国家对于民族传统文化的高度重视。除了法律法规政策和文化项目之外，我国政府各部门还出资举办各种各样的传统文化活动，以期弘扬优秀传统文化、促进民族团结与文化交流。乡村振兴战略背景下，民族传统文化的教育传承与创新发挥着"造血"功能，有力地促进了民族地区和少数民族的全面发展。此外，政府还应该强化少数民族文化传承的自觉意识，提升民族文化自信、自尊，将民族传统文化的教育传承、保护、创新融入民众的日常生活。

总而言之，政府在民族传统文化的传承与发展过程中发挥着重要作用。首先是政策支持，即制定少数民族文化教育支持政策，如通过指导纲要、课程编制等方式将少数民族文化教育纳入学校教育课程体系，制定评估体系，加强师资培训等；随之是经费支持，分拨经费大力支持少数民族传承文化的教育传承与发展；同时还需要督导支持，加强对少数民族文化教育的督导和评估；此外，还需要发挥资源统合的作用，借助政府的权威和对"资本"掌控的优势，统合社会各界资源优势和学校教育的优势，做好"舵手"，积极聚合少数民族文化教育合力。① 综合发挥政府的支持作用，才能够积极有效地促进民族传统文化的传承与发展。

（二）更新观念：科学认识少数民族传统文化的发展问题

"世界上任何一种文化都是处于不断发展和变化之中的，都不同程度地经历着发展、变化、变异或消亡和再生的过程。作为一个民族区别于其他民族的文化，少数民族传统文化是由一个民族共同体所创造和传承弘扬的文化体系和要素。它既是相对稳定的，也是开放发展的。它既自成体系又有别于其他民族的文化系统，同时与其他文化系统的碰撞与交融中不断推陈出新。"②"处于不断运动和发展变迁过程"是民族文化发展的规律，对于民族传统文化的教育传承并不是原封不动地加以拷贝，而是有选择地传承和弘扬其积极部分，发扬有利的文化元素。文化发展有其自身规律，人类对少数民族传统文化的教育传承只能在一定程度和层面上做到取其精华去其糟粕。

随着全球化和现代化进程的不断推进，一些学者认为社会发展的现代性

① 吕进锋. 少数民族文化教育空间研究 [D]. 昆明：云南师范大学，2020.
② 秦中应. 当代湘西苗族传统文化的教育传承研究——以湘西州凤凰县苗族为例 [D]. 北京：中央民族大学，2011.

冲击是导致民族传统文化加速消亡的主要原因。而事实并非如此，民族文化的消亡是一个自然而然的过程，文化发展的另一个规律是变异，所以，现代文化和主流文化并不是传统文化的终结者。民族本土文化与外来文化、传统文化与现代文明之间并不是完全对立的，其完全可以在一个文化场域中共存。为了更好地促进民族传统文化的传承与发展，要积极吸纳外来文化和现代先进文明，促进民族传统文化的创新发展。数字人文时代，数字技术是助力民族优秀传统文化创造性转化与创新性传承的关键路径，具有赋能文化保护传承、拓展应用场景以及促进国际交流与合作的关键作用。党的二十大报告及《关于推进实施国家文化数字化战略的意见》明确提出要促进"优秀传统文化的创造性转化与创新性传承"，"搭建文化数据服务平台，提升公共文化服务数字化水平"。在新媒体语境下，传播媒介日益多样化，借助新媒体技术能够有效赋能民族文化创新性传承发展。不过需要注意的是，虽然数字传承是一种重要的传承方式，但不能完全替代实践传承。现实中，如果民族文化传承出现了数字传承与实践传承之间的失衡现象，如过分强调数字传承而忽视实践传承的地方性与本土性，则会导致文化的去语境化现象，或过分依赖实践传承而排斥数字传承。这种失衡会阻碍文化传承保护与可持续发展，甚至会导致民族文化的本质内涵被削弱或失真，民族文化数字传承需尊重其本质特征和内在规律，保持其"原汁原味"和活态特性，同时应关注文化传承实践者的主体地位和参与权益，促进民族文化的实践传承与数字技术的互动融合。

少数民族传统文化是少数民族在长期的生产生活中积累的智慧结晶，不同的民族，其传统文化有其自身的发展规律。文化传承的过程是一个动态、发展的过程，少数民族文化也不例外，遵循着文化传承的实践逻辑。诚如法国学者阿兰·图雷纳（Alain Touraine）指出的那样，"如果我们赞同每种文化都是独一无二的说法，对每一种文化的特殊性强调过头，只能导致文化冲突一触即发这样一种危险的局面"。所以，"应该寻求一种平衡，建立这样一种指导思想，即一方面要保护和弘扬实质性的传统，在推崇设施设备现代化、思想观念现代化、管理手段现代化的同时，不忘以传统文化为底蕴；另一方面，在继承和发展民族传统文化的同时，必须结合现代元素中的合理内涵，推动民族传统文化的发展与创新"①。

如前所述，在多民族国家，国家在多元文化的社会建构中应该发挥什么

---

① 普丽春．少数民族非物质文化遗产教育传承研究——以云南省为例［M］．北京：民族出版社，2010：167.

样的作用以及如何发挥作用，是存在争议的。随着少数民族文化活动的正规化与规范化发展，政府参与其中统筹管理的力量不断增强。然而，少数民族教育具有特殊性和民族性特征，与城镇社区教育不能一概而论，在少数民族文化传承发展过程中，要处理好社区自主发展与政府统筹管理的关系。不容置辩，政府的统筹管理能够在政策、人力、物力等方面给予引导和支持，可以更好地整合社区教育资源，制定科学的教育目标和教育方式，尤其对于教育水平欠发达的地区，更需要政府的介入与帮助，引领时代步伐、带动地方民族教育的发展。但是，少数民族教育具有特殊性，由于文化背景和文化心理特征的差异，少数民族族群长期生活在具有自身逻辑规律的文化圈内，有着自发的教育组织、社区团体和活动规则，如果政府强制性地过多干预，反而会打击少数民族群众的积极性，甚至会引发他们的负面情绪，从而阻碍民族地区和少数民族教育的开展，认同并尊重少数民族现有的教育活动与传统文化，是促进民族传统文化传承与发展的基础工作。

（三）建立链接：连接生活世界与科学世界的民族文化传承

20 世纪 20 年代，西方哲学流派提出了生活世界理论。德国著名哲学家哈贝马斯提出，生活世界"构成直观现实的，因此是可信的、透明的，同时又是不能忽视的，预先论断的网"①。海德格尔（Heidegger）认为"生活世界先于存在者，并规定存在者的存在"②。维特根斯坦（Wittgen stein）则认为生活世界就是人们在特定时代生活的方式，是指以一套语言游戏规则为基础的交流活动。而现象学代表人物胡塞尔（Husserl）则认为，生活世界是"客观性的起源领域""是由人所建构的、实践的周围世界，这个周围世界作为许多周围世界中的一个处在历史及其传统的视域之中"③。胡塞尔提出的生活世界的概念主要针对"科学世界"而言。在他看来，科学世界是生活世界的抽象图景，生活世界是前概念的、在活生生的经验中直观地给予的世界，而科学世界是经过人类的理智活动高度抽象化和概念化了的理论世界，而且科学世界

---

① 哈贝马斯. 交往行动理论：第二卷——论功能主义理性批判 [M]. 洪佩郁，等译. 重庆：重庆出版社，1994：180.

② 李文阁. 回归现实生活世界：哲学视野的根本置换 [M]. 北京：中国社会科学出版社，2002：105.

③ 倪梁康. 胡塞尔现象学概念通释 [M]. 北京：生活·读书·新知三联书店，1999：272-273.

的真理性必须追溯到生活世界的直观经验中去，因而生活世界是科学世界的基础。① 但是，生活世界与科学世界又是不可分割的。

以此类推，人类生存的世界可以分为生活世界和科学世界。人类社会中的教育也可以分为生活世界的教育和科学世界的教育，教育中的民族文化传承同样也可以分为生活世界的民族文化传承教育和科学世界的民族文化传承教育。从生活世界和科学世界的关系来看，生活世界的民族文化传承教育是更为基础和根本的，是科学世界的民族文化传承教育的基础和发源地。在人类社会产生之初，科学世界的民族文化传承教育还没有从生活世界的民族文化传承教育中分化出来，即民族文化的教育传承主要融于人们的生产生活中，与生活世界自然而然地融合在一起。② 但是，在制度化教育产生之后，科学世界的民族文化传承教育逐渐从生活世界的民族文化传承教育中分离出来，如学校的产生、社区学院的开展。虽然在制度化教育产生的早期阶段，生活世界的民族文化传承教育与科学世界的民族文化传承教育尚未完全分离和断裂，但是随着学校教育的深入和长期影响，学生浸润在学校教育中的时间越来越长，导致生活世界的民族文化传承教育和科学世界的民族文化传承教育发生了断裂，生活世界的民族文化传承教育逐渐弱化，且越发走向非生活化。

随着经济社会的发展和教育科学的进步，为了更好地促进民族文化的教育传承，必须将生活世界和科学世界相连接，促进二者的相交、相嵌、相融。促进科学世界与生活世界的文化融合是实现民族传统文化创新发展的内在动力。对此，首先，要发展民族地区和少数民族的经济，持续推进乡村振兴战略，在一定程度上减少少数民族家庭外出务工人员的数量，吸引他们在本地就业，进而减少留守儿童和空巢老人的数量，通过政策和经费支持少数民族在家庭和社区村寨开展民族文化活动，营造传承和弘扬民族传统文化的良好氛围。其次，利用大众传播媒介的积极作用，宣传少数民族的传统文化，不断扩大文化学习者的范围。此外，加强学校教育与家庭教育和社区教育之间的联系，将学校教育的内容与人们的日常生活紧密联系在一起，诸如在课程设置、教材编写、教学形式等方面将民族文化传承与少数民族群体的现实生活联系起来，使得教育内容更接地气，更能引发学生的反思和共鸣。同时，

---

① 张庆熊. 熊十力的新唯识论与胡塞尔的现象学 [M]. 上海：上海人民出版社，1995：122.

② 项贤明. 泛教育论——广义教育学的初步探索 [M]. 太原：山西教育出版社，2000：258.

在学校教育中要注意适当开展少数民族双语教育，将少数民族的优秀传统文化引入课堂，纳入教学评价，亦可以发挥少数民族家长代表和民族社区传承人的积极作用，邀请其到学校做讲座、现场教学等，将地方性知识融入科学世界的民族文化传承教育。

（四）社会联动：构建"三位一体"的民族文化传承融合机制

从教育场域和教育大系统来看，传统文化的传承场域通常包含了社区、家庭以及学校等教育场域。由于少数民族传统文化具有民族性、生活性、群众性等特点，最初是在村寨社区中自发传承的，社区教育具有天然的传承优势，所以，文化传承主体更倾向于在社区场域内进行本民族的文化传承。随着社会的全面进步与发展，少数民族传统文化的教育传承不仅发生在社区教育中，家庭教育和学校教育中的传承亦是必不可少的，这就需要厘清少数民族社区教育与家庭教育、学校教育的关系。首先，少数民族社区多以村寨的形式存在，村寨是由家庭组成的，村寨内举办的各种文化活动需要家庭成员的广泛参与，家庭教育为社区教育奠定了基础，尤其是关于少数民族历史文化的教育，最初是在家庭中经过长辈的口耳相传所获得。其次，一些少数民族社区具有宗族性质，具有权威的家庭和族人在社区中起着主导作用，掌管本民族社区内的重要活动。城市化影响下的少数民族乡村家庭可以依托社区文化活动，激发少数民族成员对传统文化了解和学习的主动性和积极性。[①] 所以，在少数民族文化传承方面，家庭教育与社区教育同样具有不可忽视的作用。

学校教育作为正规化教育的场所，具有系统传授少数民族文化的优势，通过编写和设置校本教材与校本课程、地方课程等，并在其他显性和隐性课程与活动中融入少数民族传统文化，以学生感兴趣的教学方式进行传承，能够较好地传承少数民族传统文化。从这一层面而言，学校教育在传承少数民族传统文化方面依然起着相应的作用。事实上，单独依靠家庭教育或学校教育来传承少数民族传统文化是不现实的，在现实社会背景下，由于家庭教育主体的缺失，升学指挥棒下的学校教育心有余而力不足，社区教育成为联动家庭教育和学校教育的重要桥梁。少数民族文化教育不仅仅是学校的责任，也应该是社区和家庭的责任。民族文化传承必须加强学校与家庭、社区的合

---

① 于影丽. 少数民族乡村文化教育传承机制研究 [J]. 当代教育与文化，2017，9（01）：58.

作和联动，整合学校作为"教育场域"的优势和社区作为"资源场域"的优势，搭建学校与社区沟通的平台。家庭教育、学校教育和社区教育在民族文化传承方面的合作，不仅可以营造传承少数民族文化的环境氛围，形成良好的民族文化传承的生态系统，还可以使民族文化传承和学生的实际生活相结合，充分发挥学校教育、家庭教育和社区教育的文化传承功能，提升三者的文化传承水平。所以，有必要将社区教育与家庭教育和学校教育相融合，形成"三位一体"的民族文化传承机制，实现家庭教育、社区教育和学校教育在文化传承方面的协同推动作用。

另外，学校教育与家庭教育、社区教育均以"促进人的发展"为目的，三者的"联动共生"关系是指学校教育与家庭教育、社区教育之间互为条件和基础，相互依存，相互影响，共同实现人与族群全面发展的目的。家庭、学校和社区是人们生活的主要空间，构成了民族文化的主要传承场域。家庭教育、学校教育和社区教育在民族文化传承方面的合作，不仅可以营造传承少数民族文化的环境氛围，形成良好的民族文化传承的生态系统，还可以使民族文化传承和学生的实际生活相结合，充分发挥家庭教育、社区教育和学校教育的文化传承功能，提升三者的文化传承水平。[①] 因此，加强家庭教育、社区教育和学校教育三者的结合，可以有效促进民族文化的教育传承与创新发展。

总之，民族传统文化的教育传承需要融合多种教育形态与教育形式。新时代背景下，处理好传统与现代多种不同教育形态的关系，既具有地方性、特殊性，也具有普适性，因为这些特性在民族地区和少数民族中普遍存在。民族传统文化的教育传承是一个较为复杂的系统问题，即使在同一个民族地区，在不同的历史时期，具体问题也是不尽相同的，因而不能指望通过某种固定的一劳永逸的方式解决问题。因此，只有在协同共生理念的指导下，坚持相互促进、相互补充、相互融合的原则，才能找到民族传统文化教育传承的融合点和契合点，从而促进民族传统文化的教育传承和少数民族的全面发展，最终实现"中华民族多元一体"格局下的"美美与共"的民族文化发展生态，助力民族文化传承的可持续发展与共同富裕目标的实现。

（五）激发活力：促进优秀传统文化创造转化与创新性发展

党的二十大明确提出全面建设社会主义现代化国家，必须坚持中国特色

---

① 曹能秀，王凌. 试论以教育促进民族文化传承的方法 [J]. 云南师范大学学报（哲学社会科学版），2010（2）：123.

社会主义文化发展道路，增强文化自信，围绕举旗帜、聚民心、育新人、兴文化、展形象建设社会主义文化强国，发展面向现代化、面向世界、面向未来的，民族的科学的大众的社会主义文化，激发全民族文化创新创造活力，增强实现中华民族伟大复兴的精神力量。文化发展的一条重要规律就是创新。中国传统文化的创造性转化与创新性发展，是科学对待中国文化的马克思主义命题。① 20 世纪，学者林毓生首次提出"创造性转化"的文化观念，认为"创造性转化"是以多元的思维模式将中国传统中的一些符号、思想、价值和行为模式选择出来，加以重组或改造，使之成为有利于革新的资源，并在这一过程中继续保持文化的认同，即把一些中国文化传统中的符号和价值系统加以改造，使经过创新性的转化的符号与价值系统，变成有利于变迁的种子，同时在变迁过程中，继续保持文化的认同。② 学者余英时提出文化重建问题涉及如何对待传统文化的问题，每个民族都有其特殊的"现代化"，其主张对传统文化进行调整与转化，以适应现代社会。同时，他提出中国文化重建的问题应归结为中国传统的基本价值与中心观念在现代化的要求下如何调整与转化的问题。③ 2013 年，习近平总书记首次提出了"创造性转化、创新性发展"的概念，随后多次强调要"实现传统文化的创造性转化、创新性发展"④，社会各界逐步掀起了传统文化创造性转化与创新性发展的热潮。

学界对传统文化的创造性转化与创新性发展的认识不断深入，从原则性界定、表达方式与视角、研究背景与学术特色以及"两创"之间的关系等维度进行了深入剖析。⑤ 不论学界呈现出何种"百家争鸣、百花齐放"的观点，始终都要坚持马克思主义文化史观。马克思主义文化创新观念的基本立场主张文化的最终根源在于现实的社会生活，将人的存在深深扎根于人的感性生活领域，将人在对象性活动（实践）中所产生的一切文化现象都植根于人类社会生活的内在结构、规律和本质之中，构建了以唯物主义和辩证法为基础的文化观。⑥ 马克思、恩格斯提出了文化传承创新需要"剥取"与"扬弃"。

① 陈先达. 文化自信与中华民族伟大复兴［M］. 北京：人民出版社，2017：161.
② 林毓生. 中国传统的创造性转化［M］. 北京：生活·读书·新知三联书店，1988：291.
③ 余英时. 中国思想传统的现代诠释［M］. 南京：江苏人民出版社，2004：2-5.
④ 习近平. 习近平谈治国理政：第二卷［M］. 北京：外文出版社，2017：313.
⑤ 李新潮. 中国传统文化"创造性转化、创新性发展"思想研究［D］. 兰州：兰州大学，2021.
⑥ 中共中央马克思恩格斯列宁斯大林著作编译局. 马克思恩格斯文集：第 2 卷［M］. 北京：人民出版社，2009：592.

这种"剥取"绝非是抽象的剥离和抽取，而是在辩证批判的基础上扬弃传统文化的重要环节。当然，批判也是具体的历史的"扬弃"。中国传统文化的创新发展不仅要坚持马克思主义的立场、观点和方法，同时要对传统文化的符号与价值加以系统改造，促使其与时代、现实相融通。创新性发展就是在既有文化基础上进行新的发现、发明和创造，促进优秀传统文化自身的价值提升和跨越式发展。而创造性转化就是要按照时代特点和要求，对那些至今仍有借鉴价值的内涵和陈旧的表现形式加以改造，赋予新的时代内涵和现代表达形式，激活其生命力。创新性发展就是要按照时代的新进步新进展，对中华优秀传统文化的内涵加以补充、拓展、完善，增强其影响力和感召力。① 实现传统文化的创造性转化与创新性发展，从根本上来看，赋予新义、改造形式、增补充实、拓宽延展、规范完善或许是推进传统文化创新发展的基本方法。② 如从文化政策的视角来看，可通过培育专业团队，推动文化现代化进程；打通体制内外，建立传承、创新的"全民模式"；推动国际交流，实现多元文化的交流互鉴。③

党的二十大报告提出要将打造"数字中国、智慧社会"作为创新型国家的具体目标，努力实现物质文明和精神文明相协调的现代化。2021 年省文化和旅游厅正式发布《浙江省非物质文化遗产保护发展"十四五"规划》，明确将非遗数字赋能工程作为阶段性重点任务。以人工智能和大数据为技术基础的数字人文环境为文化传承与保护提供了新的实现路径；知识图谱以及数据画像等新兴技术为智能时代的文化传承提供了有效支撑，是实现民族传统文化"智慧化传承"的重要路径。推进民族传统文化的创新性传承，可将先进的信息科学技术手段运用到民族文化传承工作中，如精准利用全媒体资源、元宇宙、人工智能、云计算等推动文化传承研究，依托利用数字化平台，创新和推广多样化的数字教育文化传承模式，推动文化产业化发展，助力文化传承方式的创新。同时，积极推动具有民族特色的民族文化成果融入"世界记忆"，为促进人类文化传承和文明交流互鉴提供中国方案。④

① 李新潮．创造性转化与创新性发展的辩证关系［EB/OL］．［2021-03-25］．http：//sscp．cssn．cn/xkpd/mkszyyk/202103/t20210325_5321452．html.

② 李军．坚持"创造性转化、创新性发展"方针弘扬中华传统文化［N］．光明日报，2014-10-10（01）.

③ 傅才武，岳楠．论中国传统文化创新性发展的实现路径——以当代文化资本理论为视角［J］．同济大学学报（社会科学版），2018（1）：28-38.

④ 王霄冰．非物质文化遗产保护标准若干问题探析［J］．文化遗产，2022，80（05）：1-9.

随着乡村振兴战略的深入实施以及文化产业化的不断兴起，商业旅游成为传承民族传统文化的有效途径。近年来，随着景宁对外招商引资力度的加大以及政府的全力扶持，景宁畲族自治县以弘扬传统文化为目标，以旅游业发展为契机，大力推进景宁县旅游业的发展，尤其是在畲族"三月三"节庆期间，社会各界投资的文化传承项目与商业取得了可观的收益。如畲族村寨的农家乐、畲家客栈、畲族服饰、"云中大祭""畲乡之窗""非遗一条街"、畲族篝火晚会等传统文化活动融合了商业旅游项目，不仅带动了地方经济的发展，同时利用人们休闲娱乐的时间加深了对畲族传统文化的认知，从而推动了畲族文化的传承。对于畲族传统文化的创新发展而言，在积极践行马克思主义文化观和习近平传统文化观的基础上，进一步加强政府引导的作用，正确认识中华优秀传统文化的内涵与意义，增强基层文化认同，激发文化主体的内生动力，坚定文化自信，不断推进文化创新，为实现物质富裕与精神富裕、民族复兴中国梦提供精神支撑。

本研究是一个个案，囿于一时一地之限制，所述内容未必能以点带面、管中窥豹。同时，由于著者的研究水平和精力有限，所述难免有错漏之处，还望学界和读者朋友们批评指正。本研究的初衷仅为民族传统文化的教育传承和创新发展尽些微薄之力，研究过程中必定存在特殊性与普适性的问题，且随着社会经济发展，文化传承也处于不断变化之中，所以研究结论必然也应当是不断深化、发展的。于此，只能交给读者去了解和评判。同时，著者也会在日后的研究中，不断深入理论学习和丰富田野调查，努力将此项研究进一步扩展与延伸。

参考文献

一、中文文献

（一）著作

[1]《畲族简史》编写组．畲族简史［M］．北京：民族出版社，2008.

[2] 安学斌．民族文化传承人的历史价值与当代生境［J］．云南民族大学学报（哲学社会科学版），2007（6）：18-22.

[3] 鲍展斌，李包庚．习近平文化遗产观及其时代价值［J］．马克思主义研究，2019（8）：70.

[4] 北京大学哲学系美学教研室．西方美学家论美和美感［M］．北京：商务印书馆，1980.

[5] 晁福林．天地玄黄［M］．成都：巴蜀书社，1990.

[6] 陈桂生．教育原理［M］．上海：华东师范大学出版社，2012.

[7] 陈国强．简明文化人类学词典［M］．杭州：浙江人民出版社，1990.

[8] 陈华敏．畲族三月三［M］．杭州：浙江摄影出版社，2014.

[9] 陈建樾．中国民族地区经济社会调查报告［M］．北京：中国社会科学出版社，2015.

[10] 陈静梅．我国非物质文化遗产传承人研究述评［J］．贵州师范大学学报（社会科学版），2012（4）：77-84.

[11] 陈立旭．从传统到现代：浙江模式的文化社会学阐释［M］．北京：中国社会科学出版社，2007.

[12] 陈琳莉．论非物质文化遗产彝族刺绣的传承意义——以云南永仁直苴彝族刺绣为例［J］．思想战线，2014（1）：118-120.

[13] 陈先达．文化自信与中华民族伟大复兴［M］．北京：人民出版社，2017.

［14］陈学金．中国教育人类学简史［M］．北京：人民教育出版社，2018．

［15］刁培萼．教育文化学［M］．南京：江苏教育出版社，1992．

［16］丁钢．全球化视野中的中国教育传承研究［M］．桂林：广西师范大学出版社，2009．

［17］丁钢．声音与经验：教育叙事探究［M］．北京：教育科学出版社，2008．

［18］丁钢．文化的传递与嬗变：中国文化与教育［M］．桂林：广西师范大学出版社，2009．

［19］斐迪南·滕尼斯．社区与社会［M］．林荣远，译．北京：商务印书馆，1999．

［20］费孝通，张之毅．云南三村［M］．北京：社会科学出版社，2006．

［21］费孝通．江村经济：中国农民的生活［M］．北京：商务印书馆，2003．

［22］费孝通．论人类学与文化自觉［M］．北京：华夏出版社，2004．

［23］费孝通．乡土中国，生育制度［M］．北京：北京大学出版社，1998．

［24］冯建军．教育的人类学视野［M］．合肥：安徽教育出版社，2008．

［25］冯天瑜．中华文化史：上、下［M］．上海：上海人民出版社，1990．

［26］冯增俊．教育人类学［M］．南京：江苏人民出版社，2001．

［27］冯增俊．教育人类学教程［M］．北京：人民教育出版社，2005．

［28］高平叔．蔡元培教育论著选［M］．北京：人民教育出版社，1991．

［29］高永久．民族社会学概论［M］．天津：南开大学出版社，2010．

［30］顾明远．民族文化传统与教育现代化［M］．北京：北京师范大学出版社，1998．

［31］关颖．社会学视野中的家庭教育［M］．天津：天津社会科学出版社，2001．

［32］郭继承．文化的传承与弘扬［M］．北京：人民日报出版社，2013．

［33］哈经雄，滕星．民族教育学通论［M］．北京：教育科学出版社，2001．

［34］何齐宗．教育美学［M］．重庆：重庆出版社，1995．

［35］何群．环境与小民族生存［M］．北京：社会科学文献出版社，2006.

［36］何锡辉，刘恋．共同富裕的理解逻辑、中国实践及世界意义［J］．西南民族大学学报（人文社会科学版），2022，43（09）：194.

［37］黄静华．民俗艺术传承人的界说［J］．民俗研究，2010（1）：207-216.

［38］蒋炳钊．畲族史稿［M］．厦门：厦门大学出版社，1988.

［39］教育部课题组．深入学习习近平关于教育的重要论述［M］．北京：人民出版社，2019.

［40］金兴盛．畲族三月三［M］．杭州：浙江摄影出版社，2014.

［41］景宁畲族自治县民族事务委员会编．景宁畲族自治县畲族志［M］．景宁：景宁畲族自治县民族事务委员会，1991.

［42］景宁畲族自治县政协．畲乡景宁实录［M］．北京：中国文史出版社，2011.

［43］瞿葆奎．教育学的探索［M］．北京：人民教育出版社，2004.

［44］赖惠能．中国全面小康发展报告：景宁样本［M］．北京：红旗出版社，2018.

［45］雷伟红，陈寿灿．畲族伦理的镜像与史话［M］．杭州：浙江工商大学出版社，2015.

［46］李彬．传播学引论［M］．上海：新华出版社，2003.

［47］李富强，等．村落的视角：壮族社会文化变迁的个案研究［M］．北京：民族出版社，2013.

［48］李华成．论非物质文化遗产传承人制度之完善［J］．贵州师范大学学报（社会科学版），2011（4）：81-85.

［49］李文阁．回归现实生活世界：哲学视野的根本置换［M］．北京：中国社会科学出版社，2002.

［50］李向平，魏扬波．口述史研究方法［M］．上海：上海人民出版社，2010.

［51］李永皇，平立豪．都柳江上游苗族鸡羽毽文化源流及其传承意义［J］．贵州民族研究，2018（7）：104-107.

［52］李政涛．教育人类学引论［M］．上海：上海教育出版社，2009.

［53］李资源．中国共产党与少数民族传统文化保护和发展研究［M］．

北京：人民出版社，2014.

[54] 厉以贤．社区教育原理［M］．成都：四川教育出版社，2003.

[55] 丽水地区畲族志编纂委员会．畲族志［M］．北京：电子工业出版社，1991.

[56] 梁漱溟．中国文化要意［M］．上海：学林出版社，1987.

[57] 林耀华．金翼：一个中国家族的史记［M］．庄孔韶，方静文，译．上海：上海三联书店，2008.

[58] 林毓生．中国传统的创造性转化［M］．北京：生活·读书·新知三联书店，1988.

[59] 刘锡诚．传承与传承人论［J］．河南教育学院学报（哲学社会科学版），2006（5）：24-36.

[60] 刘正发．凉山彝族家支文化传承的教育人类学研究［M］．北京：中央民族大学出版社，2007.

[61] 柳海民．教育原理［M］．上海：华东师范大学出版社，2006.

[62] 鲁洁．教育社会学［M］．北京：人民教育出版社，1990.

[63] 陆益龙．农民中国：后乡土社会与新农村建设研究［M］．北京：中国人民大学出版社，2009.

[64] 雒庆娇．少数民族非物质文化遗产保护研究［M］．北京：商务印书馆，2015：301.

[65] 毛泽东．毛泽东选集：第一卷［M］．北京：人民出版社，1951.

[66] 孟慧英．中国原始信仰研究［M］．北京：中国社会科学出版社，2010.

[67] 孟立军．历史性跨越民族教育超常规发展与民族地区发展研究［M］．南宁：广西民族出版社，2000.

[68] 孟立军．新中国民族教育理论概论［M］．北京：中国社会科学出版社，2018.

[69] 南京师范大学《教育学》编写组．教育学［M］．北京：人民教育出版社，1994.

[70] 倪梁康．胡塞尔现象学概念通释［M］．北京：生活·读书·新知三联书店，1999.

[71] 宁德市民族与宗教事务局．畲族文化新探［M］．福州：福建人民出版社，2012.

[72] 蒲清平，向往. 新时代共同富裕的内涵特征、现实困境、实现机制与实践进路 [J]. 新疆师范大学学报（哲学社会科学版），2022，43（06）：15-26.

[73] 普丽春. 少数民族非物质文化遗产教育传承研究：以云南省为例 [M]. 北京：民族出版社，2010.

[74] 普丽春. 西南少数民族文化传承与教育研究 [M]. 北京：民族出版社，2016.

[75] 钱穆. 文化与生活 [M]. 台湾：台湾世界书局，1969.

[76] 邱国珍，邓苗，孟令法. 畲族民间艺术研究 [M]. 北京：中国社会科学出版社，2017.

[77] 曲凯音. 乡土文化变迁与文化生态建设：民族地区五村落实证调查 [M]. 北京：人民出版社，2017.

[78] 任韩高. 畲山之风·奇风异俗 [M]. 北京：民族出版社，2006.

[79] 容中逵. 传统与现代的交锋：百年中国乡村教育变迁的实践表达 [M]. 杭州：浙江大学出版社，2010.

[80] 邵汉明. 中国文化研究二十年 [M]. 修订本. 北京：人民出版社，2006.

[81] 施联朱，雷文先. 畲族历史与文化 [M]. 北京：中央民族大学出版社，1995.

[82] 施联朱. 畲族风俗志 [M]. 北京：中央民族学院出版社，1989.

[83] 施强，谭振华. 族群迁徙与文化传承：浙江畲族迁徙文化研究 [M]. 北京：民族出版社，2014.

[84] 石中英. 教育学的文化性格 [M]. 太原：山西教育出版社，2005.

[85] 石中英. 知识转型与教育改革 [M]. 北京：教育科学出版社，2001.

[86] 史图博，李化民. 浙江景宁敕木山畲族人民调查记 [M]. 武汉：中南民族学院民族研究所，1932.

[87] 司马云杰. 文化社会学 [M]. 太原：山西教育出版社，2007.

[88] 宋兆麟. 评选传承人应当有统一的标准 [N]. 中国文化报，2007-05-09（04）.

[89] 孙杰远，徐莉. 人类学视野下的教育自觉 [M]. 桂林：广西师范大学出版社，2007.

［90］孙九霞．传承与变迁：旅游中的族群与文化［M］．北京：商务印书馆，2012．

［91］孙绵涛．教育管理学［M］．北京：人民教育出版社，2007．

［92］孙正国．论非物质文化遗产传承人的类型化保护［J］．求索，2009（10）：52-54．

［93］唐永泽，朱冬英．中国市场体制伦理［M］．北京：社会科学文献出版社，2005：2-370．

［94］滕星．20世纪中国少数民族与教育［M］．北京：民族出版社，2002．

［95］滕星．教育人类学的理论与实践：本土经验与学科建构［M］．北京：民族出版社，2009．

［96］滕星．教育人类学通论［M］．北京：商务印书馆，2017．

［97］滕星．族群、文化与教育［M］．北京：民族出版社，2002．

［98］万建中．民间文学引论［M］．北京：北京大学出版社，2010．

［99］万建中．中国民间文化［M］．北京：北京师范大学出版社，2010．

［100］万明钢，杨宝琰．西北民族地区青少年文化认同研究［M］．北京：民族出版社，2012．

［101］万明钢．多元文化视野价值观与民族认同研究［M］．北京：民族出版社，2006．

［102］王建秀．甘南藏族香浪节的藏族文化及传承意义［J］．中国民族博览，2019（3）：28-29．

［103］王鉴，万明钢．多元文化教育比较研究［M］．北京：民族出版社，2006．

［104］王军．教育民族学［M］．北京：中央民族大学出版社，2007．

［105］王振宇．儿童心理发展理论［M］．上海：华东师范大学出版社，2000．

［106］翁乃群．村落视野下的农村教育：以西南四村为例［M］．北京：科学文献出版社，2009．

［107］乌丙安．民俗文化新论［M］．沈阳：辽宁大学出版社，2001．

［108］吴晓蓉．教育在仪式中进行：摩梭人成年礼的教育人类学分析［M］．重庆：西南师范大学出版社，2002．

［109］吴遵民．当代社区教育［M］．上海：上海教育出版社，2003．

［110］郗春嫒．社会变迁与文化传承：云南散杂居地区布朗族研究［M］．北京：社会科学出版社，2013．

［111］习近平．摆脱贫困［M］．福州：福建人民出版社，2014．

［112］习近平．决胜全面建设小康社会夺取新时代中国特色社会主义伟大胜利：在中国共产党第十九次全国代表大会上的报告［M］．北京：人民出版社，2017．

［113］习近平．习近平谈治国理政：第二卷［M］．北京：外文出版社，2017．

［114］夏建中．文化人类学理论学派［M］．北京：中国人民大学出版社，1997．

［115］项贤明，冯建军，柳海民，等．教育学原理［M］．北京：高等教育出版社，2019．

［116］项贤明．泛教育论：广义教育学的初步探索［M］．太原：山西教育出版社，2000．

［117］萧放．关于非物质文化遗产传承人的认定与保护方式的思考［J］．文化遗产，2008（1）：127-132．

［118］谢劲松．胡塞尔传［M］．武汉：长江文艺出版社，2002．

［119］谢启晃，孙若穷．中国民族教育发展战略抉择［M］．北京：中央民族学院出版社，1991．

［120］谢重光．畲族与客家福佬关系史略［M］．福州：福建人民出版社，2002．

［121］徐松石．粤江流域人民史·广东畲人［M］．北京：中华书局，1939．

［122］徐万邦，祁庆富．中国少数民族文化通论［M］．北京：中央民族大学出版社，1997．

［123］徐学莹．教育学新编［M］．桂林：广西师范大学出版社，2000．

［124］许烺光．宗族、种姓、俱乐部［M］．北京：华夏出版社，1990．

［125］许林田．传承人：非物质文化遗产保护的核心载体［J］．浙江工艺美术，2006（4）：97-101．

［126］许慎撰，段玉裁注．说文解字注［M］．上海：上海古籍出版社，1981．

［127］闫晶，陈良雨．畲族服饰文化变迁及传承［M］．北京：中国纺织

出版社，2017.

［128］姚磊．场域视域下民族文化传承的实践逻辑［M］．北京：人民出版社，2016.

［129］叶澜．教育概论［M］．北京：人民教育出版社，2006.

［130］尹丹萍．当代土家族女性婚姻变迁［M］．北京：社会科学出版社，2009.

［131］于影丽．社会转型期乡村文化：传承与断裂——玉村教育人类学考察［M］．北京：教育科学出版社，2012.

［132］余英时．中国思想传统的现代诠释［M］．南京：江苏人民出版社，2004.

［133］袁同凯．教育人类学简论［M］．天津：南开大学出版社，2013.

［134］袁振国．当代教育学［M］．北京：教育科学出版社，2005.

［135］张楚廷．教育哲学［M］．北京：教育科学出版社，2006.

［136］张岱年．文化与哲学［M］．北京：教育科学出版社，1988.

［137］张公瑾．文化语言学发凡［M］．昆明：云南大学出版社，1996.

［138］张济州．文化视野下的村落、学校与国家：一个地方社区基础教育变迁的历史人类学考察［M］．北京：教育科学出版社，2011.

［139］张庆熊．熊十力的新唯识论与胡塞尔的现象学［M］．上海：上海人民出版社，1995.

［140］张诗亚．祭坛与讲坛：西南民族宗教教育比较研究［M］．昆明：云南教育出版社，1992.

［141］张诗亚．西南民族教育文化溯源［M］．上海：上海教育出版社，1994.

［142］张应强．文化视野中的高等教育［M］．南京：南京师范大学出版社，1999.

［143］赵建培．少数民族叙事歌的文化传承功能更新［J］．贵州民族研究，2017（10）：128-131.

［144］赵世林．云南少数民族的文化产业与文化传承机制研究［M］．北京：民族出版社，2010.

［145］赵世林．云南少数民族文化传承论纲［M］．昆明：云南民族出版社，2002.

［146］赵世瑜．小历史与大历史：区域社会史的理念、方法与实践

［M］．北京：读书·生活·新知三联书店，2006.

［147］浙江档案杂志社．传人：浙江省国家级非物质文化遗产传承人口述档案集萃［M］．杭州：浙江摄影出版社，2011.

［148］浙江省丽水地区《畲族志》编纂委员会．丽水地区畲族志［M］．北京：电子工业出版社，1992.

［149］浙江省民族事务委员会．畲族高皇歌［M］．北京：中国广播电视出版社，1992.

［150］浙江省少数民族志编纂委员会编．浙江省少数民族志［M］．北京：方志出版社，1999.

［151］浙江省政协文史资料委员会．浙江畲族百年实录［M］．杭州：浙江人民出版社，2013.

［152］郑杭生．民族社会学概论［M］．北京：中国人民大学出版社，2005.

［153］郑金洲．教育文化学［M］．北京：人民出版社，2011.

［154］中共中央马克思恩格斯列宁斯大林著作编译局．马克思恩格斯全集［M］．北京：人民出版社，1960.

［155］中共中央宣传部．习近平总书记系列讲话读本［M］．北京：人民出版社，2016.

［156］中国少数民族社会历史调查资料丛书福建省编辑组．畲族社会历史调查［M］．福州：福建人民出版社，1986.

［157］中国社会科学院语言研究所词典编辑室．现代汉语词典［M］．第五版．北京：商务印书馆，2005.

［158］钟敬文．民俗学概论［M］．上海：上海文艺出版社，1998.

［159］周大鸣，秦红增．文化人类学概论［M］．广州：中山大学出版社，2009.

［160］周大鸣．龚佩华人类学民族学文集［M］．北京：民族出版社，2003.

［161］周沐照．畲族传说史与畲族文化［M］．南昌：江西人民出版社，2017.

［162］周振甫．周易译注［M］．北京：中华书局，1991.

［163］朱步楼．论共同富裕目标与现阶段的贫富分化［J］．马克思主义与现实，2001（01）．30-36.

［164］朱光潜．美学文集［M］．上海：上海文艺出版社，1984.

［165］朱慕菊，等．走进新课程：与课程实施者对话［M］．北京：北京师范大学出版社，2002.

［166］庄孔韶．人类学通论［M］．太原：山西教育出版社，2003.

［167］庄西真．社区治理与社区教育［M］．苏州：苏州大学出版社，2016.

（二）译著

［1］C. 恩伯，M. 恩伯．文化的变异：现代文化人类学通论［M］．杜彬彬，译．沈阳：辽宁人民出版社，1988.

［2］E.B. 泰勒．原始文化［M］．蔡江浓，译．杭州：浙江人民出版社，1988.

［3］M. 兰德曼．哲学人类学［M］．阎嘉，译．贵阳：贵州人民出版社，2006.

［4］爱德华·希尔斯．论传统［M］．傅铿，吕乐，译．上海：上海人民出版社，1991.

［5］保罗·康纳顿．社会如何记忆［M］．纳日碧力戈，译．上海：上海人民出版社，2000.

［6］本尼迪克特．文化模式［M］．王炜，译．北京：社会科学出版社，2009.

［7］彼得罗夫斯基．普通心理学［M］．朱智贤，等译．北京：人民教育出版社，1981.

［8］恩斯特·卡西尔．人论［M］．甘阳，译．北京：西苑出版社，2003.

［9］恩斯特·卡西尔．人论［M］．李化梅，译．北京：西苑出版社，2009.

［10］斐迪南·滕尼斯．社区与社会［M］．林荣远，译．北京：商务印书馆，1999.

［11］弗里德尔．社会与文化的变迁［M］．李彬，译．北京：中国社会科学出版社，1991.

［12］哈维兰．当代人类学［M］．王铭铭，译．上海：上海人民出版社，1987.

［13］黑格尔．法哲学原理［M］．范扬，张企泰，译．北京：商务印书

馆，1982.

[14] 黑格尔. 美学：第一卷 [M]. 朱光潜，译. 北京：商务印书馆，2010.

[15] 怀特. 文化科学：人和文明的研究 [M]. 曹锦清，等译. 杭州：浙江人民出版社，1988.

[16] 克莱德·M. 伍兹. 文化变迁 [M]. 何瑞福，译. 石家庄：河北人民出版社，1989.

[17] 克利福德·格尔茨. 地方知识 [M]. 杨德睿，译. 北京：商务印书馆，2016.

[18] 克利福德·格尔兹. 文化的解释 [M]. 纳日碧力戈，等译. 上海：上海人民出版社，1999.

[19] 库尔特·卢因. 群体生活的渠道 [M]. 北京：中国传媒大学出版社，2002.

[20] 雷蒙德·弗思. 文化类型 [M]. 费孝通，译. 北京：华夏出版社，2002.

[21] 理查德·格里格，菲利普·津巴多. 心理学与生活 [M]. 王垒，等译. 北京：人民邮电出版社，2005.

[22] 柳田国男. 民间传承论与乡土生活研究法 [M]. 王晓葵，译. 北京：学苑出版社，2010.

[23] 罗伯特·F. 墨菲. 文化与社会人类学引论 [M]. 王卓君，吕道基. 译. 北京：商务印书馆，2004.

[24] 马林诺夫斯基. 文化论 [M]. 费孝通，译. 北京：中国民间文艺出版社，1987.

[25] 马林诺夫斯基. 西太平洋的航海者 [M]. 梁永佳，李绍明，译. 北京：华夏出版社，2002.

[26] 玛格丽特·米德. 文化与承诺：一项有关代沟问题的研究 [M]. 周晓虹，周怡，译. 石家庄：河北人民出版社，1987.

[27] 米夏埃尔·兰德曼. 哲学人类学 [M]. 张乐天，译. 上海：上海译文出版社，1988.

[28] 皮埃尔·布迪厄，华康德. 实践与反思：反思社会学导引 [M]. 李猛，李康，译. 北京：中央编译出版社，1998.

[29] 齐格蒙特·鲍曼. 现代性与矛盾性 [M]. 邵迎生，译. 北京：商

务印书馆，2003.

［30］托马斯·莫尔．乌托邦［M］．付一帆，译．西安：陕西师范大学出版社，2020.

［31］威廉．A.哈维兰．文化人类学［M］．瞿铁鹏，译．上海：上海社会科学出版社，2006.

［32］维克多埃尔．文化概念［M］．康新文，晓文，译．上海：上海人民出版社，1988.

（三）期刊

［1］安学斌．民族文化传承人的历史价值与当代生境［J］．云南民族大学学报（哲学社会科学版），2007（6）.

［2］白庚胜．民间文化传承论［J］．河南大学学报（哲学社会科学版），2006（5）.

［3］白红梅，春迎．民族文化的学校传承和发展：呼伦小学多元文化教育引发的思考［J］．民族教育研究，2011，22（01）.

［4］柏贵喜．民族传统文化传承体系及其建构：基于系统论、控制论的视角［J］．西南民族大学学报（人文社会科学版），2017（5）.

［5］鲍展斌，李包庚．习近平文化遗产观及其时代价值［J］．马克思主义研究，2019（8）.

［6］曹能秀，王凌．论民族文化传承与教育的关系［J］．云南民族大学学报（哲学社会科学版），2009（5）.

［7］曹能秀，王凌．试论以教育促进民族文化传承的方法［J］．云南师范大学学报（哲学社会科学版），2010（2）.

［8］常超．民族地区非物质文化遗产传承下的社区教育［J］．中国成人教育，2016（20）.

［9］常凌翀．新媒体语境下非物质文化遗产的活态传承与传播路径：以湖州市为例［J］．浙江档案，2019，453（01）.

［10］车玉玲．空间变迁的文化表达与生存焦虑［J］．苏州大学学报（哲学社会科学版），2013，34（04）.

［11］陈·巴特尔．国际人类学与民族学联合会第16届大会："原住民及少数民族教育与人类文化多样性"专题会议综述［J］．民族教育研究，2009（6）.

［12］陈桂生．终身教育的精义何在［J］.上海教育科研，2000（4）.

［13］陈国华，张诗亚．论学校教育传承民族文化的有限性［J］.中国教育学刊，2014（5）.

［14］陈静梅．我国非物质文化遗产传承人研究述评［J］.贵州师范大学学报（社会科学版），2012（4）.

［15］陈琳莉．论非物质文化遗产彝族刺绣的传承意义：以云南永仁直苴彝族刺绣为例［J］.思想战线，2014（1）.

［16］陈婷．民族中小学课程中本土知识的导入［J］.民族教育研究，2009，20（03）.

［17］陈学金，滕星．论中国教育人类学的几个根本问题［J］.中南民族大学学报（人文社会科学版），2013（3）.

［18］陈宗花．在日常生活中保护非物质文化遗产：以日本无形民俗文化财"祇园祭"为例［J］.南京艺术学院学报（美术与设计版），2011（1）.

［19］程恩富，刘伟．社会主义共同富裕的理论解读与实践剖析［J］.马克思主义研究，2012，144（06）.

［20］程世岳，叶飞霞．少数民族社区对民族传统文化的传承教育探讨［J］.教育文化论坛，2014（1）.

［21］程世岳．论社区教育对少数民族文化的保护与传承［J］.成人教育，2012（12）.

［22］崔榕，尹旦萍．国外及我国台湾地区传统文化传承的实践经验与启示［J］.湖北行政学院学报，2016（4）.

［23］丁钢．基于技术的教学：如何重新定位教师角色［J］.现代远程教育研究，2017（3）.

［24］丁钢．叙事范式与历史感知：教育史研究的一种方法维度［J］.教育研究，2009（5）.

［25］董建辉，郭志超．畲族赋役史试探［J］.中国社会经济史研究，1999（3）.

［26］段超．少数民族传统文化传承创新与社会主义核心价值观培育和实践［J］.中南民族大学学报（人文社会科学版），2014（6）.

［27］范婷婷．家庭教育中的少数民族文化传承［J］.黑龙江教育学院学报，2009（11）.

［28］方哲红．畲族传统体育活动及其文化特征［J］.体育学刊，2003（2）.

[29] 费孝通."全球化"新的挑战:怎样为确立文化关系的"礼的秩序"做出贡献?[J].科学对社会的影响,2007(2).

[30] 费孝通.二十年来之中国社区研究[J].社会研究,1948(77).

[31] 费孝通.民族社会调查的尝试[J].中央民族学院学报,1982(2).

[32] 费孝通.文化自觉的思想来源与现实意义[J].文史哲,2003(3).

[33] 费孝通.中华民族的多元一体格局[J].北京大学学报(哲学社会科学版),1994(4).

[34] 冯建军.教育即生命[J].教育研究与实验,2004(1).

[35] 傅才武,岳楠.论中国传统文化创新性发展的实现路径:以当代文化资本理论为视角[J].同济大学学报(社会科学版),2018(1).

[36] 高萍.社区教育传承与创新非物质文化遗产的实证研究[J].中国成人教育,2018(23).

[37] 高宣扬.回归自然:文化危机化解的路径[J].学术月刊,2012(11).

[38] 郭继承.传承传统文化要作出两个回应[J].人民论坛,2011(11).

[39] 韩振峰,王露.习近平共同富裕观的理论探源、核心要义及价值意蕴[J].大连理工大学学报(社会科学版),2022,43(06).

[40] 何彬.民俗地图的基本构造与制作:"民俗地图"与"文化传承图"体系系列论文之二[J].民族艺术,2010(2).

[41] 何锡辉,刘恋.共同富裕的理解逻辑、中国实践及世界意义[J].西南民族大学学报(人文社会科学版),2022,43(09).

[42] 和继全,和晓蓉.传统节日的文化传承与多元民族宗教和谐功能:以香格里拉白地纳西族传统节日"二月八"为例[J].思想战线,2009,35(S1).

[43] 贺军,萍郝玉,徐昶楠.景宁畲族传统体育文化研究[J].体育文化导刊,2016(3).

[44] 洪艳.畲族民歌的传承与创新[J].学术探索,2013(6).

[45] 胡惠闵,陈桂生,王建军.教育叙事研究中的"叙事"与"研究"[J].当代教育科学,2008(4).

[46] 黄静华.民俗艺术传承人的界说[J].民俗研究,2010(1).

[47] 黄天骥,刘晓春.试论口头传统的传承特点[J].文化遗产,2009(3).

[48] 姜又春.民俗传承论[J].青海民族研究,2012(3).

[49] 金志远．新一轮课程改革背景下少数民族文化传承与民族基础教育课程改革 [J]．民族教育研究，2009．

[50] 敬鸿彬，鲜耀．民族文化传承场域的疏离与融合 [J]．中华文化论坛，2015（2）．

[51] 兰润生，林荫生．试论福建省畲族传统体育的历史源流与发展 [J]．北京体育大学学报，2004（3）．

[52] 蓝余生．"三月三"畲乡歌会 [J]．浙江档案，1996（7）．

[53] 乐黛云．文化自觉与文明共存 [J]．社会科学，2003（7）．

[54] 李华成．论非物质文化遗产传承人制度之完善 [J]．贵州师范大学学报（社会科学版），2011（4）．

[55] 李姗泽．接续学校教育与少数民族文化传统：论少数民族学校课程中民族文化教育资源的利用 [J]．课程·教材·教法，2003（12）．

[56] 李姗泽．论教育人类学视野中的生育文化及其研究价值 [J]．全球教育展望，2004（2）．

[57] 李卫英．民族文化传承场域的变迁与学校教育的应对：以贵州侗族大歌为例 [J]．内蒙古师范大学学报（教育科学版），2013（12）．

[58] 李永皇，平立豪．都柳江上游苗族鸡羽毽文化源流及其传承意义 [J]．贵州民族研究，2018（7）．

[59] 李哲．家庭在畲族民间体育文化传承中的功能研究 [J]．当代体育科技，2018（25）．

[60] 林伦伦，洪英．广东潮安县李工坑村畲族人民语言生活调查 [J]．语言研究，2005（4）．

[61] 刘东超．精神生活共同富裕是共同富裕的重要内容 [J]．党建，2022，410（02）．

[62] 刘培军，丁红兵．校本课程：传统文化传承的主要媒介 [J]．内蒙古师范大学学报（教育科学版），2007（7）．

[63] 刘生全．论教育场域 [J]．北京大学教育评论，2006（1）．

[64] 刘锡诚．传承与传承人论 [J]．河南教育学院学报（哲学社会科学版），2006（5）．

[65] 柳田国男．蜗牛考 [J]．人类学杂志，1927（42）．

[66] 鲁洁．教育本质试探 [J]．教育研究与实验，1984（3）．

[67] 陆徽．畲族民歌的特点及演唱风格研究 [J]．贵州民族研究，2017

(6).

[68] 陆益龙. 村庄会终结吗?: 城镇化与中国村庄的现状及未来 [J]. 学习与探索, 2013 (10).

[69] 吕虹. 关于建立贵州多元民族文化民间文化传承发展机制的思考 [J]. 贵州民族教育, 2006 (1).

[70] 罗正副. 调适与演进: 无文字民族文化传承探析 [J]. 中央民族大学学报 (哲学社会科学版), 2012 (3).

[71] 麻益军. "景宁模式"的战略管理学分析 [J]. 民族论坛, 2008 (11).

[72] 马平. 全球化格局下的民族文化多元化发展趋势 [J]. 青海民族研究 (社会科学版), 2005 (1).

[73] 孟令法. 文化空间的概念与边界: 以浙南畲族史诗《高皇歌》的演述场域为例 [J]. 民俗研究, 2017 (5).

[74] 娜木罕. 建构主义视野下的民族传统文化教育 [J]. 云南民族大学学报 (哲学社会科学版), 2009 (3).

[75] 蒲清平, 向往. 新时代共同富裕的内涵特征、现实困境、实现机制与实践进路 [J]. 新疆师范大学学报 (哲学社会科学版), 2022, 43 (06).

[76] 齐亚强, 牛建林. 教育的再生产: 代际传承与变迁 [J]. 中国人民大学教育学刊, 2012 (1).

[77] 钱民辉. 建设和谐社会离不开和谐的民族教育 [J]. 西北民族研究, 2005 (04).

[78] 邱美云. 不同语境下民族村落景观变迁的差异化研究: 以浙江莲都区上塘畈和沙溪畲族村为例 [J]. 中央民族大学学报 (哲学社会科学版), 2015 (6).

[79] 曲凯音. 传统村落的文化安全问题辨析: 现状与提升路径 [J]. 学理论, 2014 (33).

[80] 容中逵. 当前我国传统文化传承的三种教育误区 [J]. 湖南师范大学教育科学学报, 2010 (3).

[81] 容中逵. 论学校教育传统文化传承不力之隐性课程因素 [J]. 教育科学论坛, 2008 (3).

[82] 石中英. 论教育实践的逻辑 [J]. 教育研究, 2006 (1).

[83] 石中英. 论教育学的文化性格 [J]. 教育研究, 2002 (3).

[84] 孙杰远. 教育人类学应用之问 [J]. 复旦教育论坛, 2011 (1).

［85］孙亚娟．少数民族文化传承场域的变迁与重构：基于学校教育的思考［J］．教育文化论坛，2012（2）．

［86］孙正国．论非物质文化遗产传承人的类型化保护［J］．求索，2009（10）．

［87］索晓霞．贵州少数民族文化传承方式初探［J］．贵州社会科学，1998（2）．

［88］谭志松．土家族非物质文化传承的教育形式及其变迁［J］．中南民族大学学报（人文社会科学版），2010（3）．

［89］滕星，关凯．教育领域中的国家整合与地方性知识［J］．中南民族大学学报（人文社会科学版），2007（05）．

［90］万明钢．语言多样性是文化多样性的重要条件［J］．中国民族教育，2017（9）．

［91］万明钢．中华民族多元一体格局与民族团结教育［J］．中国民族教育，2019（6）．

［92］汪立珍．少数民族非物质文化遗产的保护与教育［J］．民族教育研究，2005（6）．

［93］王国超．学校教育与民族文化传承基本问题审思［J］．教学月刊（中学版），2013（11）．

［94］王建秀．甘南藏族香浪节的藏族文化及传承意义［J］．中国民族博览，2019（3）．

［95］王鉴．我国民族地区地方课程开发研究［J］．教育研究，2006（04）．

［96］王丽霞．中华优秀传统文化创造性转化和创新性发展路径探析［J］．山东社会科学，2021，315（11）．

［97］王霄冰．非物质文化遗产保护标准若干问题探析［J］．文化遗产，2022，80（05）．

［98］魏美仙．文化生态：民族文化传承研究的一个视角［J］．学术探索，2002（4）．

［99］吴剑梅．论畲族女性崇拜与女性服饰［J］．装饰，2007（5）．

［100］吴晓蓉，杨东．泸沽湖镇摩梭儿童辍学原因调查分析［J］．西南师范大学学报（人文社会科学版），2005（7）．

［101］吴晓蓉，张诗亚．贵州省民族文化进校园的教育人类学考察［J］．民族教育研究，2011（3）．

[102] 习近平. 一切为了畲族的发展：《畲族社区研究》序言 [J]. 福建民族, 1999 (2).

[103] 项贤明. 论生活教育与学校教育的逻辑关系 [J]. 教育研究, 2013 (8).

[104] 萧放. 关于非物质文化遗产传承人的认定与保护方式的思考 [J]. 文化遗产, 2008 (1).

[105] 肖群忠. 民族文化自信与传统美德传承 [J]. 道德与文明, 2020 (1).

[106] 徐赣丽. 当代民俗传承途径的变迁及相关研究 [J]. 民俗研究, 2015 (3).

[107] 徐规. 畲族的名称、来源和迁徙 [J]. 杭州大学学报, 1962 (1).

[108] 徐莉. 民族村寨女教师的文化困境及其突破 [J]. 广西师范大学学报（哲学社会科学版）, 2011 (1).

[109] 许林田. 传承人：非物质文化遗产保护的核心载体 [J]. 浙江工艺美术, 2006 (4).

[110] 杨洪贵. 多元文化主义的产生与发展探析 [J]. 学术论坛, 2007 (2).

[111] 杨明宏, 王德清. 断裂与链接：少数民族地区学校教育与少数民族传统文化传承之联动共生 [J]. 民族教育研究, 2011 (4).

[112] 姚磊. 国内民族文化传承研究述评 [J]. 广西民族研究, 2014 (5).

[113] 于影丽. 少数民族乡村文化教育传承机制研究 [J]. 当代教育与文化, 2017 (1).

[114] 余秀兰. 乡土化？城市化？：我国农村教育发展的困境与出路 [J]. 江苏教育研究, 2008 (07).

[115] 余悦. 非物质文化遗产研究的十年回顾与理性思考 [J]. 江西社会科学, 2010 (9).

[116] 禹紫灵. 多民族社区民族文化传承探析 [J]. 学术探索, 2017 (6).

[117] 云杉. 文化自觉 文化自信 文化自强：对繁荣发展中国特色社会主义文化的思考（中）[J]. 红旗文稿, 2010 (16).

[118] 张飞, 曹能秀. 学校教育中的少数民族文化传承研究：以云南省寻甸回族、彝族自治县六哨乡为例 [J]. 云南农业大学学报（社会科学版）, 2008 (1).

[119] 张福三. 论民间文化传承场 [J]. 民族艺术研究, 2004 (2).

[120] 张学敏, 杨明宏. 民族贫困地区教育投入与经济发展关系再思考

[J]. 西北师范大学学报（社会科学版），2007（1）.

[121] 张应强. 中国教育研究的范式和范式转换：兼论教育研究的文化学范式 [J]. 教育研究，2010（10）.

[122] 赵世林. 论民族文化传承的本质 [J]. 北京大学学报（哲学社会科学版），2002（3）.

[123] 赵世林. 民族文化的传承场 [J]. 云南民族大学学报（哲学社会科学版），1994（1）.

[124] 赵则玲. 畲族语言研究八十年 [J]. 浙江学刊，2008（5）.

[125] 钟志勇. 学校教育视野中的民族传统文化传承 [J]. 民族教育研究，2008（1）.

[126] 周瑾蓉. 景宁畲族服饰纹样中蕴含的文化与审美 [J]. 大舞台，2013（1）.

[127] 周娟，鲜耀. 民族地区社区教育与民族文化传承 [J]. 职教论坛，2012（27）.

[128] 周鹏. 现代化背景下民族传统文化特色课程体系构建 [J]. 贵州民族研究，2017（9）.

（四）论文

[1] 韩坤. 中国古代音乐传承研究 [D]. 南京：南京师范大学，2017.

[2] 阚军. 西南地区三个区域文化传承类型与教育法律保障的思考 [D]. 成都：西南大学，2010.

[3] 蓝蓓. 畲族"三月三"文化活动及其社会整合功能研究 [D]. 北京：中央民族大学，2014.

[4] 蓝雪华. 浙江丽水老竹畲族镇畲族"三月三"变迁研究 [D]. 北京：中央民族大学，2009.

[5] 李博浩. 新媒体环境下畲族民间体育传承的路径选择研究 [D]. 厦门：集美大学，2018.

[6] 李锦云. 坚守与调适：乳源过山瑶传统文化传承研究 [D]. 武汉：中南民族大学，2018.

[7] 李新潮. 中国传统文化"创造性转化、创新性发展"思想研究 [D]. 兰州：兰州大学，2021.

[8] 林兰. 霞浦畲族歌谣传承的考察与研究 [D]. 南京：南京艺术学

院，2011.

[9] 刘正发（阿里瓦萨）. 凉山彝族家支文化传承的教育人类学研究 [D]. 中央民族大学，2007.

[10] 吕进锋. 少数民族文化教育空间研究 [D]. 昆明：云南师范大学，2020.

[11] 毛启宏. 民族传统文化学校传承的困境与出路 [D]. 重庆：西南大学，2020.

[12] 孟彬. 西部少数民族传统文化保护的立法初探 [D]. 西宁：青海师范大学，2010.

[13] 秦中应. 当代湘西苗族传统文化的教育传承研究：以湘西州凤凰县苗族为例 [D]. 北京：中央民族大学，2011.

[14] 曲菁. 中国多民族地区文化共建共享研究 [D]. 北京：中共中央党校，2019.

[15] 孙双明. 安塞腰鼓传承方式及其变迁研究 [D]. 北京：北京体育大学，2017.

[16] 王冬敏. 西双版纳傣族制陶技术传承模式及变迁研究 [D]. 成都：西南大学，2012.

[17] 王国超. 民族社区学校教育与本土教育之关系研究：基于黔东南羊望社区的人类学考察 [D]. 武汉：中南民族大学，2014.

[18] 王润平. 当代中国家庭变迁中的文化传承问题 [D]. 长春：吉林大学，2002.

[19] 王真慧. 市场经济背景下畲族文化现代性建构研究 [D]. 武汉：中南民族大学，2012.

[20] 郗春嫒. 人口较少民族社会文化变迁研究 [D]. 北京：中央民族大学，2011.

[21] 谢红雨. 云南民族文化传承之区域教育路径研究 [D]. 昆明：云南师范大学，2016.

[22] 徐莉. 民族村落中的教师：文化场视域下教师发展的个案研究 [D]. 重庆：西南大学，2007.

[23] 姚磊. 场域视野下民族传统文化传承的实践逻辑 [D]. 武汉：中南民族大学，2015.

[24] 尹国庆. 布朗族非物质文化遗产传承途径研究：基于社区教育视角

[D]．昆明：云南财经大学，2016.

[25] 于影丽．社会转型期乡村文化传承与发展研究 [D]．兰州：西北师范大学，2009.

[26] 赵建梅．培养双语双文化人：新疆少数民族双语教育的人类学研究 [D]．华东师范大学，2011.

[27] 赵艳．新疆维吾尔木卡姆教育传承研究 [D]．西安：陕西师范大学，2014.

（五）其他

[1]"全力打造全国畲族文化发展基地"专题网站开通 [EB/OL]．[2010-10-12]．http：//epaper. jnnews. zj. cn/html/2010-10/12/node_ 1. htm.

[2] 郭少榕，刘冬．民族文化、教育传承与文化创新：关于闽东畲族文化的传承现状与思考 [C] //福建省炎黄文化研究会，宁德师范学院．当代视野下的畲族文化．福州：海峡文艺出版社，2016.

[3] 国家民委关于命名第八批全国民族团结进步示范区示范单位的决定 [EB/OL]．[2021-01-19]．https：//www. neac. gov. cn/seac/c103601/202101/1144099. shtml.

[4] 姜萍萍，程宏毅．习近平在纪念孔子诞辰2565周年国际学术研讨会暨国际儒学联合会第五届会员大会开幕会上的讲话 [EB/OL]．[2014-09-25]．http：//cpc. people. com. cn/n/2014/0925/c64094-25729647-3. html.

[5] 景宁畲族自治县民族民间文化保护条例 [EB/OL]．[2021-07-14]．http：//www. jingning. gov. cn/art/2021/7/14/art_ 1229551070_ 2311236. html.

[6] 景宁畲族自治县人口 [EB/OL]．[2023-03-29]．http：//www. jingning. gov. cn/col/col1376104/index. html，2023-03-29.

[7] 景宁畲族自治县人民政府 [EB/OL]．[2021-05-06]．http：//www. jingning. gov. cn/.

[8] 雷明．从"共同富裕"看中国式现代化指向下的乡村振兴 [EB/OL]．[2022-11-22]．http：//news. youth. cn/sz/202211/t20221122_ 14146915. htm.

[9] 李军．坚持"创造性转化、创新性发展"方针弘扬中华传统文化 [EB/OL]．[2014-10-10]．https：//epaper. gmw. cn/gmrb/html/2014-10/10/nw. D110000gmrb_ 20141010_ 6-01. htm.

[10] 李正洪．推动民族传统文化传承发展 [EB/OL]．[2020-02-12]．ht-

tps：//yndaily. yunnan. cn/html/2020－02/12/content_ 1326541. htm？div＝－1.

［11］人民网. 数字化共享 让非遗焕发新光彩 ［EB/OL］. ［2022－08－16］. http：//bj. people. com. cn/n2/2022/0816/c82846-40083162. html.

［12］畲族网工作室. 畲族网 ［EB/OL］. ［2019－05－08］. http：//www. zgshezu. com/.

［13］省委民族工作会议典型发言 | 景宁畲族自治县：争当全国民族地区共同富裕示范表率 ［EB/OL］. ［2021－09－17］. https：//www. thepaper. cn/newsDetail_ forward_ 14558806.

［14］宋兆麟. 评选传承人应该有统一的标 ［EB/OL］. ［2024－03－22］. https：//www. dingxinwen. cn/detail/175CDFE245B04474BE639561CC9101.

［15］习近平. 高举中国特色社会主义伟大旗帜 为全面建设社会主义现代化国家而团结奋斗——在中国共产党第二十次全国代表大会上的报告 ［EB/OL］. ［2022－10－25］. https：//www. gov. cn/gongbao/content/2022/content_ 5722378. htm.

［16］薛庆超. 习近平与中华优秀传统文化 ［EB/OL］. ［2017－12－21］. http：//theory. people. com. cn/n1/2017/1221/c40531-29721761. html.

［17］张戈. 贵州少数民族生态移民传统文化传承方式变迁 ［C］//中国城市规划学会，贵阳市人民政府. 新常态：传承与变革——2015 中国城市规划年会论文集（14 乡村规划）. 中国城市规划学会，贵阳市人民政府：中国城市规划学会，2015.

［18］张冠生. 听费孝通说"社区"一词来历 ［EB/OL］. ［2017－09－08］. http：//www. sohu. com/a/190684415_ 648599.

［19］浙江省景宁畲族自治县自治条例 ［EB/OL］. ［2021－07－14］. http：//www. jingning. gov. cn/art/2021/7/14/art_ 1229551070_ 2311254. html.

［20］浙江召开省委民族工作会议 ［EB/OL］. ［2021－09－15］. https：//www. neac. gov. cn/seac/xwzx/202109/1153575. shtml.

二、外文文献

［1］TYLOR E B. *Primitive Culture：Research into the Development of Mythology，Philosophy，Religion，Art，and Custom* ［M］. J. Murray，1871.

［2］STEWARD J H. *Theory of Culture Change* ［M］. Urbana：University of Illinois Press，1979.

［3］KYMLICKA W. *Politics in the Vernacular：Nationalism，Multiculturalism and Citizenship* [M]. USA：Oxford University Press，2002.

[4] LYNCH, J, MODGIL C, MODGIL S. *Cultural Diversity and the Schools* [M]. London：The Falmer Press，2006.

[5] ROGERS K O. Archeology：Law and the Cultural Heritage, Volume 1：Discovery and Excavation. Lyndel V. Prott and P. F. O'Keefe [J]. *American Anthropologist*，2010，87（2）.

[6] GEERTZ C. General and Ethnology：Sentiments and Activities：Essays in Social Science. George Caspar Homans [J]. *American Anthropologist*，2010，64（6）.

[7] PORTER M K. *Somos Incas：Enduring Cultural Sensibilities and Indigenous Education* [M]. Porter in Indigenous Education，2015.

[8] OLFERT H, SCHMITZ A. *Heritage Language Education in Germany. A Focus on Turkish and Russian from Primary to Higher Education* [M]. Berlin：Springer International Publishing，2018.

[9] PUGH-KITINGAN J. *Transmitting Intangible Cultural Heritage through Ethnomusicology Coursework：Cases from Sabah, Malaysia* [M]. Palgrave Macmillan UK：The Palgrave Handbook of Global Arts Education，2017.

[10] FARRER D S. 'Deathscapes' of the Malay Martial Artist [J]. *Social Analysis*，2006，50（1）.

[11] LINTON R. The Tree of Culture [J]. *Transactions of the New York Academy of Sciences*，1956（3）.

[12] LEWIN K. Frontiers in group dynamics：II. Channels of group life；social planning and action research [J]. *Human relations*，1947，1（2）.

[13] YANGJIE LIN. Survey & Analysis on Education Status of Ink Painting's Social Value and Study on Teaching Method [J]. *Educational Sciences：Theory & Practice*，2018，18（5）.

[14] TOMLINSON S. Diversity and Citizenship Education：Global Perspectives [J]. *Race Equality Teaching*，2003，22（2）.

[15] HAMILTON C, HALL S. Reading across the Divides：Commentary on the Political Co-presence of Disparate Identities in Two Regions of South Africa in the Late Eighteenth and Early Nineteenth Centuries [J]. *Journal of Southern African Studies*，2012，38（2）.

［16］SRIVASTAVA S. A Study of Awareness of Cultural Heritage among the Teachers at University Level ［J］. *Universal Journal of Educational Research*, 2015, 3 (5).

［17］DIETZ G. Keyword: Cultural diversity ［J］. *Zeitschrift Für Erziehungswissenschaft*, 2007, 10 (1).

［18］MALINOWSKI B. A Scientific Theory of Culture, and Other Essays ［J］. *Africa*, 1944, 15 (4).

［19］MARSHALL P L. Four misconceptions about multicultural education that impede understanding ［J］. *Action in Teacher Education*, 1994, 16 (3).

［20］BROWN N, SZEMAN I. Pierre Bourdieu: Fieldwork in Culture ［J］. *Interchange*, 2001, 32 (2).

附录A

景宁畲族自治县资料目录（部分）

1. 景宁畲族自治县概况
2. 景宁畲族风俗本
3. 畲族文化读本
4. 畲族祖训
5. 景宁畲族自治县民族政策法规选编
6. 景宁畲族语言简本
7. 景宁畲族自治县东弄村村规民约
8. 景宁畲族自治县东弄村村歌
9. 景宁畲族自治县东弄村红白理事会章程
10. 景宁畲族自治县东弄村文化礼堂管理制度
11. 景宁畲族自治县田园综合体项目情况说明（东弄村）
12. 畲家田园综合体——东弄开园暨展望仪式方案
13. 浙江省"千村示范万村整治"工程历史文化村落保护利用项目文件
14. 关于抓紧做好第四批中国传统村落申报工作文件
15. 鹤溪街道东弄村：彩带情思蓝延兰
16. 景宁畲族自治县东弄村非遗传承人统计数据及图片
17. 2019年景宁畲族自治县东弄村常住人口统计数据
18. 文寨东弄返乡调研报告
19. 景宁畲族自治县学校总体数据概况
20. 景宁畲族自治县民族民间文化保护条例
21. 浙江省畲族文化发展专项资金管理暂行办法
22. "全国畲族文化发展基地"建设纲要（2008—2012）
23. 浙江省少数民族权益保障条例
24. 浙江省景宁畲族自治县自治条例
25. 关于启用景宁畲族自治县人民政府印章的通知〔1984〕

26. 关于扶持景宁畲族自治县加快发展的若干意见（浙委〔2008〕53 号）

27. 关于印发浙江省少数民族发展专项资金使用管理办法（浙财行〔2015〕14 号）

28. 关于进一步加强新形势下民族工作深化少数民族经济社会发展扶持工作的若干意见（景委发〔2014〕）

29. 关于加强少数民族经济和社会事业发展扶持工作的意见（景民宗〔2015〕9 号）

30. 加强少数民族产业发展扶持实施细则（景民宗〔2016〕10 号）

31. 景宁畲族自治县农村 80 岁以上少数民族群众生活补助实施办法（景民宗〔2015〕39 号）

32. 关于举行 2017 年景宁县小学"地方文化类拓展性课程"展示评比活动通知

33. 景宁畲族自治县民族团结进步事业"十四五"规划

34. 景宁畲族自治县水生态环境保护"十四五"规划

35. 景宁畲族自治县国民经济和社会发展第十四个五年规划和二〇三五年远景目标纲要

36. 从顶层设计走向全面实施——景宁县民族小学课程建设的思考与实践

37. 景宁民族中学 2018 学年"快乐周三"拓展课程表（传统文化）

38. 景宁畲族自治县非物质文化遗产项目代表性传承人名单（部分）

39. 惠明茶与茶艺简本

40. 畲族服饰教案

41. 畲之语简本

42. 民族政策常识书籍

43. 浙江绿谷书籍

44. 畲之艺教材

45. 云中大漈罐文本

附录B

田野日志节选

2018年1月10日，农历十一月二十四，星期三　上午

来到非物质文化遗产重点保护村落东弄村之前，托老师和同学联系了该村的驻村干部LS，一大早我们便驱车来到老村所在的山脚下，远远看见一位朝气蓬勃的年轻人向我们挥手示意，定睛一看是微信中联系的人。我和LS简单地进行了交流，他便知晓了我的来意，热情地带领我们参观村里的文化活动中心，向我讲述了东弄村的由来与发展概况。该村早在20世纪90年代初期便开始搬迁，县政府采取多种方式鼓励畲族村民下山，但是村民囿于传统的思维观念，当初主动搬下山的并不多。一路相谈，LS引导我们走出活动中心，顺着一条天然的小溪，踩着鹅卵石铺成的林荫小道，走向半山腰的文昌阁，这个建筑正在建设当中，以后将成为东弄村的图书馆和典藏族谱等文物的地方。参观完沿路的古建筑后，不知不觉我们来到了接近山顶的一块平地，能够将东弄村的老村和新村尽收眼底，远处还能看到村里的主要农作物基地，有大棚香菇、药材等，美景一览无余。在与LS的漫谈中，我感受到了他对畲族村民的喜爱。不知不觉到了中午，村委会主任邀请我们前往畲族彩带省级非物质文化遗产传承人蓝阿姨的家中做客，为了融入畲族的地方文化氛围，也为了能够更好地深入田野调查，我们禁不住热情好客的畲族村民的邀请，享用了一顿美味的午餐，其间有说有笑，自己仿佛已成为他们中的一员！

2018年4月18日，农历三月初三，星期三　早晨

得知要举办畲族"三月三"节庆活动，早在半个月前，我便开始着手准备加入其中。终于等到农历三月三的到来，这天一大早，天还蒙蒙亮，我便起床了。村里除了鸡鸣声，只有个别人家亮着灯火，一猜便知是要参加节庆表演的村民家。于是，我洗漱后，匆匆赶往村里的文化活动中心，到了之后我尤为惊讶，村民们将文化活动中心布置得非常美，舞台的装饰以及灯光、音像设备等一应俱全，与我前一年所见到的场景完全不一样。正当我惊讶之余，畲语畲歌传承人蓝阿姨笑呵呵地对我说："徐老师，你这么早就来了呢……"蓝老师给我看了当天晚会的节目单，特别自豪地跟我说："今晚我是主持人之一，还有畲歌串烧呢！"看着蓝老师一脸兴奋的模样，我立即打开了照相机，记录了这一美好时光。没过一会儿，村里很多村民都过来帮忙了，有的忙着排练节目，有的忙着检查设备，看着他们全心全意、乐此不疲地为本民族的节日盛宴做准备，有说不出的开心。这一天，我只想做个田野摄影师，记录他们共度节庆的点点滴滴。此情此景，我想也许这就是畲族人民最企盼和最美好的生活图景吧！

2019 年 4 月 13 日，农历三月初九，星期六　上午

作为一名老师，我与学生向来能够打成一片，走进彼此的心里。这不，今天中午和蓝婶家的孩子 LZQ 短暂聊了一会儿就熟络起来了，小姑娘刚上三年级，各方面很是优秀。起初，我在村里的主干道边"赏花"，溪边有很多多肉植物，LZQ 看到我这般认真，便过来和我说话，我故意装作不懂花草，想请她给我介绍，没想到 LZQ 对这些植物了解甚多，最后还主动聊到了她的学习。于是，她邀请我去她的书屋，看她的表演服装和各种奖项，我对她的每一个奖项都充满了兴趣，请她给我讲了很多村子里和学校里举办的畲族传统文化活动。这些信息在大人那里是很难获得的，孩子的记性出奇的好，几乎每件事她都记得非常清楚。从她的学习生活，聊到了我的学习研究，小姑娘表示非常喜欢我这样的姐姐！我们俨然成了好朋友，最后还留下了我的邮箱，她说以后会经常给我写信。

与 LZQ 的交流让我倍感幸福！人与人的交流，是生命之间的对话。对待每一次深入的心灵对话，我都心存敬畏，不敢因为年龄或学识不同而有所怠慢，我真诚地感谢这些美好的遇见。遇见他者，读懂、理解他者以及他们的生活、文化，这是田野调查的第一步。在这样一个信息化快速发展的时代，我深知田野研究需要放慢脚步，用心去体验他者的生活。

2019 年 4 月 23 日，农历三月十九，星期二　下午

在景宁做田野调查有半个多月了，我常挨家挨户去串门。今天下午阳光甚好，我在村子里游荡，来到了蓝奶奶家门前，只见蓝奶奶坐在走廊的小板凳上倚靠着墙壁快要睡着了，听见我的脚步声，奶奶连忙招呼："小徐老师啊，快来坐……"大致是这个意思，其实她说的是畲语，因为儿媳妇是畲语传承人，家里常来客人，所以奶奶也学了一点儿普通话。我的童年时光中大多数时间是和奶奶住在一起的，对于老人，我感觉特别亲切，尤其喜欢听老人讲故事、回忆过往。于是我赶紧走上前去，蓝奶奶热情得很，忙着给我倒茶，我掏出书包里随身带的家乡特产和蓝奶奶分享，一老一少，一会儿普通话，一会儿畲语，半听半猜，相聊甚欢，不知不觉聊了两个钟头。聊天得知，蓝奶奶年轻时候是在文艺团里唱歌的，20世纪末，她和隔壁村的奶奶作为代表还去日本表演过畲歌畲舞，最终还获奖了……离别时，蓝奶奶还向我展示了她珍藏的蓝氏族谱和畲歌本，旧的发黄的手抄本，记录了蓝氏家族的重要事迹。看到蓝奶奶如此珍爱畲族的族谱，我仿佛体会到了她的民族情和家族情，我感悟到，在田野调查过程中，有时候更需要用心去看，用心去读，用心去体会他者的经历。

2019年6月25日，农历五月二十三，星期二　上午

山里的夏天貌似要来得早一些，原以为山间会是凉爽的，于是我选择了在暑假前进入田野，但是这些天显得格外的炎热。为了能够融入村民的生活，我没撑伞，顶着烈日走在半山腰的梯田田埂上。遇到一位大叔在田间锄草，我试着过去和他唠嗑。没想到，大叔还能说些简单的普通话，按照之前的田野经历，这一片稍微年长一些的畲族村民是不太会讲普通话的。于是，我和大叔从种什么庄稼、农闲的时候喜欢做什么，聊到了畲族传统的镰刀舞、对畲歌……提到山歌，大叔清了清嗓子，即兴演唱了好几首，那真叫个好听！大叔看我和他聊得投缘，还给我讲了好多关于村里的故事和历史、人物事迹，聊到后来得知大叔可是获得过畲歌大赛奖项的名人。趁着势头，我追问了很多关于村里举办"三月三"节庆的事迹，收获可是不小呢！

2020年3月26日，农历三月初三，星期四　中午

由于疫情的影响，今年的农历三月三，我未能如期到达田野点，而是线上联系了田野点那些可爱的人儿！东弄村的"红人"LYWJ是当地小有名气的文化传承人兼导游，也是畲语畲歌的忠实学习者，和她视频聊天获知今年畲族"三月三"节庆依旧开通了线上直播，便于人们感受节日的气氛。另外，连线东弄村的畲族彩带和畲语畲歌两位非遗传承人时，两位老师表现出的民族情怀让我深有感触！说实话，在进入田野之前或者初期，我未曾想到畲族人民对于本民族的文化是如此热爱，停留在我脑海中的印象是蓝CM老师的那一席话，"新中国成立前，我们畲族人被其他民族瞧不起，路上遇见就远远避开。现如今，我们畲族抬起头来了，担负起传承本民族传统文化的重任，我们畲族的传统文化被重视甚至得到大力弘扬，我们引以为豪……"若你问我，选择研究畲族传统文化的传承这一命题最大的收获或感触是什么？我会毫不犹豫地回答："这个研究增加了我对少数民族尤其是畲族人民及其文化的理解，更加坚定了我将来作为一名民族教育研究者和工作者的决心和信心。"
文化之于人是进行交流的符号，教育之于人是人类进步的阶梯，联结教育与
文化的本质关系，不仅有利于实现人的全面发展，同时也有利于铸牢中华民
族共同体意识。

附录C

景宁畲族自治县非物质文化遗产项目代表性传承人名单

项目分类		传承人			项目名称
	序号	姓名	性别	出生年月	
I 民间文学	1	蓝燕葱	女	1956年3月	高皇歌
	2	雷松林	男	1950年9月	畲语
II 传统音乐	1	雷正花	女	1970年6月	畲族民歌
	2	雷安美	女	1955年4月	畲族民歌
	3	蓝岳英	女	1963年10月	畲族民歌
	4	蓝建英	女	1971年8月	畲族民歌
	5	蓝圆聪	女	1971年10月	畲族民歌
	6	蓝利梅	女	1972年11月	畲族民歌
	7	雷桂契	女	1960年4月	畲族民歌
III 传统舞蹈	1	雷利军	男	1984年1月	畲族拔伤
	2	雷章庆	男	1942年12月	畲族拔伤
	3	雷彬法	男	1981年7月	做功德
IV 传统戏剧	1	严媛莲	女	1964年6月	菇民戏
	2	刘 彬	男	1967年11月	菇民戏
	3	林琴兰	女	1963年6月	菇民戏
	4	李端荣	男	1962年1月	花鼓戏

续表

项目分类		传承人				项目名称
		序号	姓名	性别	出生年月	
		5	周丽慧	女	1986 年 1 月	花鼓戏
		6	吴少华	男	1975 年 12 月	木偶戏
		7	刘元进	男	1950 年 12 月	木偶戏
		8	陈希良	男	1955 年 10 月	景宁花鼓
V	传统体育、游艺与竞技	1	吴国林	男	1961 年 11 月	菇民防身术
		2	石道昭	男	1962 年 6 月	畲乡功夫
		3	蔡赛敏	男	1953 年 12 月	畲乡功夫
		4	吴启东	男	1953 年 4 月	畲乡功夫
		5	兰李良	男	1965 年 1 月	畲乡功夫
		6	陈盛元	男	1961 年 7 月	畲乡功夫
		7	雷荣	男	1973 年 10 月	炼火
		8	刘海伟	男	1980 年 4 月	炼火
VI	传统美术	1	任周明	男	1963 年 12 月	民间根雕
		2	兰佩珠	女	1967 年 11 月	畲族刺绣
		3	夏安静	女	1982 年 4 月	畲族刺绣
VII	传统技艺	1	吴俐英	女	1968 年	咸菜制作技艺
		2	周兰成	男	1956 年 7 月	打草鞋
		3	吴宝堂	男	1952 年 10 月	锡器打制技艺
		4	吴式形	男	1965 年 4 月	菇山狩猎术
		5	陈晓珍	女	1971 年 2 月	畲族银饰制作技艺
		6	张敏敏	男	1984 年 9 月	畲族银饰制作技艺

项目分类		传承人			项目名称
	序号	姓名	性别	出生年月	
VII 传统技艺	7	刘希淼	男	1956 年 1 月	编梁木拱桥营造技艺
	8	徐丽媛	女	1973 年 1 月	畲族手工布鞋制作技艺
	9	潘竹春	男	1979 年 10 月	畲族手工布鞋制作技艺
	10	蓝香平	男	1973 年 1 月	惠明茶手工制作技艺
	11	雷顺平	男	1972 年 1 月	惠明茶手工制作技艺
	12	毛杨鑫	男	1983 年 1 月	惠明茶手工制作技艺
	13	谢丽菁	女	1990 年 9 月	惠明茶手工制作技艺
	14	雷聪兰	女	1967 年 2 月	畲族彩带编织技艺
	15	蓝松梅	女	1966 年 1 月	畲族彩带编织技艺
	16	蓝彩花	女	1954 年 5 月	畲族彩带编织技艺
	17	蓝美珠	女	1979 年 6 月	畲族彩带编织技艺
	18	毛根深	男	1972 年 11 月	大漈罐制作技艺
	19	叶其鑫	男	1986 年 9 月	大漈罐制作技艺
	20	王湘英	女	1954 年 5 月	麦芽糖制作技艺
	21	鲍运泽	男	1956 年 3 月	手工竹编
	22	蓝周华	男	1955 年 8 月	箍桶
	23	蓝庭昌	男	1952 年 2 月	乌饭制作技艺
	24	吴小玲	女	1978 年 2 月	景宁粉皮制作技艺
VIII 传统医药	1	雷岩庆	男	1969 年 12 月	畲医畲药
	2	朱学操	男	1944 年 10 月	畲医畲药
	3	雷中丁	男	1991 年 6 月	畲医畲药

项目分类		传承人			项目名称
		序号	姓名	性别	出生年月	
IX 民俗		1	梅东春	男	1976年6月	抢猪节
		2	钟雷根	男	1963年2月	畲族祭祀仪式
		3	雷锡清	男	1947年5月	畲族祭祀仪式
		4	钟益长	男	1957年3月	畲族祭祀仪式
		5	李端春	男	1964年4月	吊九楼
		6	雷伟红	女	1986年4月	畲族服饰
		7	林秋英	女	1969年7月	畲族服饰
		8	夏昌宝	男	1975年12月	马仙信俗

附录D

景宁畲族自治县民族民间文化保护条例

（2010 年 3 月 23 日景宁畲族自治县第七届人民代表大会常务委员会第四次会议通过　2010 年 7 月 30 日浙江省第十一届人民代表大会常务委员会第十九次会议批准　2010 年 8 月 18 日景宁畲族自治县第七届人民代表大会常务委员会公告公布　自 2010 年 10 月 1 日起施行）

第一章　总则

第一条　为了保护、继承和弘扬民族民间优秀传统文化，促进自治县经济和社会发展，根据国家有关法律、法规的规定，结合本县实际，制定本条例。

第二条　本条例所称的民族民间文化包括：

（一）畲族语言和畲族服饰；

（二）具有代表性的民族民间传说、谚语、民歌、诗歌、戏剧、曲艺、音乐、舞蹈、绘画、雕塑、工艺美术等；

（三）具有民族民间特色的礼仪、节日和庆典活动、宗教文化、民族体育和民间游艺活动；

（四）具有学术、史料、艺术价值的手稿、经卷、典籍、文献、谱牒、楹联、契约等；

（五）畲医畲药和其他民间传统医药；

（六）集中反映民族民间生产生活习俗的饮食、民居、器皿、用具等；

（七）具有历史、艺术、科学价值的古遗址、古墓葬、古窑址、古建筑、石窟寺及石刻、近现代重要史迹等；

（八）具有民族民间传统文化特色的代表性建筑、设施、标识和特定的自然场所和文化空间；

（九）民族民间传统制作工艺和工艺美术珍品；

（十）民族民间文化传承人、传承单位所掌握的知识和技艺；

（十一）其他需要保护的民族民间文化。

第三条 民族民间文化保护工作，实行保护为主、抢救第一、合理利用、加强管理、传承发展的方针。

第四条 自治县、乡（镇）人民政府领导本行政区域内的民族民间文化保护工作。

自治县文化行政部门负责本行政区域内民族民间文化的保护工作。

自治县民族宗教事务部门负责协调民族民间文化保护过程中涉及民族宗教事项的相关工作。

自治县发展和改革、财政、经贸、建设、环境保护、国土资源、教育、卫生、旅游、体育、广播电视、档案等有关部门应当按照相关法律、法规和各自职责，做好民族民间文化保护工作。

第五条 自治县依法享受国家扶持民族自治地方文化事业发展的政策待遇，享受上级国家机关对民族民间文化保护资金、城乡文化建设项目和资金的倾斜和照顾。

第六条 自治县的公民、法人和其他组织都有保护民族民间文化的义务。

第二章 保护与管理

第七条 自治县人民政府应当将民族民间文化保护事业纳入国民经济和社会发展规划，制定民族民间文化保护规划与土地利用总体规划、城乡规划、旅游总体规划相衔接。

自治县建立县、乡（镇）、村三级民族民间文化保护体系。

第八条 自治县人民政府应当保障民族民间文化保护工作所需经费，并设立民族民间文化保护专项资金。民族民间文化保护专项资金实行专款专用，并随着财政收入增长而增加。

鼓励国内外机构、个人捐赠财物，用于自治县民族民间文化保护工作。

第九条 自治县人民政府应当积极组织开展对本行政区域内民族民间文化的普查、收集、整理等工作，并建立保护档案和数据库。对于濒危的、有重要价值的民族民间文化应当及时组织抢救性保护。

第十条 自治县人民政府应当建立健全民族民间文化保护名录，并向社会公布。

单位或者公民认为需要保护的，可以向自治县文化行政部门提出申请，经评审委员会评审确定后，由自治县人民政府公布。

第十一条 自治县征集和接受捐赠的民族民间文化实物资料属国家所有，

单位和个人收藏的民族民间文化实物资料受法律保护。

鼓励拥有民族民间文化资料、实物的公民、法人和其他组织将资料、实物捐赠给国家收藏机构；国家收藏机构应当给予适当的奖励，并发给证书。

征集公民、法人和其他组织收藏的民族民间文化资料或实物时，应当遵循自愿的原则，合理作价，并由自治县文化行政部门发给证书。

第十二条　乡（镇）人民政府、村民委员会可以将本区域内有保护价值的不可移动的文物设立文物保护标志，在文化行政部门的指导下做好文物保护工作。

第十三条　自治县支持畲族特色村落和街巷的保护与发展。在新建、改建、重建过程中，其规划、设计和建设应当体现畲族文化内涵，保持畲族村落和街巷的建筑风格。

第十四条　限制经营列入民族民间文化保护名录的珍贵原始资料和实物，具体办法按照国家和省有关规定执行。

第三章　认定与传承

第十五条　符合下列条件之一的公民，可以申报或者被推荐为自治县民族民间文化代表性传承人：

（一）在一定区域内被公认为通晓某一种或多种民族民间文化内涵、形式、流程、规则的；

（二）熟练掌握某种或者多种民族民间文化传统技艺，在当地有较大影响或者被公认为技艺精湛的；

（三）积极开展传承活动，培养后续人才的。

第十六条　符合下列条件之一的团体、机构和民间组织，可以申报或者被推荐为自治县民族民间文化代表性传承单位：

（一）以弘扬本行政区域内民族民间文化为宗旨，积极开展相关活动，挖掘、发展民族民间文化内容和表现形式有独特之处的；

（二）掌握某种民族民间文化表现形式的技艺或者开展相关研究、传播民族民间文化取得显著成绩的；

（三）保存一定数量的民族民间文化表现形式的相关资料或者实物，并采取有效保护措施，成绩显著的。

第十七条　符合下列条件之一的地方，可以申报为自治县畲族文化生态保护区：

（一）自然文化生态环境整体保存较好，并以畲族文化某种表现形态闻名的；

（二）具有畲族传统文化典型特征，定期组织畲族文化活动的；

（三）保存有大量畲族文化原始资料、实物，并有一定影响的。

第十八条 具有优秀民族民间文学艺术传统或者工艺美术品制作传统的地方，可以命名为民族民间文化艺术之乡。

自治县民族民间文化艺术之乡应当以其有代表性的文化艺术形式冠名，其文化艺术形态应当符合下列条件：

（一）历史悠久，世代相传，技艺精湛，有较高艺术性、观赏性的；

（二）有鲜明的民族风格和地方特色，在自治县内外享有盛誉的；

（三）在当地有普遍群众基础或者有较高利用价值的。

第十九条 民族民间文化代表性传承人、代表性传承单位、畲族文化生态保护区、民族民间文化艺术之乡，由单位或个人申报，经评审委员会评审认定后，由自治县人民政府公布。

第二十条 自治县人民政府应当鼓励、支持和帮助代表性传承人、代表性传承单位依法开展传承活动。对积极开展传承活动的代表性传承人和代表性传承单位，自治县人民政府给予一定的补贴。

第二十一条 自治县文化行政部门应当积极组织开展多种形式的民族民间文化展示、交流活动。

自治县教育行政部门应当将畲族传统文化和特色民间文化编入地方课程。学校应当开展民族民间文化教育。民族学校应当开设畲语辅导课。

自治县民族事务部门应当组织编写畲族语言读本，定期举办畲语培训班。提倡服务行业和行政事业单位服务窗口的工作人员接受畲语培训。

自治县公共传媒机构应当积极做好民族民间文化的传播工作。自治县广播电视台应当开设畲语节目。

提倡自治县公民在重大节日和庆典活动穿戴民族服饰，服务行业和没有制式服装的行政事业单位的服务窗口工作人员工作时间穿戴畲族服饰。

第二十二条 每年的农历三月初三为"三月三"畲族传统文化节。自治县人民政府鼓励和支持开展盘歌、文艺表演、体育竞赛、学术研讨和其他民俗活动。

第二十三条 自治县享受上级国家机关在开展民族民间文化传承活动和人员培训等方面的重点扶持。

自治县人民政府应当加强对民族民间文化专门人才的培养，有计划地选送专业人员到高等院校深造。

第四章 研究与利用

第二十四条 自治县人民政府应当鼓励和支持民族文化艺术研究机构、其他学术团体、单位和个人从事民族民间文化的研究，促进文化产业的发展。

自治县人民政府应当重视民族民间文化知识产权的保护工作。

第二十五条 自治县人民政府应当采取有效措施，扶持特色文化品牌建设。

鼓励和支持民族民间文化艺术精品创作和展演，支持畲族专业表演艺术团体和民间表演艺术团体的发展。

鼓励和支持具有民族特色的传统工艺品和畲族日常生产生活用品等商品的开发、生产。

鼓励和支持畲医畲药的研究、开发和利用。

重视民族民间文化展览业发展，建立特色民族民间文化展示场馆。鼓励民间资本创办畲族服饰、畲族工艺美术、惠明茶文化、畲医畲药、畲族传统体育等特色民族民间文化展示场馆。

第二十六条 自治县人民政府应当采取有效措施，发掘、利用民族民间文化资源，开发传统民族民间文化产品，提升旅游业文化品位，拓展旅游服务项目，促进旅游经济的发展。

鼓励和支持合理利用民族村落、古村古镇，建设特色文化旅游村镇；依托畲族文化生态保护区，建设有代表性的文化旅游精品景区景点。

第二十七条 从事民族民间特色文化产品生产与销售、文化旅游项目开发和经营的企业，在投资、融资等方面享受国家和自治县规定的优惠政策。

第二十八条 对民族民间文化资料和实物进行摄影、录像、录音的，应当尊重畲族风俗习惯。利用民族民间文化资源和编撰出版民族民间文化书刊应当保持其原有内涵。

利用畲族文化开展活动，必须遵守国家法律、法规的规定，维护民族团结，不得扰乱公共秩序、危害公共利益、侵犯公民的合法权益和损害公民身心健康。

第五章 奖励与处罚

第二十九条 自治县人民政府对符合下列情形之一的单位或个人，给予表彰和奖励：

（一）抢救、保护、发掘、收集、管理、整理、研究、展示、演出、传承、教学、宣传、出版等民族民间文化工作成绩显著的；

（二）将个人收藏的珍贵民族民间文化原物或者载体捐献给国家的；

（三）为保护民族民间文化与违法犯罪行为作斗争表现突出的；

（四）其他应当表彰和奖励的情形的。

第三十条 违反本条例规定的行为，法律、法规已有行政处罚规定的，从其规定；构成犯罪的，依法追究刑事责任。

第三十一条 违反本条例规定，侵占、破坏列入民族民间文化保护名录的资料、实物、建筑物、场所等的，由自治县文化行政部门责令改正、恢复原状或者赔偿损失；有违法所得的，没收违法所得。

第三十二条 违反本条例第二十八条规定，伤害民族感情或者损害民族利益的，由自治县文化行政部门责令停止活动；情节严重的，由有关机关按照规定权限给予行政处分或者行政处罚；构成犯罪的，依法追究刑事责任。

第三十三条 自治县文化行政部门和有关部门工作人员玩忽职守、滥用职权、徇私舞弊，致使国家和集体所有的民族民间传统文化珍贵资料和实物受到损坏、被窃或者遗失的，由有关机关按照规定权限给予行政处分；构成犯罪的，依法追究刑事责任。

第六章 附则

第三十四条 本条例自 2010 年 10 月 1 日起施行。

后 记

本书延续了著者在博士期间的研究，并在博士后出站报告的基础上修改完成。博士后研究虽仅有两年，但本书实则酝酿了六年之久，一点点积累的浅显研究终将汇聚成书，内心感慨万千。少数民族优秀传统文化是中华传统文化的重要组成部分，畲族作为我国"有语言、无文字"的少数民族之一，在长期的迁徙过程中，形成了自身独特的民族文化，并对不同文化符号赋予了深层内涵。浙江景宁畲族自治县是全国唯一的畲族自治县，同时也是华东地区唯一的民族自治县。浙江省作为文化强省和文化大省，各级各类部门尤为重视民族传统文化的创造性转化与创新性发展，这为本研究的顺利开展奠定了契机。本书从国家方针政策入手，聚焦于多元场域畲族传统文化的教育传承与发展，从教育学、文化学和人类学视角，考察了家庭场域、社区场域和学校场域中畲族传统文化的教育传承现状，解读不同文化场域的教育内涵与活动要素，力求在此基础上，阐释与分析畲族传统文化教育传承的时代意蕴和现实困境，以期通过民族文化传承创新实践助力共同富裕目标的实现。

本书在撰写过程中，得到了众多热心人士的帮助。首先要感谢我的博士后导师楼世洲教授，本书从最初的构思、写作到定稿付梓，得到了先生的鼎力支持与帮助。此外，还要感谢我的博导康翠萍教授，两位导师将我领进学术的大门，理解初为人母的我，要一边养育孩子，一边读书做研究，这期间有太多艰难与不易……他们给予了我巨大的鼓励与温暖，推动着我不断前行。在此，我还要感谢中南民族大学的孟立军教授、孔凡哲教授、罗建河教授、田恩舜教授、李吉和教授等，我的研究凝聚着诸位老师的指点与关心。此外，我还要感谢中央民族大学滕星教授、苏德教授，西北师范大学万明钢教授，华东师范大学丁钢教授，浙江大学眭依凡教授、刘海峰教授……诸位老师曾为我的研究提出诸多宝贵意见。

感谢在田野调查过程中给予我莫大帮助的景宁畲族自治县县政府、县教育局、县民宗局、全国"三月三"文化传承基地办公室、县非遗中心、县广播电视台、县博物馆、县研训中心以及景宁民族中学、民族小学和民族幼儿园等单位的领导和老师；感谢东弄村村委和村民们对调研工作的支持，尤其要感谢蓝叶文晶一家,"三月三"文化基地主任刘建雄老师,景宁鹤溪街道办事处雷建鸿,东弄村村委林森,非遗传承人蓝余根、蓝聪美、蓝延兰、蓝仙兰等给予我的帮助,感谢你们配合我的访谈和研究,你们的热心回应极大地充实了我的研究内容。

另外,我要感谢我的女儿,自她出生10个月以来,我将大部分精力投入学习与学术研究中。对于女儿的成长,我有太多的缺席与亏欠。每当女儿失落或生病期间哭着寻找妈妈的时候,作为成长中的重要角色,我却时常不在她的身边。尽管我竭尽全力去平衡学习与家庭的关系,但那些错过的时光,终会留下些许遗憾。好在她平稳度过了幼儿成长的关键期,并获得了足够的安全感,母女感情也慢慢升温。如今,这项研究得以出版,女儿已成为一名小学生,感叹时光飞逝的同时,要特别感谢女儿的支持与理解。

感谢浙江省社科联、省哲学社会科学工作办、金华职业技术大学的全力支持。此外,张金良老师为本书的出版付出了辛劳,本书的校正、修改以及正式出版离不开他的悉心指导,在此一并表示衷心的感谢!"初生之物,其形必丑",自知本书仍有诸多不足之处,望读者朋友不吝赐教,我定会谦虚请教,持续完善本书内容,不枉费读者朋友的诚挚建议。

徐巧云

于婺州河畔

2023 年 11 月